Vince Ebert
Wot Se Fack, Deutschland?

VINCE EBERT

WOT SE FACK, DEUTSCHLAND?

Warum unsere Gefühle
den Verstand verloren haben

dtv

Von Vince Ebert ist bei dtv außerdem lieferbar:
Lichtblick statt Blackout. Warum wir beim Weltverbessern neu denken müssen.

MIX
Papier | Fördert gute Waldnutzung
FSC® C083411

2. Auflage 2025
Originalausgabe

Tumblingerstraße 21, 80337 München
produktsicherheit@dtv.de

Umschlaggestaltung: hißmann, heilmann, hamburg Umschlagmotiv: Frank Eidel
Gesetzt aus der Minion Pro
Satz: Fotosatz Amann, Memmingen
Druck und Bindung: CPI books GmbH, Leck
Printed in Germany · ISBN 978-3-423-26416-7

INHALT

»Kaum zu fassen, dass bei jedem Menschen,
dessen Schädel man nach seinem Tod öffnete,
ein Gehirn gefunden wurde.«
Unbekannt

EINLEITUNG

Vor einiger Zeit musste die Deutsche Bahn einem männlichen Zuggast 1000 Euro Schmerzensgeld zahlen, weil sie ihn mit »Herr« angesprochen hat, er sich aber als Frau identifiziert. In Berlin-Kreuzberg dürfen neue Straßen nur noch nach weiblichen Personen benannt werden. Sackgassen inbegriffen.

Auf der Insel Langeoog blockieren Touristen immer wieder Rettungsfahrzeuge, weil es sich ja um eine autofreie Insel handelt, und in Hamburg hat ein Mitglied der Letzten Generation ein Kind bekommen. Immerhin.

In einer Kolonialismus-Ausstellung der Zeche Zollern sind an Samstagen zwischen 10 und 14 Uhr weiße Besucher laut Museumsleitung »unerwünscht«[1] und an deutschen Universitäten werden seit dem Terroranschlag der Hamas am 7. Oktober 2023 jüdische Studenten von linken und muslimischen Antisemiten systematisch eingeschüchtert und bedroht.[2]

Schon diese wenigen Beispiele zeigen: Wir leben in verstörenden Zeiten. Tagtäglich prasseln Meldungen auf uns ein, die immer absurder, bizarrer und bedrückender werden. Als im Januar 2025 in einem Aschaffenburger Park ein zweijähriger marokkanischer Junge von einem Afghanen bestialisch ermordet wurde, fiel einer Gruppe von Politikern auf der eilig organisierten Demo gegen rechts nichts Besseres ein, als ein fröhlich grinsendes Selfie ins Netz zu stellen. Eine Selbstzentriertheit und Empathielosigkeit, die sprachlos macht.

Was passiert da gerade? Haben wir als Gesellschaft unseren Kompass verloren? Fast jeder spürt, dass etwas aus dem Lot geraten ist. In immer mehr Bereichen unseres Lebens werden auf einmal Dinge auf groteske Weise hinterfragt und diskutiert, die noch vor wenigen Jahren als selbstverständlich galten. Anfangs konnten wir das als skurrile Einzelfälle abtun, die keine besondere Relevanz für unseren Alltag haben. Inzwischen jedoch realisieren immer mehr Menschen, dass in unserer Gesellschaft etwas nicht mehr stimmt. Schleichend sind Zustände entstanden, die wir vor gar nicht so langer Zeit für unmöglich gehalten hätten. Unsere Innenstädte verwahrlosen mehr und mehr – die Hauptbahnhöfe werden sogar offiziell zur Waffenverbotszone erklärt. In Frankfurt übrigens nur von 20 bis 5 Uhr. Tagsüber ist dort das Mitführen von Macheten, Revolvern und Schlagringen anscheinend kein Problem.

»Für Sie als Comedian müssten die heutigen Zeiten eigentlich super sein …«, sagen viele Zuschauer meiner Shows. Doch, ganz ehrlich: Wenn die Realität immer mehr zur Satire wird, wenn selbst Parlamentsdebatten kaum mehr von *Postillon*-Artikeln zu unterscheiden sind – wie willst du das als Satiriker noch groß toppen?

Deutschland schaltet seine hochmodernen Kernkraftwerke ab und importiert im Gegenzug Atomstrom aus uralten französischen Atommeilern. In Peru finanzieren wir Radwege mit einem zweistelligen Millionenbudget, während unsere eigenen Brücken zerfallen. Die neue Regierung beschließt eine historische Schuldenaufnahme in Billionenhöhe und bezeichnet sie nonchalant als »Sondervermögen«.

1986 hat Herbert Grönemeyer gesungen: *Kinder an die Macht*. Und immer öfter denke ich: Sein Wunsch hat sich erfüllt.

Seit über 25 Jahren stehe ich auf der Bühne und rede mir

den Mund fusselig über Vernunft, über Wissenschaft und rationales Denken. Und? Was hat's gebracht? Sind wir in den letzten Jahren rationaler, besonnener oder gar klüger geworden? ChatGPT sagt nein.

Es erfüllt mich mit großer Sorge, in welche Richtung sich unser Land entwickelt. Fast unbemerkt haben verschiedene gesellschaftliche Strömungen an Einfluss gewonnen, die allesamt Wunschdenken und Fantasie an die Stelle von Rationalität und Wissen stellen. Und nicht nur das. Auch Werte wie Humanität und Liberalität werden von ihnen nach Gutdünken relativiert und nach eigenem Gusto uminterpretiert.

So lassen wir den WDR-Kinderchor *Oma ist 'ne alte Umweltsau* singen und warnen im selben Atemzug vor Hetze und Hass. Wir fordern »Kein Millimeter nach rechts«, aber wenn Linksextremisten am 1. Mai Straßenzüge verwüsten, schauen wir weg.

Besonders in den angeblich so progressiven Kreisen hat sich nach und nach die Vorstellung breitgemacht, dass westliches Gedankengut zweifelhaft, ja sogar »toxisch« sei, eben ein überholtes Konstrukt von »alten weißen Männern« – rücksichtslosen Typen, die aber ganz nebenbei auch noch die Deklaration der Menschenrechte, die Abschaffung der Sklaverei, die moderne Demokratie und den Sozialstaat etabliert haben.

Nach Jahrhunderten der Irrungen, der Brutalität und des Imperialismus haben wir es auf wundersame Weise hingekriegt, ein Gesellschaftsmodell zu entwickeln, das auf der Achtung der Schwachen basiert. Wo auf der Welt gibt es einen so großzügigen, auf Solidarität gründenden Wohlfahrtsstaat, der den Bürgern die Chance auf Teilhabe an der Gesellschaft ermöglicht, wie bei uns? Es ist recht simpel: Würde unser Modell nicht auf diesen humanistischen Prinzipien gründen, wären wir nicht so attraktiv für viele, die das aus ihren eigenen Kulturen nicht kennen.

Statt auf all diese fantastischen Errungenschaften stolz zu sein und sie selbstbewusst und mit geradem Rücken zu verteidigen, kreisen wir masochistisch um unsere historischen Verfehlungen und zerfleischen uns dabei selbst.

Innerhalb weniger Jahrzehnte wurde unsere Art zu leben zu etwas, dessen man sich schämen soll. Wir beschuldigen uns für buchstäblich alles, was gerade in der Welt falsch läuft: Bürgerkriege in Afrika, Überschwemmungen in Bangladesch, Kinderarbeit in Indonesien.

Historische Verdienste wie Redefreiheit, Individualrechte oder Säkularismus – all das ist plötzlich nicht mehr viel wert. Lebensrettende Medizin, die freie Marktwirtschaft, ingenieurstechnische Meisterleistungen – alles, was unzählige Menschen aus bitterer Armut geholt hat, wird inzwischen mit Skepsis und Feindseligkeit betrachtet. Eine Kultur, die Luther, Kant, Benz und Einstein hervorgebracht hat, wird dargestellt, als hätte sie nichts Relevantes mehr zu sagen.

Es hat sich eine Abkehr vollzogen von dem, was unsere Kultur im Kern ausmacht: der vernünftige Blick auf die Welt. Der war ein Erbe der Aufklärung, die uns gelehrt hat, selbstständig zu denken. Deren Werte sehe ich in unserer Kultur bedroht. Eine Bedrohung, die in vielen Schattierungen daherkommt: als unterschiedliche politische Bewegungen, als religiöser Fundamentalismus, als soziale Medien, als teilweise krude Ideologien aus unseren Universitäten und Bildungseinrichtungen.

Es ist gespenstisch, wie verbohrt, fanatisch und aggressiv mittlerweile Positionen und Ansichten vertreten werden, ohne auch nur die geringste Bereitschaft, die eigene Sichtweise infrage zu stellen. Stattdessen wird mit allen Mitteln versucht, den Andersdenkenden moralisch zu diskreditieren, bis hin zu dem Versuch, ihn gesellschaftlich auszugrenzen. Und das alles verbunden mit einer verkrampften Humorlosigkeit, die selbst vor den Humorschaffenden nicht mehr Halt macht.

2023 hat sich die Komikerin Anke Engelke rückwirkend für eine Parodie der Popsängerin Ricky in der Sendung *Die Wochenshow* entschuldigt, weil sie dabei »Blackfacing« betrieben hatte. Auch ich möchte mich an dieser Stelle für mein Comedyprogramm »Denken lohnt sich« aus dem Jahr 2008 entschuldigen. Der Titel ist anstößig und inakzeptabel, weil er schon damals erhebliche Teile der Bevölkerung ausgegrenzt hat.

Können Sie sich an das Sommermärchen 2006 erinnern? Eine große, bunte Party. Auf den Fanmeilen, in den Innenstädten, auf den Straßen. Viele hatten Fahnen an den Autos, der warme Sommer tat sein Übriges. Was war das geil, oder? Keine zwanzig Jahre ist das her.

Heute ist davon nicht mehr viel übrig. Wir befinden uns nicht nur in einer wirtschaftlichen, sondern vor allem in einer mentalen Rezession. In einer tiefen Phase der Verunsicherung und Mutlosigkeit.

Politik und Ideologie haben sich bis in den Sport und in die Heizungskeller der Republik ausgebreitet.

Im Sommer 2024 fand mit der Europameisterschaft wieder ein großes Fußballturnier im eigenen Land statt. Im Vorfeld brachte die Bundeszentrale für politische Bildung ein Video heraus, in dem die rhetorische Frage gestellt wurde, ob die Welle des Hochgefühls und des Patriotismus während des Sommermärchens 2006 für den heutigen Rechtsruck verantwortlich ist.

Laut einer Umfrage des Instituts für Demoskopie Allensbach und des Meinungsforschungsinstitutes Media Tenor fühlen sich 44 Prozent der Befragten gezwungen, bei politischen Äußerungen vorsichtig zu sein. Nur 40 Prozent sagen, dass sie ihre politischen Meinungen ohne Bedenken äußern können.[3] Sie haben das Gefühl, abweichende Ansichten würden geächtet und das Hinterfragen vorherrschender Narrative werde verpönt. Frust, Wut und Hoffnungslosigkeit sind allgegenwärtig.

Wenn ich im Osten auf Tour bin, erzählen mir viele Zuschauer, dass sie der Zeitgeist an die Situation in der DDR erinnert. Damals gab es eine Meinung, die man nach außen hin kundtat, und eine andere, die man nur im Freundeskreis äußerte. So wie Toni Kroos, der nach der EM 2024 in einem Anflug von Ehrlichkeit sagte, dass er nach seinem Karriereende in Spanien bleiben werde, weil er es zu gefährlich fände, seine Tochter abends alleine in einer deutschen Großstadt auf die Straße zu lassen. Eingeleitet mit dem übervorsichtigen Satz: »Wie drückt man das am besten aus, ohne in eine Ecke gestellt zu werden …?«[4]

Die Angst, bestimmte Dinge offen auszusprechen und zu diskutieren, hat in unserer Gesellschaft eine Stufe erreicht, die ich als hochbedenklich betrachte. Das äußert sich unter anderem auch in der Löschung von immer mehr Postings in den sozialen Medien.[5] Postings, wohlgemerkt, mit eindeutig nicht strafbarem oder juristisch angreifbarem Inhalt. Die pure Tatsache, dass sich eine bestimmte Gruppe beleidigt fühlen könnte, genügt bereits. Vor 19 Jahren druckten renommierte deutsche Zeitungen die Mohammed-Karikaturen der dänischen *Jyllands-Posten* ab. Im April 2025 gab es sieben Monate Gefängnis zur Bewährung für einen deutschen Journalisten, weil er ein satirisches Meme postete, das Innenministerin Nancy Faeser mit dem Schild »Ich hasse die Meinungsfreiheit« zeigte.[6]

Auch viele Unternehmen und Konzerne haben sich diesem unseligen Trend angeschlossen und geben interne

Memos über geforderte Sprachregelungen und den Umgang mit bestimmten Themenfeldern heraus, deren Missachtung bei den Mitarbeitern zu ernsten Konsequenzen führen können. Auch hier handelt es sich nicht um justiziable Dinge (die natürlich zu Recht unterbunden gehören), sondern um Formulierungen und Sachverhalte, die *eigentlich* durch das Recht auf Meinungsfreiheit gedeckt sind.

Am dramatischsten ist jedoch die Entwicklung an unseren Hochschulen. Orte, an denen der freie Austausch von Ideen und Meinungen zur intellektuellen Grundausstattung gehören sollte. Immer öfter erzählen mir Professoren, Doktoranden und andere Hochschulangehörige, dass es ihre Karriere gefährden könnte, würden sie öffentlich den gesellschaftspolitischen Kurs ihrer Universitäten kritisieren.

Auch die Art der Kritik hat sich geändert. Früher haben die Leute bei einem Witz, der ihnen nicht gefiel, gemeckert. Heute gilt das als Verstoß gegen die freiheitlich-demokratische Grundordnung.

Irgendetwas läuft also verdammt schief. Wir alle sehen die Symptome. Und es ist eine Entwicklung, die sich nicht nur bei uns in Deutschland vollzieht, sondern in großen Teilen des westlichen Abendlandes. Überall verhalten sich die Menschen in ähnlicher Weise: zunehmend irrational, emotional, herdenartig. Oftmals unangenehm.

In der Londoner National Gallery übergossen zwei junge Menschen van Goghs *Sonnenblumen* mit Tomatensuppe, weil ihnen die Erderwärmung Sorgen bereitet, und im norwegischen Frühstücksfernsehen trat eine Frau auf, die sich als »transbehindert« bezeichnet. Jørund Viktoria Alme ist körperlich gesund, aber sitzt freiwillig in einem Rollstuhl. Seit Langem ist es ihr sehnlichster Wunsch, von der Hüfte abwärts gelähmt zu sein.[7]

In den USA sympathisiert der Präsident mit einem russischen Diktator und ein Gegner der Masernimpfung wird Gesundheitsminister. Nebenan in Kanada wollen Bildungspolitiker den Mathematikunterricht an Schulen »dekonstruieren«, weil zu viel Rechenkompetenz rassistisch ist, da sie die indigene Bevölkerung diskriminiert. Zwei plus zwei ist vier? In Ontario ist man da inzwischen nicht mehr so sicher.[8]

Fast scheint es, dass uns eine Epoche jahrzehntelangen Friedens, stetig wachsenden Wohlstands und permanenten technologischen Fortschritts zu Kopf gestiegen ist.

Eine Gesellschaft, die glaubt, keine gemeinsamen Probleme und Ziele mehr zu haben, richtet ihre Energien und Aggressionen nach innen. Und bauscht so vollkommen normale Meinungsunterschiede zu radikalen Freund-Feind-Bildern auf. Das führt zu zwei Dingen: Eine solche Gesellschaft wird immer blinder für echte Bedrohungen und gleichzeitig zerfleischt sie sich durch ihre hausgemachten Pseudokonflikte selbst.

Der indische Philosoph Jiddu Krishnamurti sagt, die Fähigkeit, ohne jegliche Bewertung zu beobachten, ist die höchste Form der Intelligenz. Wenn das stimmt, sind wir derzeit alle geistige Stubenfliegen.

Denn egal, um welches Thema es geht: Wir fühlen uns gezwungen, Sachverhalte reflexhaft zu bewerten. Wir teilen Meinungen ein in »gut« und »böse«, in »moralisch« und »unmoralisch« und führen einen Dauerkrieg mit jedem, der auf der vermeintlich falschen Seite steht. Ein unsäglicher, kräfteraubender und destruktiver Aufschaukelungsprozess der Erregung. Unsere Gefühle haben buchstäblich den Verstand verloren. In gigantischer Geschwindigkeit erleben wir einen Rückfall in voraufklärerische Zeiten.

Das ist auch auf der Bühne zu spüren. Hätte ich zum Beispiel vor zehn Jahren in einem Programm gesagt, dass eine

Person mit Bart und Penis auch die Möglichkeit haben sollte, ein Kind zu gebären, dann hätten die Leute im Publikum leicht gelangweilt geantwortet: »Jaja, wir haben alle *Das Leben des Brian* gesehen.« Heute wird darüber ernsthaft im Deutschen Bundestag diskutiert. Da bist du als Komiker doch arbeitslos.

Das zentrale Element dieses Zeitgeistes ist die Überzeugung, dass die Dinge so sind, wie man sie fühlt. Dass also die Realität immer weniger durch Fakten und immer mehr durch Gefühle definiert ist. Man ist, wie man sich fühlt. Das ist das neue Credo.

Ich gebe zu, ich profitiere davon: Rein äußerlich gesehen mag ich vielleicht ein 57-jähriger Physiker mit Haarausfall sein. Aber das ist nur ein soziales Konstrukt. Tatsächlich fühle ich mich als 32-jähriger braun gebrannter Surflehrer aus Kalifornien. Auch meine Gefühle verlieren eben ab und zu den Verstand. Wie bei allen mischt sich auch bei mir manchmal Vernunft mit Gefühl.

Heute ist alles »fluid«, alles ist fließend. Selbst in der Technik. Ein Hybrid ist im Grunde ein Transauto. Also ein Verbrenner, der sich als Elektroauto identifiziert. Und wenn eine Teslabatterie in Flammen aufgeht, identifiziert sie sich eben wieder als Verbrennungsmotor.

Falls Sie das gerade lustig fanden, dann ist die Chance recht groß, dass Ihnen dieses Buch gefallen könnte. Mit Satire, Sarkasmus und Humor versuche ich seit jeher, den Zeitgeist auf die Schippe zu nehmen. Denn ich bin davon überzeugt, dass man den täglichen Wahnsinn nicht stark genug durch den Kakao ziehen kann.

Dass Sie bei einigen Passagen dieses Buches – hoffentlich – immer auch lachen werden, sollte Sie allerdings nicht bezweifeln lassen, dass es mir ernst ist mit meinem Kampf gegen die Feinde der Vernunft.

Denn in der Tat ist die Welt aus den Fugen geraten, wenn Gefühle mehr zählen als Fakten. Während es in unserer Gesellschaft hinsichtlich sexueller Orientierung, traditioneller Ehe oder auch des Drogenkonsums in den vergangenen Jahrzehnten zu einer Liberalisierung gekommen ist, erleben wir auf anderen Gebieten erhebliche Rückschritte. Naturwissenschaftliche und biologische Erkenntnisse werden relativiert. Energieversorgung und Wirtschaftspolitik werden nach Bauchgefühl betrieben, Migrationsfragen ideologisch verengt. Probleme werden nicht mehr durchdacht, sondern durchfühlt. Doch wenn alles nur Gefühl ist, löst sich die Wahrheit auf.

Die Progressiven, die Linken, haben sich historisch von den Konservativen abgegrenzt, indem sie sich als rationaler und vernunftbasierter präsentiert haben. Konservative hingegen hatten nie ein Problem damit zuzugeben, dass ihr Weltbild stärker an Gefühle und Emotionen wie Heimatliebe, Familie, Glaube oder Traditionen geknüpft ist.

Auch heute noch behaupten viele links eingestellte Menschen, dass sie sich viel stärker als die Konservativen dem kritischen Denken und der Rationalität verpflichtet fühlen. Sie werden nicht müde, diese intellektuelle Überlegenheit gegenüber dem rechten Populismus, der nur die dumpfen Emotionen seiner Anhänger triggert, ins Feld zu führen.

Ich beobachte, dass das vernunftbasierte Denken, das die Basis unserer toleranten und freiheitlich-demokratischen Kultur darstellt, mittlerweile von allen Seiten des politischen Spektrums angegriffen wird. Oder anders gesagt: Richtiges Denken ist weder links noch rechts. Es ist so rational wie möglich.

2024 forderte die prominente Journalistin Carolin Emcke bei einer Podiumsdiskussion unter großem Applaus, bei gesellschaftspolitischen Reizthemen wie der Klima- und der

Migrationspolitik Andersdenkende aus der öffentlichen Diskussion auszuschließen.[9]

Und wenn progressive Bewegungen den geringen Frauenanteil in DAX-Konzernen als nicht mehr zeitgemäß anprangern, aber gleichzeitig die Vollverschleierungen von jungen Frauen als kulturelle Spielerei abtun, dann frage ich mich, wie modern und aufgeklärt diese Kreise wirklich sind.

Es sind eben nicht nur die oft genannten rechten Strömungen, die unsere Werte bedrohen.

Wer die anhaltende Popularität der AfD beklagt oder den Aufstieg von Donald Trump, sollte sich ernsthaft fragen, ob nicht vielleicht das jahrelange Verdrängen, Verharmlosen und Ignorieren vieler gesellschaftlicher Missstände genau diese Phänomene mitverursacht und beflügelt haben.

Wir befinden uns an einem gefährlichen Punkt. Weil wir Gefahr laufen, die Werte des aufgeklärten Abendlandes zu verlieren: Rationalität, evidenzbasiertes Denken, Meinungs- und Redefreiheit. Im Laufe der vergangenen Jahre hat quer durch die Gesellschaft eine seltsame irrationale Gefühligkeit von uns Besitz ergriffen, die den gesunden Menschenverstand nahezu vollständig über den Haufen geworfen hat.

Es ist ein Kulturkampf, den wir gerade erleben. Und dieser Kampf ist kein Kampf zwischen linken oder rechten Positionen. Es ist ein Kampf zwischen klarem Realitätssinn und weltfremdem Wunschdenken.

Wie konnte es nur dazu kommen? Welche Mechanismen sind dafür verantwortlich? Und vor allem: Wie kommen wir da wieder raus? Denn das müssen wir. Der Zeitgeist des übergroßen Gefühls, der ideologischen Verblendung und einer kindisch-naiven Sicht auf unsere Welt ist eine denkbar schlechte Antwort auf die Herausforderungen unserer Zeit.

Eine Kurskorrektur ist also dringend nötig. Und die betrifft nicht nur die Politik. Wir alle sind vielmehr gefragt und aufgefordert, wieder unseren Verstand zu benutzen. Denn wer mit dem Bauch denkt, bekommt vieles in den falschen Hals.

Auch ich habe in den vergangenen Jahren meine Leichtigkeit und viel von meiner Zuversicht verloren. Die aktuellen gesellschaftlichen Entwicklungen machen mich traurig, treiben mich um und lassen mich nachts wach liegen. Ich blicke auf mein Land und frage mich: »Wot se Fack, Deutschland?« Was zum Teufel tun wir nur?

TEIL 1

VOM FAUSTKEIL ZUM SELFIESTICK

Um zu verstehen, warum unsere Gesellschaft in den vergangenen Jahren so irrational geworden ist, möchte ich einen Schritt zurückgehen und die umgekehrte Frage stellen: Waren wir überhaupt schon mal vernünftiger?

Blickt man nämlich zurück, war die Entwicklungsgeschichte der Menschheit die allermeiste Zeit nicht gerade von Logik und Faktenliebe geprägt.

Hochkulturen wie die Azteken opferten Zigtausende unschuldiger Menschen, nur um zu garantieren, dass die Sonne wieder aufgeht oder die Ernte gelingt. Hätten sie nur einen Funken wissenschaftlicher Methodik in sich gehabt, hätten sie sich gefragt: »Hey, lasst uns diesen Freitag die Menschenopfer einfach mal weglassen und schauen, was in den nächsten Tagen so passiert …« Aber vielleicht machte ihnen die Sache mit den Menschenopfern einfach auch nur viel zu viel Spaß.

Grundsätzlich galt über Jahrmillionen das Motto: Verlasse dich nicht allzu sehr auf deinen Verstand, sondern folge deinem Gefühl. Sei spontan! Wenn in grauer Vorzeit ein männlicher Urmensch an ein Wasserloch kam und dort auf einen unbekannten Artgenossen traf, musste er intuitiv und sehr schnell vier große Fragen beantworten: männlich oder weiblich? Wenn weiblich, paarungsbereit oder nicht? Wenn männlich, Freund oder Feind? Wenn Feind, stärker oder schwächer?

Innerhalb von nur 0,3 Sekunden musste unser Vorfahre eine Entscheidung treffen. Sonst gab es nichts mehr zu entscheiden. Kein Meeting, kein Coaching, kein Telefonjoker. Im Grunde lief es vor 500 000 Jahren für Männer oft auf die banale Alternative hinaus: Vögle es oder töte es!

Ich weiß, wir halten uns für reflektierte, kluge Köpfe, die sich vom Tier durch übergroße Intelligenz abheben. Aber was wohl unser Hund denkt, während wir ihm den Kackbeutel hinterhertragen?

Wenn William Shakespeare seinen Hamlet sagen lässt: »Welch ein Meisterwerk ist der Mensch! Wie edel durch Vernunft! Wie unbegrenzt an Fähigkeiten! In Gestalt und Bewegung wie bedeutend und wunderwürdig!«, dann nicken wir, weil wir uns alle in der Tradition von großen Denkern wie Sokrates, da Vinci oder Galilei sehen. Doch diese Menschen waren absolute Ausnahmen. Von denen stammen wir nicht ab. Wir stammen von denen ab, die abends in der Höhle am Lagerfeuer gesessen haben und mit großen Augen einem Typen zuhörten, der, mit einem Tierschädel auf dem Kopf, abstruse Zauberformeln gesungen hat. Heute heißt das Ganze »Bundesparteitag«.

Okay, ich übertreibe ein wenig. Tatsächlich hat sich die menschliche Spezies über die vergangenen fünf Millionen Jahre als ein unglaubliches evolutionäres Erfolgsmodell erwiesen. Nicht zuletzt, weil wir ein großes Gehirn entwickelt haben, das uns zum Nachdenken befähigt. Kein anderes Lebewesen kann das.

Mit 1,5 Kilogramm Hirnmasse sind wir der neuronale Weltmarktführer. Das entspricht etwa 2 Prozent unseres gesamten Körpergewichts. Überboten werden wir nur vom

Elefantenrüsselfisch. Bei dem macht das Gehirn über 3 Prozent seines Gewichts aus. Ich kann Sie beruhigen: Intellektuell gesehen ist dieser Fisch bisher nicht groß in Erscheinung getreten. Denn der überwiegende Teil seines Denkapparats besteht aus Kleinhirn. Und das Kleinhirn ist nicht für das Denken, sondern vorwiegend für die motorischen Funktionen verantwortlich. Der Elefantenrüsselfisch ist sozusagen der Sportlehrer unter den Meeresbewohnern.

Bei uns dagegen sorgt die Großhirnrinde aus 20 Milliarden Nervenzellen für ein kognitives Feuerwerk. Jede einzelne dieser Zellen, auch Neuronen genannt, ist mit etwa 1000 anderen verbunden, um Informationen auszutauschen. Etwa 1000-mal pro Sekunde gibt die Nervenzelle dabei ein Status-Update von sich. Das schafft nicht einmal Kim Kardashian auf Instagram!

Oberflächlich gesehen arbeitet das Gehirn wie eine Behörde: 99 Prozent aller Aktivitäten werden für interne Abläufe aufgewendet. Da werden Anträge geprüft, Entscheidungen abgelehnt, Widersprüche eingelegt, Genehmigungen erteilt, Revisionen sortiert und zahllose Vermerke gemacht. Und genauso wie bei einer Behörde kriegt der kleine Mann davon praktisch nichts mit. Gerade mal 1 Prozent der gesamten Energieleistung des Gehirns wird nämlich für die Kommunikation mit der Außenwelt verwendet.

Eigentlich ist rein körperlich gesehen ein großes Hirn viel zu kostspielig. 20 Prozent der gesamten Energiezufuhr unseres Körpers gehen direkt in die Birne. Ob Sie wollen oder nicht. Um die wirklich wichtigen Tätigkeiten wie Essen, Trinken, Schlafen oder Fortpflanzen kümmert sich nicht Ihr Kopf, dafür reicht Ihnen im Prinzip das Rückenmark.

Warum also leistet sich die Evolution so eine unglaubliche Verschwendung? Weil wir Menschen sonst nichts anderes gut können. Praktisch jedes Lebewesen ist uns durch irgendeine Fähigkeit haushoch überlegen. Es gibt eine interessante Tintenfischart, bei der das Männchen über einen Begattungsarm verfügt, der sich vom eigentlichen Körper abtrennen kann. Kein Witz. Dieser Arm macht sich mit dem Samen alleine auf den Weg und befruchtet selbstständig die Weibchen. Keine schlechte Sache, wenn zum Beispiel die Paarungszeit genau mit dem Bundesligastart zusammenfällt.

Und was können wir? Wir können nicht besonders gut hören oder riechen, sind kümmerlich behaart, haben keine Krallen und keine Reißzähne. Als wir vor rund drei Millionen Jahren auf der Bildfläche erschienen sind, hätte jede Marketingabteilung schon vor der Serienproduktion gesagt: »Aufrechter Gang? Braucht kein Mensch!«

Aber trotzdem haben wir uns vermehrt wie die Karnickel. Wir haben Herden gebildet, haben das Rad, das iPhone und schließlich sogar das vegane Mineralwasser erfunden. Weil wir nichts besonders gut können außer Denken. Das ist unsere evolutionäre Nische. Insofern ist es immer wieder erstaunlich, wieso es so wenige von uns tun.

Obwohl es menschenähnliche Wesen mit aufrechtem Gang und einem großen Gehirn schon vor mehreren Millionen Jahren gab, begann der Homo sapiens erst vor rund 70 000 Jahren so richtig durchzustarten. Diese Zeit ist als kognitive Revolution bekannt.

Unser Vorfahre fing an, mit seinen Artgenossen intensiver zu kooperieren, was im Wesentlichen durch die Entwicklung einer komplexen, nuancenreichen Sprache und später durch die Erfindung von Schrift befördert wurde. Dadurch war es dem Homo sapiens plötzlich möglich, sein Wissen mit anderen zu teilen.

Gemeinsam fertigten sie komplexere Werkzeuge wie Pfeil und Bogen, malten Bilder auf Felswände, schufen Schmuck und Musikinstrumente. Die Fähigkeit zu kommunizieren katapultierte uns in kürzester Zeit an die Spitze der Nahrungskette. Denn selbst wenn es zu diesem Zeitpunkt noch andere Lebewesen mit höherer Intelligenz gegeben hätte, ohne Sprache ist nun mal kein großer Fortschritt möglich. Hätte ein kluger Calamari vor zwei Millionen Jahren die Fritteuse erfunden – es hätte niemand mitgekriegt. Und dabei hätte der sogar eigene Tinte zum Schreiben gehabt.

Mehr noch: Zum allerersten Mal war ein Lebewesen auf diesem Planeten in der Lage, Geschichten zu erzählen und über seine Träume, Wünsche und Sehnsüchte zu sprechen. Plötzlich entwarfen wir Szenarien für die Zukunft, formulierten Ideen und Pläne und konnten andere für unsere Vorhaben begeistern und gewinnen.

Kurzum: Die Entwicklung von Sprache und Schrift war die Basis für alles, was wir heute als Zivilisation und Kultur bezeichnen. Dass wir die Erde dominieren und Berggorillas eine gefährdete Art darstellen, liegt allein daran, dass nur wir Menschen in der Lage waren, komplexe Kulturtechniken zu entwickeln. Ein Adler kann sein Fressen aus über drei Kilometern Entfernung erkennen, während wir ohne Brille nicht mal die Speisekarte lesen können. Trotzdem finden wir rascher eine Stecknadel im Heuhaufen, weil wir in der Lage waren, den Magneten zu erfinden.

Mit der Fähigkeit, über Worte und Begriffe zu kommunizieren, konnten wir nach vereinbarten Regeln agieren, wir konnten immer effizienter in größeren Gruppen zusammenarbeiten, Aufgaben koordinieren und Gesetze festlegen.

Kein Wunder, dass sich ab diesem Zeitpunkt unsere Lebensweise grundsätzlich änderte. Vor etwa 12 000 Jahren begannen wir, sesshaft zu werden, wir bauten Häuser und markierten unser Revier nicht mehr mit einer Urinspur, sondern mit dem Jägerzaun. Sesshaftigkeit war eine Folge erfolgreicher Landwirtschaft. Durch Ackerbau und Viehzucht mussten wir nicht mehr mühsam der Mammutherde hinterherziehen, sondern konnten uns in Dörfern und später in Städten niederlassen. Eine enorme Zeitersparnis, die heutzutage von der Parkplatzsuche wieder zunichtegemacht wird.

Schon bald kamen die ersten Hochkulturen auf. Die Sumerer erfanden das Rad, die Babylonier die Metallverarbeitung, der Baden-Württemberger den Bausparvertrag. Unorthodoxe Ideen, die unsere Welt innerhalb kürzester Zeit komplett veränderten. Wir errichteten Aquädukte, erschufen Imperien, pflegten Handelsbeziehungen und bildeten Allianzen.

Vor knapp 3000 Jahren kam es zu etwas, was uns als intelligente Spezies einen großen Schritt voranbrachte: Im antiken Griechenland entstand die Philosophie. Sozusagen die Kunst des Hinterfragens: Gibt es so etwas wie Wahrheit? Was ist die Welt? Woraus besteht sie?

Natürlich hatten sich die Menschen diese Fragen auch schon vorher gestellt. Doch bei der Beantwortung landeten sie bei irgendwelchen mehr oder weniger mystischen Erklärungen. Erst die griechische Philosophie versuchte, sich diesen Fragen mit den Gesetzen der Logik anzunähern.

Als zum Beispiel einmal ein junger Grieche über das Mittelmeer nach Ägypten segeln wollte, riet man ihm, vor der Abfahrt unbedingt dem Gott Poseidon ein Opfer zu bringen. Im Tempel gäbe es schließlich eine lange Liste von Personen, die nach einer Opfergabe unbeschadet angekommen waren. Der junge, philosophisch angehauchte Grieche war jedoch skeptisch und überlegte: Um zu wissen, ob eine Opfergabe wirklich etwas bringt, brauche ich eigentlich vier unterschiedliche Listen. Eine Liste von Personen, die etwas geopfert haben und gut ankamen. Eine zweite Liste von Personen, die trotz ihrer Opfergaben ertrunken sind. Eine dritte Liste mit Leuten, die kein Opfer darbrachten und gut ankamen. Und schließlich eine vierte Liste von Seefahrern, die ohne eine Opfergabe ertrunken sind. Erst aus dem Vergleich dieser vier Listen kann ich schließen, ob es sich lohnt, Poseidon ein Opfer zu bringen. Heute ist diese Überlegung in der Statistik als »Chi-Quadrat-Test« bekannt.

Das zeigt: Die griechische Philosophie legte den Grundstein für das, was wir heute als wissenschaftliches Denken bezeichnen.

Einer der wichtigsten und bekanntesten Vertreter der damaligen Zeit war Sokrates. Er spazierte durch Athen und verwickelte die Menschen in endlos lange Diskussionen über den Sinn und Zweck des Lebens, über die Seele, die Tugend oder die Gerechtigkeit. Anscheinend bereitete es ihm eine diebische Freude, buchstäblich alles infrage zu stellen und darüber hinaus seine Gesprächspartner auflaufen zu lassen, wenn sie seiner Meinung nach unsauber argumentierten und sich in Widersprüche verstrickten. Kurzum: Sokrates war ein kluger, aber eben auch ein ziemlich nerviger, politisch unkorrekter Besserwisser. Ein Anarcho im Denken, der den Institutionen Athens mehr und mehr auf den Zeiger ging. Sein Ende ist wohlbekannt. Man klagte ihn an, warf ihm Missachtung der Götter, Verführung der Jugend und Respektlosigkeit gegenüber den Autoritäten vor. Vor Gericht blieb er hart, versuchte sich nicht zu verteidigen, sondern stellte vielmehr die Kleingeistigkeit seiner Ankläger bloß. Danach nahm er klaglos sein Urteil an und trank den tödlichen Schierlingsbecher, was zeigt, dass es kritische Geister mit unorthodoxen Ideen schon immer schwer hatten gegen die Mehrheit derer, die wenig Lust verspüren, den Status quo zu hinterfragen. So gesehen ist Sokrates das erste Opfer der Cancel-Culture.

Als später im Mittelalter die Überzeugung aufkam, dass es so etwas wie physikalische Naturgesetze geben müsse, die unabhängig von einem Gott existieren, war die Kirche erwartungsgemäß nicht besonders begeistert. Papst Johannes der XXI. ließ im Jahr 1276 eine solche Behauptung sogar als Ketzerei definieren. Die Gravitationskonstante hat sich daraufhin bitterböse an ihm gerächt, indem sie ihm ein paar Wochen später das Dach seines Palastes auf den Kopf fallen ließ.

Im 17. Jahrhundert war es dann ein berühmter italienischer Universalgelehrter, der Probleme mit der Obrigkeit bekam. Galileo Galilei behauptete zum Entsetzen der Kirche, dass sich die Erde um die Sonne dreht und nicht umgekehrt. (Einige Historiker sind übrigens der Meinung, dass Galilei nicht deswegen Schwierigkeiten bekam, weil er das Weltbild der Kirche infrage stellte, sondern weil er seine Erkenntnisse auf Italienisch statt in Latein veröffentlichte. Es waren anscheinend nicht so sehr die revolutionären Ideen, die den Inquisitoren Kopfzerbrechen bereiteten, sondern ihre mögliche Verbreitung beim Volk.)

Nichtsdestotrotz unterscheidet sich der Fall Galilei fundamental von dem von Sokrates. Der griechische Philosoph wurde wegen seiner unliebsamen Meinungen angeklagt, Galileo Galilei dagegen bekam Probleme, weil er etwas herausfand, das er mit eindeutigen Fakten beweisen konnte. Er beobachtete mit einer neuartigen Erfindung, dem Fernrohr, unterschiedliche Himmelsbewegungen und konnte so unter anderem nachweisen, dass sich der Planet Venus um die Sonne dreht. 1632 veröffentlichte er dazu sein Buch *Dialog*, in dem er das heliozentrische Weltbild beschrieb, das bereits von Aristoteles und später von Nikolaus Kopernikus postuliert worden war. Die Kirche war darüber »not amused«, weil die Vorstellung, dass die Erde nicht der Mittelpunkt des

Universums sein könnte, den Behauptungen der Bibel entgegenstand. Nach ewigem Hin und Her beugte sich Galilei den kirchlichen Faktencheckern, widerrief seine Hypothese und soll am Ende des Prozesses gemurmelt haben: »Und sie bewegt sich doch …«

Es ist dieses kritische Hinterfragen von angeblich gesicherten Wahrheiten, das Autoritäten suspekt finden. Skeptische Gedanken sind nämlich ähnlich wie Hämmerchen, mit denen man an der Statik der gängigen Überzeugungen klopft. Hält das Weltbild? Oder ist es vielleicht ziemlich hohl und brüchig?

Schon immer reagierten gläubige Menschen beleidigt und verärgert, wenn rational denkende Menschen Elemente ihres Glaubens anzweifelten oder gar ad absurdum führten. Die Bibel ist voll von Personen, die sich nicht brav an die Anweisungen von oben hielten und sich stattdessen ihrer Neugier hingaben, in der Hoffnung, etwas Überraschendes herauszufinden: Eva oder auch Lot. Sie wurden für ihre Neugierde und ihre Skepsis von Gott bestraft.

Auch heute ermuntert kein einziges Glaubenssystem seine Anhänger, die Kerngedanken des Systems in Zweifel zu ziehen. Wissenschaftliche Systeme dagegen tun das. Skeptisch gegenüber den eigenen Ideen zu sein, ist einer ihrer Grundprinzipien. Denn man kann sich nie sicher sein, ob eine Theorie zu 100 Prozent korrekt ist. Aber man kann ihre Behauptungen überprüfen. Man *muss* sie sogar überprüfen. Ich erinnere mich an eine Semesterparty während meines Studiums, auf der ich mit meinem Astronomieprofessor angestoßen hatte, ohne ihm dabei in die Augen zu gucken. Daraufhin meinte er im Scherz: »Haha, Herr Ebert, jetzt haben Sie sieben Jahre schlechten Sex.« Und er hat recht gehabt! Das habe ich empirisch überprüft. Aber, hey, als Physiker ist man froh, wenn man überhaupt welchen hat …

Zurück zu Galilei. Auch wenn er auf Druck der Kirche seine Ideen widerrufen musste, war die Katze aus dem Sack. Die Entwicklung hin zu mehr Wahrheit war nicht mehr aufzuhalten. Die physikalischen Gesetze kümmert es ohnehin nicht, ob man sie vor einem Tribunal von Bürokraten widerruft. Außerdem waren Galileis Behauptungen sowieso für jeden, der klar denken konnte, nachvollziehbar. Damals wurde zum ersten Mal in der Geschichte der Menschheit das Experiment als Erkenntnismethode etabliert. Es war die Geburt der modernen Wissenschaft.

Einige stutzen an dieser Stelle vielleicht, weil es doch die alten Griechen waren, die die wissenschaftliche Denkweise etabliert haben. Aber das stimmt nicht ganz. Archimedes zum Beispiel hat zwar eine wissenschaftliche Entdeckung gemacht, aber er hat den Weg, wie er zu dieser Entdeckung kam, nie überprüft. Auch Aristoteles war der Meinung, dass man die Zusammenhänge der Natur durch reines Nachdenken ergründen konnte. Die antiken Griechen neigten in ihrer logisch-deduktiven Vorgehensweise dazu, ihre Modelle und Hypothesen von theoretischen Axiomen und Prinzipien abzuleiten, nicht aber von einer experimentellen Überprüfung.

In der griechischen Philosophie gab es keine Doppelblindstudien. Weder Platon noch Sokrates kümmerte sich um Evidenzen, um Falsifizierbarkeiten oder Placebogruppen. So soll Aristoteles der festen Überzeugung gewesen sein, dass Männer mehr Zähne im Mund haben als Frauen. Einfach nachzuschauen war ihm vermutlich viel zu profan.

Die philosophische Elite beschäftigte sich ausschließlich mit geistigen Dingen. Das Machen oder etwas praktisch zu nutzen, galt als vulgär. Im antiken Athen konnte man ein noch so guter Arzt oder ein genialer Architekt sein, in der gesellschaftlichen Rangordnung jedoch stand man trotzdem hinter dem unwichtigsten Philosophen.

Wenn ein antiker griechischer Denker etwas Bemerkenswertes herausfand, kam er in den seltensten Fällen auf die Idee, dieses Wissen auch praktisch anzuwenden. Er redete lieber mit anderen darüber. Auf dem berühmten Fresko der *Schule von Athen* zeigt Platon nicht aus Zufall in die Wolken. In der griechischen Hochkultur ging es um hochtrabende philosophische Konstrukte, nicht um Umsetzung.

Das soll deren Beitrag zur Geistesgeschichte keinesfalls schmälern. Selbstverständlich kann man durch Logik und theoretische Gedankenspiele zu bedeutenden Erkenntnissen gelangen. Galileo Galilei zum Beispiel wollte wissen, ob Körper mit unterschiedlicher Masse unterschiedlich schnell fallen. Also hat er sich überlegt: Angenommen, ein schwerer Körper fällt schneller als ein leichter. Was passiert, wenn ich beide zusammenbinde? Der neue Körper müsste sowohl langsamer fallen als der schwere, aber auch schneller fallen als der leichte. Da dies nicht möglich ist, ist daraus nur der Schluss zu ziehen, dass beide gleich schnell fallen müssen.

Auch der griechische Philosoph Demokrit, der behauptete, dass es unteilbare Teilchen gibt, die Atome genannt werden, lag mit seiner Vermutung weitgehend richtig. Doch absolut sicher sein konnte er nicht.

Erst im 17. Jahrhundert begannen die Forscher nach und nach Hypothesen und Behauptungen durch Experimente zu überprüfen. Es kam zu einer Annäherung von Theorie und Praxis.

Damals machte der irische Naturforscher Robert Boyle folgenden Versuch: In einer öffentlichen Vorführung setzte er einen Vogel in einen Behälter und saugte die Luft heraus, worauf der Vogel starb. Boyles Schlussfolgerung: »Ich habe ein Vakuum geschaffen.« Die religiösen Menschen im Auditorium sagten: »Das kann nicht sein. Denn Gott ist überall, und in einem Vakuum kann es keinen Gott geben. Also ist ein Vakuum nicht möglich.« Aber Boyle erwiderte: »Blödsinn! Der Vogel ist tot.« Worauf sich unter den tiefgläubigen Herren verständnislose Entrüstung breitmachte. Logik verwirrt Dogmatiker.

Ein paar Jahre später experimentierte der englische Theologe und Chemiker Joseph Priestley abermals mit einem Vakuum. Dieses Mal stellte er eine Minzpflanze unter eine Glasglocke, pumpte die Luft ab und erwartete, dass die Pflanze genauso eingehen würde wie der bedauernswerte Vogel von Robert Boyle. Erstaunlicherweise geschah das Gegenteil. Die Pflanze wuchs und gedieh. Diese Beobachtung führte zu einer der wichtigsten Erkenntnisse in der Biologie: dass Pflanzen bei der Fotosynthese Sauerstoff erzeugen.

Dieses Beispiel führt uns sehr anschaulich vor Augen, dass wissenschaftliche Erkenntnisse oftmals kontraintuitiv sind. Mit reiner Logik und sorgfältigem Nachdenken kommt man in vielen Fällen nicht sehr weit. Erst die Überprüfung durch ein geeignetes Experiment schafft Klarheit.

Wenn man sich nicht mit Wissenschaft auskennt, denkt man gerne, dass sich die eigene Intuition mit den wirklichen Zusammenhängen deckt. Leider ist fast immer das Gegenteil der Fall. Steckt man beispielsweise einen Strohhalm bündig durch einen Bierdeckel, hält ihn über ein Blatt Papier und pustet hinein, so wird das Blatt nicht – wie man vermuten könnte – weggeblasen, sondern es saugt sich an den Deckel an.

Oder angenommen, man würde ein Band um den gesamten Äquator legen und es dann um einen Meter verlängern, wie hoch würde es über dem Äquator schweben? Ziemlich genau 16 Zentimeter. Wenn Sie's nicht glauben, probieren Sie es einfach aus.

Lange war es zum Beispiel ein Rätsel, warum Seeleute Skorbut bekamen. Um die Ursache herauszufinden, experimentierten viele herum. Der portugiesische Seefahrer Vasco da Gama zwang seine Männer, ihren Mund mit Urin auszuspülen. Was weder besonders gut gegen Skorbut half noch besonders gut für die Stimmung war. Andere glaubten, Skorbut werde durch unvollständig verdautes Essen ausgelöst. Zum »Beweis« dafür machte der britische Arzt William Stark einen mutigen Selbstversuch. Er ernährte sich wochenlang nur von Wasser und Brot und beobachtete, was geschah. Er starb an Skorbut, ohne hilfreiche Schlussfolgerungen ziehen zu können. Trotzdem widmete er sein Leben im wahrsten Sinne des Wortes der Wissenschaft.

Der Erste, der in die richtige Richtung dachte, war der britische Marinearzt James Lind. Er machte – wie es sich für einen Wissenschaftler gehört – Versuchsreihen mit an Skorbut erkrankten Matrosen, bei denen er ihnen unterschiedliche Dinge zu essen gab. Damit konnte er zeigen, dass Zitrusfrüchte, aber auch Kartoffeln und Sauerkraut wirksame Mittel gegen Skorbut sind. James Cook setzte 1776 die Ernährungsempfehlung des Arztes als Erster um. Er nahm auf seine Weltumseglung als Proviant Karottenmus und Sauerkraut mit, was eine beeindruckende Überlebensrate seiner Mannschaft zur Folge hatte.

Das zeigt: Die rationale, wissenschaftliche Herangehensweise an verschiedenste Problemstellungen führte nicht nur zu neuen, verblüffenden Erkenntnissen, sie verlängerte sogar Leben.

Als zum ersten Mal unter dem Mikroskop Krankheitserreger sichtbar wurden, war plötzlich klar, dass es eben nicht die rothaarige Nachbarin war, die die Kinder mit Cholera verhext hatte. Das hat sich mittlerweile sogar bis in den Odenwald rumgesprochen.

Die Menschheit hat sehr lange gebraucht, um zur wissenschaftlichen Methode zu finden. Denn richtig betrieben wirft sie permanent Weltbilder über den Haufen und gefährdet Machtstrukturen, weil sie das Wissensmonopol der Obrigkeit infrage stellt. Und das können mitunter Zusammenhänge sein, die völlig harmlos daherkommen.

Isaac Newton hat sich beispielsweise als Erster die harmlose Frage gestellt: Warum fällt ein Apfel nach unten? Das war eine vollkommen absurde Frage, weil man damals der Überzeugung war: »Na ja, das ist eine göttliche Entscheidung … Ein Apfel fällt nach unten, weil das Gott so will!«

Aber es waren Menschen wie Kepler, Newton oder Galilei, die sich mit diesen einfachen Antworten nicht zufriedengegeben haben. Sie und andere haben nach den wahren Ursachen gesucht und so Schritt für Schritt ein Wissen erlangt, das auf Logik, aber eben auch auf Experimenten und Beweisen basierte – und nicht mehr auf Glauben oder Gottvertrauen.

Und wichtig dabei: Sie haben erkannt, dass durch den Erwerb von Wissen die Welt zu einem besseren Ort wird. Zukunft ist nicht das, was uns zustößt, sondern das, was wir aktiv gestalten. Die Idee des Fortschritts war geboren.

Das Penicillin, der Kühlschrank, die Röntgenstrahlen haben unsere Lebensqualität immens verbessert. Noch vor zwanzig Jahren wurde Rudolph Moshammer mit einem Telefonkabel erdrosselt. Das wäre heute rein technisch gar nicht mehr möglich.

Vor der wissenschaftlichen Revolution glaubten die Menschen nicht an Fortschritt. Die meisten vormodernen Kulturen dachten, das Goldene Zeitalter läge bereits hinter ihnen und die Menschheit befände sich auf dem absteigenden Ast. Die Wissenschaften räumten mit dieser Vorstellung auf. Denn neben vielen erstaunlichen Entdeckungen und Erfindungen gaben sie den Menschen auch Hoffnung auf ein besseres Leben.

Naturwissenschaft ist die lange Geschichte davon, wie wir gelernt haben, uns nichts mehr vorzumachen. Weil sie Glauben und Bauchgefühl durch Beweise und Fakten ersetzt hat.

Für mich jedenfalls besteht das größte Geschenk der Wissenschaft darin, dass sie uns etwas über den Gebrauch von geistiger Freiheit lehrt. Skeptisch zu sein, kritische Fragen zu stellen und vor allem: Autoritäten nicht blind zu vertrauen.

Parallel zur naturwissenschaftlichen Revolution schwappte diese neuartige faktenbasierte und vernunftgeleitete Sicht auch auf andere Gebiete über. In den Geisteswissenschaften und der Philosophie traten plötzlich Denker auf den Plan wie René Descartes (»Cogito, ergo sum« – Ich denke, also bin ich), Francis Bacon (»Scientia potentia est« – Wissen ist Macht) oder Immanuel Kant (»Sapere aude« – Wage es zu denken). Sie alle stellten die Vernunft und nicht das Gefühl in den Mittelpunkt.

Der britische Philosoph und Skeptiker David Hume beantwortete die Frage, ob es etwas wie Wunder gäbe, ganz im Geiste der Rationalität so: »Die Annahme, etwas sei ein ›Wunder‹«, meinte er, sei »nur dann gerechtfertigt, wenn alle alternativen Erklärungen noch unwahrscheinlicher sind.« Angenommen, Ihr Nachbar behauptet, er hätte einen Königspudel, der sämtliche Arien aus Verdis *Aida* singen kann. Was ist wahrscheinlicher: Es gibt diesen singenden Königspudel oder Ihr Nachbar hat einen Sprung in der Schüssel? Jeder weiß doch, dass Königspudel ein Faible für Puccini haben.

Nach jahrhundertelangem intellektuellem Stillstand im Mittelalter setzte überall in Europa das kritische, rationale Denken ein. Mehr und mehr distanzierten sich die Menschen von mystischen Erklärungsmodellen und ideologischen Wunschvorstellungen. Eine neue Epoche war eingeläutet, die der Aufklärung.

Das war in dieser Radikalität nur möglich, weil gleichzeitig auch die Kirche immer mehr an Einfluss verlor. Im Zuge der Reformation wurde die Allmacht der Kirche erstmals grundsätzlich infrage gestellt.

Nach jahrhundertelanger Dominanz des Klerus war der Widerstand gegen die religiöse Bevormundung durch den Vatikan zu stark geworden. Nach der Vorstellung von Martin Luther sollte die Beziehung zu Gott für jeden Gläubigen persönlich und individuell sein und eben nicht durch eine autoritäre Amtskirche definiert werden, in der ein Papst die Deutungshoheit über alle religiösen Fragen hat.

Dazu sollten Männer, aber eben auch Frauen, die Bibel selbst lesen und interpretieren können, und so wurde die Heilige Schrift aus dem Lateinischen in die jeweilige Landessprache übersetzt.[10] Durch Luther wurde die Sinnfrage quasi privatisiert: Frei von Bevormundung konnte jeder in seiner eigenen religiösen Bubble leben.

Doch nicht nur das. Parallel zu seiner Bibelübersetzung ins Deutsche begann Luther die Bedeutung von Alphabetisierung und Schulbildung zu predigen. Die historische Verbindung von Protestantismus und Alphabetisierung ist recht gut dokumentiert. Noch Ende des 19. Jahrhunderts lagen in den protestantischen Gebieten die Alphabetisierungsraten mehr als 20 Prozent höher als in den katholischen Regionen. Die Reformation ist also nicht nur eine religiöse Bewegung gewesen, sie war auch ein entscheidender Treiber von Bildung.

Erfolgreich war sie nicht zuletzt deswegen, weil die traditionellen Erklärungsmodelle der Kirche angesichts des wissenschaftlichen Fortschritts immer unglaubhafter wurden. Das, was in der Bibel über die Natur des Menschen, der Erde und des Universums stand, war durch die immer neuen Entdeckungen der Kosmologie, Physik oder Biologie einfach nicht mehr haltbar. Die Kirche konnte sich aus diesem Dilemma nur befreien, indem sie der Bibel ihre Wortwörtlichkeit nahm und stattdessen viele der darin enthaltenen Geschichten nicht mehr als Fakten, sondern als Metaphern darstellte. Dreifaltigkeit, unsterbliche Seele, die Existenz des Teufels, Wiederauferstehung und Erbsünde – all das sind Begriffe, die für moderne, aufgeklärte Christen praktisch keine reale Bedeutung mehr haben und eher im Reich der Fabel angesiedelt sind.

Dass das Christentum inzwischen weitestgehend friedlich, gemäßigt und verhältnismäßig tolerant auftritt, verdanken wir genau jener Epoche. Die Reformation ist rückblickend die mit Abstand wichtigste Phase auf dem Weg zu dem, was wir heute als »aufgeklärten Westen« bezeichnen. Im Islam zum Beispiel gab es einen solchen Umbruch nicht. Daher betrachten viele gläubige Muslime den Koran auch heute als ein Buch der absoluten Wahrheit; eine Trennung von Staat und Kirche ist für sie nicht wirklich denkbar.

»Der Koran hat nach wie vor einen absoluten Wahrheitsanspruch. Das heißt, dass Glaubensinhalte und Offenbarungstexte nach der offiziellen Theologie des Islams keiner historisch-kritischen Methode unterzogen werden dürfen«, sagt der islamische Theologe Reza Hajatpour, der an der Universität Bamberg arbeitet.[11]

Im Christentum sank schon vor rund 400 Jahren der Einfluss religiöser Vorschriften und das Prinzip der individuellen Freiheitsrechte setzte sich durch.

Tatsächlich unterscheidet sich die Idee der geistigen Freiheit, wie sie in der Aufklärung aufkam, radikal von der ursprünglichen Freiheitsidee im Christentum. Nach ihr kann der Mensch nur durch die göttliche Gnade befreit werden. Die Protagonisten der Aufklärung dagegen waren der

Meinung, dass der Mensch von Natur aus frei und selbstbestimmt sei. Der Philosoph John Locke nannte diese Idee »Selfownership«. Das Eigentum an mir selbst.

Bis zur Allgemeinen Erklärung der Menschenrechte durch die Vereinten Nationen Mitte des 20. Jahrhunderts war es zwar noch weit, doch es waren Philosophen der europäischen Aufklärung, die dafür die gedankliche Basis schufen: Gelehrte wie John Stuart Mill, der 1859 in seiner berühmten Schrift *On Liberty* erstmals die Freiheit propagierte, seinen eigenen, persönlichen Lebensplan zu entwerfen, indem er Kategorien einführte wie die »Freiheit des Geschmacks« oder die »Freiheit der Gefühle«. Ein Freiheitsbegriff, der bis dato vollkommen unbekannt war.

Auch das also ein fundamental neuer Gedanke: die Vorstellung, dass der Mensch ein von Natur aus freies Wesen ist. Bis dahin waren Menschen entweder Leibeigene, die vom Wohle ihres Herrn abhingen und ähnlich wie Sklaven kaum Rechte hatten, oder sie waren Mitglied einer höheren Schicht, in der ebenso starre Regeln galten. Persönliche Entfaltung und Selbstbestimmung waren auch dort nahezu unbekannt. Selbst etwas so Selbstverständliches wie Privatheit existierte nicht. Wenn der König essen wollte, stand sein Hofstaat die ganze Zeit nebendran. Im Schlafzimmer war ständig ein Diener anwesend. Sogar auf dem Klo. Und als Königin musste man die Kinder in Anwesenheit des Hofes zur Welt bringen. Ein YouTube-Video von der Geburt des Thronfolgers war damals gar nicht nötig, weil sowieso alle wichtigen Leute live dabei waren.

In der Aufklärung änderte sich das grundlegend. Technologische und wissenschaftliche Erkenntnisse verbreiteten sich, es kam zu der Trennung von Staat und Kirche, gesellschaftliche Werte wie Toleranz, Freiheit und Gleichberechtigung setzten sich durch. Europa durchlebte eine bemerkenswerte Umwandlung von einer geschlossenen in eine (welt-)offene Gesellschaft.

Einen großen Anteil daran hatten die europäischen Städte. Sie waren die Wiege erst der Demokratie und der Philosophie und später der industriellen Revolution und der Moderne. Je städtischer eine Gesellschaft wurde, desto leichter konnten soziale Aufsteiger mit neuen Ideen und mit Tatkraft die alten feudalen Eliten verdrängen. Plötzlich entstanden Konkurrenz, Unternehmergeist, Risiko und Wettbewerb.

Das war nur möglich, weil sich parallel dazu eine weitere revolutionäre Idee durchsetzte: eine Wirtschaftsordnung, die das freie Unternehmertum in den Mittelpunkt stellte und eine Eigentumsordnung mit entsprechender Rechtssicherheit schuf. Der Beginn des modernen Kapitalismus. Geldverleiher etablierten das Kreditwesen. Dadurch konnten sich nicht mehr nur reiche Großgrundbesitzer mit viel Eigenkapital Geld leihen, sondern auch Leute, die kein Land besaßen, aber tüchtig waren. Das wiederum förderte die soziale Durchlässigkeit. Wer geschickt war und eine kluge Geschäftsidee hatte, konnte vom niederen Tagelöhner zu einem wohlhabenden Handwerker oder einem angesehenen Kaufmann werden.

Die sozialen Schichten mischten sich. Handel und Handwerk verknüpften die Menschen, und das wiederum begünstigte Kreativität, Wissenstransfer, Toleranz und Innovation. Und nicht zuletzt: Rücksichtnahme. Das französische Wort »politesse« bedeutet »Höflichkeit« und kommt ursprünglich von dem griechischen Wort für Stadt: »Polis.« Stadtbewohner zeichneten sich also durch Verständnis für andere, durch Höflichkeit aus. Was man von den heutigen Politessen leider nicht mehr behaupten kann.

Die Dynamik von Städten beruhte also auf ihrer Vielfalt. Bis heute sind Städte Orte von Kreativität und Erfindungsreichtum: Vor einigen Jahren untersuchten Wissenschaftler, wie sich die Stadtgröße auf die Innovationsrate auswirkt, und erkannten eine sogenannte superlineare Skalierung. Eine Stadt mit zehnmal mehr Einwohnern zeigt eine dreizehnfach höhere Innovationsrate. Das heißt, in einer größeren Stadt steigt nicht nur die Gesamtzahl der Ideen, sondern auch der Ideenreichtum pro Einwohner.[12]

Wieso aber kam es gerade in Europa zu einem derartigen technologischen, wirtschaftlichen und gesellschaftlichen Sprung? Warum nicht in China? Oder in Persien? Das ist in der Tat erstaunlich. Denn immerhin war im 15. Jahrhundert China das reichste und fortschrittlichste Land der Erde. Auch die muslimische Welt war den Europäern im Mittelalter in vielen Bereichen, wie zum Beispiel der Medizin oder der Mathematik, deutlich überlegen. Die Weizenzucht wurde im Orient erfunden, aber die Nutzbarmachung durch die Dreifelderwirtschaft vollzog sich in Europa. Die Phönizier erfanden das Geld, doch flächendeckend setzte sich der Gebrauch erst in Europa durch. Das Bankwesen entstand in Mesopotamien, auch Muslime betrieben schon im 12. Jahrhundert systematisch Leihgeschäfte, doch die ersten großen Bankhäuser kamen in Norditalien auf. Schießpulver war eine Erfindung der Chinesen, aber die benutzten es hauptsächlich für Feuerwerk. Auch hier waren es wieder die Europäer, die es beim Bau von Tunnels und Bergwerken als Sprengmaterial verwendeten oder es für die industrielle Waffenproduktion perfektionierten.

Es ist anscheinend typisch europäisch, Ideen, Erfindungen oder Materialien aus anderen Kulturkreisen zu übernehmen, zu modifizieren und mit anderen Ideen so geschickt zu kombinieren, dass etwas Neues herauskommt. Heute wird das von manchen als »kulturelle Aneignung« verunglimpft. Aber genau dieser unbändige Drang, den Dingen auf den Grund zu gehen, sie zu verbessern oder in einen anderen Zusammenhang zu stellen, macht einen wesentlichen Teil unserer Kultur aus.

In ihr eingeschrieben ist, das sollte mein kleiner Exkurs der Weltgeschichte dokumentieren, der unbedingte Wille zum rationalen, evidenzbasierten Denken und eine damit verbundene Neugierde, die Wirklichkeit zu erforschen. Und immer dort, wo dieser Denkstil aufgegriffen und übernommen wurde, hat er zu Wohlstand, Freiheit und Demokratie geführt: in den USA, in Australien, in Japan, Israel, Südkorea oder Taiwan.

Auf wundersame Weise fielen in Europa die Befreiung des Geistes aus religiösen Zwängen, der neugierig objektive Blick auf die Natur und den Kosmos, die Entwicklung bürgerlicher Freiheiten, die systematische Ausdehnung freier Märkte und des Unternehmertums sowie die explosionsartige Zunahme der technisch-naturwissenschaftlichen Erfindungen zusammen.

Die Europäer, sagte der österreichische Philosoph Karl Popper, wurden von früh an geschult, alles infrage zu stellen. Selbstreflexion, Selbstkritik und die Suche nach Selbstverbesserung sind seiner Meinung nach die entscheidenden Elemente, die die westliche Zivilisation ausmachen.

»Ist unsere Kultur die beste?«, fragte Popper in einem seiner Aufsätze. »Sie ist die beste, weil sie die verbesserungsfähigste ist«, lautete seine selbstbewusste Antwort. Der Drang, die eigenen Vorstellungen immer wieder zu korrigieren und zu justieren, die Einsicht, dass es nicht den einen Weg zur Wahrheit gibt, machte das Abendland, machte Europa zu einem Ort von Erkenntnisgewinn und Fortschritt.

Die Epoche der Aufklärung hat den Westen ganz nach oben katapultiert. Die damit verbundene Fokussierung des menschlichen Geistes auf Logik, Vernunft und Rationalität führte zu einem enormen Fortschritt in Wissenschaft und Technik. Wir entwickelten den Webstuhl, die Dampfmaschine, das Automobil und schließlich die Radarfalle. 1908 erfand Fritz Haber den Kunstdünger, in den 1950er Jahren züchtete der Agrarwissenschaftler Norman Borlaug Weizen, der den Ertrag verdreifachte und die Grüne Revolution auslöste. Die erste gentechnisch modifizierte Tomate kam 1994 auf den Markt. 2011 gelang es Forschern sogar, das Genom der Kartoffel zu entschlüsseln. Es enthält exakt 38 214 Gene. Der Mensch hat nur rund 25 000 Gene. Ist demnach das Essen einer Tüte Chips überhaupt noch ethisch vertretbar?

Auch die medizinische Forschung explodierte. 1806 isolierte man erstmals Morphin als Schmerzmittel. Im Jahr 1882 entdeckte Robert Koch den Tuberkulose-Bazillus, Alexander Flemming erfand 1928 das Penicillin, die erste Herztransplantation wurde 1967 durchgeführt.

Durch all das stieg die Weltbevölkerung sprunghaft an. Für die erste Milliarde benötigte die Menschheit die Zeit vom Beginn ihrer Existenz bis ins frühe 19. Jahrhundert. Nur 120 Jahre später wurde der achtmilliardste Mensch geboren.

Die europäische Art und Weise, Probleme und Herausforderungen anzugehen, war in der Vergangenheit also enorm erfolgreich. Im Jahr 1951 fasste der britische Philosoph Bertrand Russell im *New York Times Magazine* diese spezielle Geisteshaltung in zehn Geboten zusammen:[13]

1. Fühle dich keiner Sache völlig gewiss.
2. Trachte nicht danach, Fakten zu verheimlichen, denn sie kommen eines Tages bestimmt ans Licht.
3. Versuche niemals, jemanden am selbstständigen Denken zu hindern; es könnte dir gelingen.
4. Wenn dir jemand widerspricht, und sei es dein Ehegatte oder dein Kind, bemühe dich, ihm mit

Argumenten zu begegnen und nicht mit der Autorität, denn ein Sieg durch Autorität ist unrealistisch und illusionär.

5. Habe keinen Respekt vor der Autorität anderer, denn es gibt in jedem Falle auch Autoritäten, die anderer Ansicht sind.
6. Unterdrücke nie mit Gewalt Überzeugungen, die du für verderblich hältst, sonst unterdrücken diese Überzeugungen dich.
7. Fürchte dich nicht davor, exzentrische Meinungen zu vertreten; jede heute gängige Meinung war einmal exzentrisch.
8. Freue dich mehr über intelligenten Widerspruch als über passive Zustimmung; denn wenn die Intelligenz so viel wert ist, wie sie dir wert sein sollte, liegt im Widerspruch eine tiefere Zustimmung.
9. Halte dich an die Wahrheit auch dann, wenn sie nicht ins Konzept passt; denn es passt noch viel weniger ins Konzept, wenn du versuchst, sie zu verbergen.
10. Neide denen nicht das Glück, die in einem Narrenparadies leben; denn nur ein Narr kann das für ein Glück halten.

VOM DURCHBLICK ZUM IRRSINN

Vor einigen Jahren war ich zu einer Podiumsdiskussion eingeladen. Das Thema war recht allgemein gefasst: Wie sieht die Zukunft Europas aus? Wohin entwickeln wir uns? Ist das westliche Gesellschaftsmodell noch zeitgemäß? In der Runde saß auch ein Mullah. »Der Westen hat doch keine Werte«, meinte er im Laufe der Diskussion. Während der Pause klingelte sein Handy. Ich fragte ihn, was er da in der Hand hat. »Das ist mein neues iPhone«, sagte er. Aber das war nicht ganz richtig. In Wirklichkeit hatte er 400 Jahre abendländische Geschichte in der Hand. Praktisch alles, was an Know-how zum Bau eines modernen Mobiltelefons erforderlich ist – von den Gesetzen der Elektrodynamik über die Entwicklung eines Mikrochips bis hin zum Herstellen eines Oberflächenkapazitiven-Touchscreens –, buchstäblich alles verdanken wir den Denkern, den Ingenieuren und den Tüftlern des aufgeklärten Westens. Und auch die Idee des kritischen Hinterfragens, des Aufstellens und des Verwerfens von überprüfbaren Hypothesen ist eine fundamentale Voraussetzung, um ein Ding zu erschaffen, mit dessen Hilfe wir mit dem Rest der Welt per Knopfdruck verbunden sind. Ohne die Werte des Individualismus, der Meinungsfreiheit und nicht zuletzt der Entzauberung von heiligen Büchern als Erklärungsmodelle für die Welt würden wir weiterhin mithilfe von Brieftauben kommunizieren. *Das* sind unsere Werte. Oder zumindest waren sie es einmal.

Wenn Sie im Jahr 1900 ein Gelehrter gewesen wären und eine Prognose für das Leben im Jahr 2025 hätten abgeben sollen, wäre Ihnen das Allermeiste, was uns heute als selbstverständlich erscheint, unbekannt gewesen: Flugzeuge, Fernsehen, Kugelschreiber, Computer, Tupperware, Heimtrainer, Internet, Schönheits-OPs, feuchtes Toilettenpapier, Zahnseide, Bionahrung, Röntgengeräte, Mikrowellen, Weichspüler, Klimaanlagen, Antibabypillen, Kaffeemaschinen, Wellnesshotels, Plastiktüten, Betablocker.

Nahezu alle Dinge, die unser Leben angenehm machen, sind in den vergangenen 150 Jahren entstanden. Damals betrug die Lebenserwartung in Europa gerade mal 49 Jahre.[14] Fernkommunikation bestand darin, aus dem Fenster zu brüllen, und Mails wurden mit dem Pferd befördert. Wenn Sie das Pech hatten, Zahnschmerzen zu bekommen, mussten Sie sich schlimmstenfalls von einem Arzt behandeln lassen, der hauptberuflich Teufelsaustreibungen durchführte.

Heute leben wir in unseren Breitengraden besser, bequemer und länger als jemals zuvor in der Menschheitsgeschichte. Aber sind wir dadurch auch zufriedener oder gar glücklicher? Ganz im Gegenteil. Zwar sind wir körperlich gesünder, aber psychisch gesehen brennt die Luft. Ein Blick in eine normale Fußgängerzone reicht aus: wenige Krücken, viele Irre.

Inzwischen müssen wir in unserem modernen Leben täglich Zigtausende kleinere und größere Entscheidungen treffen. Zucker oder Süßstoff? CDU oder SPD? Scheidung oder Durchhalten? Da muss man ja wahnsinnig werden! Eine Sirene ertönt – Atomkrieg oder Mittagspause? Man weiß es nicht …

In den USA hat kürzlich ein Mann mit einer Schrotflinte seinen Laptop zusammengeschossen und das Ganze auf TikTok gestellt. Eine Art Screenshot. Anscheinend ist etwas bei der Installation schiefgelaufen, und da ist der gute Mann ausgetickt. Ich kann's verstehen. Letzten Monat schickte mir mein Mobilfunkanbieter ein neues Smartphone. Beim Auspacken finde ich einen Zettel: »Ihr Smartphone funktioniert nicht? Rufen Sie uns an!«

Unsere moderne Zivilisation beruht darauf, dass wir komplizierte Geräte benutzen, die sich andere ausgedacht haben. Es ist also nicht die Kenntnis der technischen und wissenschaftlichen Zusammenhänge, die den zivilisierten Menschen auszeichnet, sondern die Fähigkeit, Geräte zu bedienen, Verfahren zu beherrschen und Systeme zu steuern, ohne im Geringsten zu wissen, wie das alles funktioniert.

In der Steinzeit war das fundamental anders. Da wusste jeder Mensch genau, wie er seine Kleidung fertigt, wie gejagt wird oder wie man Feuer macht. Ein Steinzeitmensch ist vielleicht nur dreißig Jahre alt geworden, aber er hat alles in seiner Welt verstanden. Heute werden wir achtzig Jahre alt, aber wir verstehen nichts mehr um uns herum. Es geht uns gut, aber wir haben keine Ahnung, warum.

Auch der ganze Informationenüberfluss macht uns fertig. So werden jedes Jahr rund zwei Millionen wissenschaftliche Studien publiziert. Zu Zeiten Albert Einsteins war es nicht einmal 1 Prozent dieser Menge.[15]

Interessanterweise ist die Häufigkeit revolutionärer wissenschaftlicher Durchbrüche etwa gleich geblieben. Die unglaubliche Flut der Publikationen bedeutet offenbar nicht, dass auch mehr Erkenntnis produziert wird.[16] Wir wissen zwar immer weniger, wo es langgeht, kommen dafür aber deutlich schneller voran.

Noch vor 300 Jahren gab es Menschen, die jedes Buch, das es auf der Erde gab, gelesen hatten. Diese Menschen verfügten über das gesamte Wissen ihrer Zeit. Inzwischen schafft das nur Günther Jauch.

Wenn Sie heute jeden Tag ein Buch läsen, bräuchten Sie allein 15 000 Jahre, um die Frankfurter Nationalbibliothek durchzuackern. Und wenn Sie das deutsche Steuerrecht dazunehmen, werden Sie überhaupt nicht mehr fertig.

Wenn Sie heutzutage bei Google den Begriff »Wissen« eingeben, kriegen Sie über eine Milliarde Treffer. Da kann man ja nur durchdrehen.

Während das kollektive Wissen in unserer Gesellschaft immer weiter ansteigt, wächst parallel dazu das individuelle Unwissen. Der Generalist stirbt quasi aus. Im 19. Jahrhundert haben die Barbiere auch die Zähne gezogen. Welcher Zahnarzt kann denn heutzutage noch Haare schneiden?

»Nichtwissen« liefert bei Google gerade mal 54 Millionen Treffer. Und darin liegt das gesamte Paradox unserer heutigen Zeit.

Denn trotz 300 Jahren Wissenschaft ist unser Nichtwissen über die Welt immer noch viel größer als unser Wissen. Bis heute hat noch niemand eine Erklärung dafür liefern können, warum es Gravitation gibt, wie genau Bewusstsein entsteht oder warum Frauen den Lidstrich nicht mit geschlossenem Mund auftragen können.

Zwar können wir in immer mehr Bereichen sehr genau beschreiben, wie die Welt funktioniert, aber wir haben nach wie vor nicht die leiseste Ahnung, *warum* die Welt funktioniert. Warum es so etwas wie Atome gibt oder Naturkonstanten oder den ARD-*Schlager-Spaß mit Andy Borg*.

Und je mehr wir über grundlegende naturwissenschaftliche Zusammenhänge wissen, umso mehr drängt sich der Verdacht auf, dass sich das gesamte Universum vielleicht auch komplett sinnlos verhalten könnte. All das treibt uns um, lässt uns grübeln und macht uns unsicher. Wir fühlen uns überfordert.

Vielleicht ist das auch der Preis, den wir für den Fortschritt zahlen müssen. Die bittere Erkenntnis, dass mit zunehmenden Errungenschaften die Welt immer komplexer wird und wir auf viele große Fragen weiterhin keine befriedigenden Antworten haben.

Vor rund 400 Jahren dachte der große Empiriker Francis Bacon, sobald in der Welt Rationalität und Vernunft dominieren, stellt sich automatisch so etwas wie Glück ein. Wie wir heute wissen, war das ein großer Trugschluss.

Rationalität löst viele Probleme. Aber Vernunft und Logik garantieren uns kein Glück. Sie bieten keine Orientierung, spenden keinen Trost und sie liefern erst recht keine Antworten auf den Sinn des Lebens.

Vielleicht war es ja das, was der Mullah mit seiner Äußerung meinte, es fehle uns im aufgeklärten Westen an Werten. Doch die Naturwissenschaft beschäftigt sich nun mal nicht mit Wertfragen. Und auf die großen Fragen nach Sinn und Zweck liefert die Wissenschaft erst recht keine Antworten. Aber tun das die Glaubenssysteme, wie der Mullah in der Diskussionsrunde behauptete? Als Abraham seinen eigenen Sohn töten sollte, fragte er Gott: »Warum?«, und er erhielt keine Antwort. Und als Jesus am Kreuz fragte: »Vater, warum hast du mich verlassen?«, herrschte ebenfalls Funkstille. Vielleicht müssen wir uns damit abfinden, weder mithilfe unseres Glaubens noch mit unserem Verstand die entscheidenden Fragen beantworten zu können.

Nichtsdestotrotz ist die Suche nach Sinnhaftigkeit und Spiritualität sowie die Sehnsucht nach Glück ein fundamentaler Drang des Menschen. Kein Wunder, dass es schon bald nach der von Logik und Vernunft geprägten Epoche der Aufklärung zu einer Gegenbewegung kam. Ende des 18. Jahrhunderts entstand die Romantik: eine Strömung, die geprägt ist durch die Betonung des Gefühls und die Hinwendung zum Irrationalen und Märchenhaften.

In dieser Zeit wurde die Natur zum mystischen Sehnsuchtsort, was sich in Deutschland unter anderem in der Romantisierung des deutschen Waldes zeigte. Musiker, Dichter und Maler wie Joseph von Eichendorff, Caspar David Friedrich oder Carl Maria von Weber trugen mit ihren Werken maßgeblich zur Sentimentalisierung des Waldes bei.

Vielleicht ist das der Grund, weshalb vor ein paar Jahren so erbittert um den Hambacher Forst gekämpft wurde. Denn für uns Deutsche ist das nicht einfach nur ein Stück Land mit alten Bäumen, die für den Kohleabbau gefällt werden sollten. Nein! Für uns ist das Fällen von Bäumen gleichbedeutend mit der Zerstörung unserer eigenen Seele.

Der Buchautor Peter Wohlleben spricht in seinem Bestseller *Das geheime Leben der Bäume* unseren belaubten Freunden – ganz im Sinne der Romantik – sogar übersinnliche Fähigkeiten zu: Bewusstsein, Gefühle, ja sogar Moral. Der Baum als besserer Mensch. Der Wald als eine Art kuscheliger Streichelzoo, eine friedliche, gerechte Solidargemeinschaft, in der Schwächere von den Stärkeren beschützt werden.

Unter Forstwissenschaftlern gelten diese Thesen, vorsichtig gesagt, als esoterischer Firlefanz. Selbstverständlich ist jeder Wald ein hochkomplexes Biosystem. Aber es ist ein fundamentaler Unterschied, ob ein System bewusst handelt oder ob es so aufgebaut ist, dass es so wirkt, als hätte es ein Bewusstsein. Im Übrigen empfinden Bäume auch keine Schmerzen. Der Klang einer Kettensäge versetzt eine Eiche weder in Furcht noch macht er sie depressiv. Und mit Dingen wie Gerechtigkeit, Solidarität und Moral kann die Natur erst recht nichts anfangen.

Auch der heute oft benutzte, etwas naive Slogan »Zurück zur Natur« kam erstmals während der Romantik auf. Es war der französische Philosoph Jean-Jacques Rousseau, der eine Rückbesinnung auf die natürliche Wildheit forderte und den technologischen Fortschritt kritisch sah. Rousseau war fest davon überzeugt, dass der von Natur aus gute Mensch durch die Errungenschaften der Zivilisation verdorben wird. Gier, Rücksichtslosigkeit und Aggressivität waren seiner Meinung nach Eigenschaften, die erst durch die moderne Gesellschaft entstanden.[17]

Sein Zeitgenosse und Intimfeind Voltaire, der eher den rationalen Idealen der Aufklärung anhing, meinte dazu: »Noch nie wurde solcher Scharfsinn aufgewendet, um uns alle dumm zu machen.«

Auch der Philosoph Thomas Hobbes wies darauf hin, dass das Leben in dem naiv-romantischen Naturzustand »einsam, brutal, kümmerlich und kurz« gewesen sei.[18]

Das Leben auf dem Land war nie schön. Vor der industriellen Revolution waren die allermeisten Menschen in Europa noch in der Landwirtschaft beschäftigt. Ein absoluter Knochenjob, die Bauern waren chronisch unterernährt und hatten quasi »on top« auch keinerlei Rechte. Der jeweilige Lehnsherr bestimmte über ihr gesamtes Leben. Zu dieser Zeit strömten die Menschen also nicht deswegen in die Städte, um sich in den Fabriken knechten zu lassen, sondern weil es ihnen auf dem Land viel schlechter ging. Im Jahr 1800 betrug das Durchschnittseinkommen in England kaufkraftbereinigt etwa 3400 Pfund pro Jahr, 1900 betrug es bereits über 8000 Pfund.[19]

All das ignorierte Rousseau geflissentlich. Heute würde man ihn wahrscheinlich als einen typischen Salon-Linken bezeichnen, der in intellektuellen Berlin-Mitte-Zirkeln das

Rotweinglas schwenkt und über das herrlich einfache Leben in Papua-Neuguinea schwadroniert.

Dennoch trafen die Romantiker mit ihrer Fortschrittsskepsis einen wichtigen Punkt: Die industrielle Revolution produzierte, als sie massiv Fahrt aufnahm, nicht nur allgemeinen gesellschaftlichen Wohlstand, sondern auch Elend, Ausbeutung und in einem bisher in der Menschheitsgeschichte unbekannten Maß: Umweltverschmutzung.

Mitte des 19. Jahrhunderts war das aufstrebende London nicht nur das industrielle Zentrum der neuen Welt, sondern auch eine Kloake mit Postleitzahl. Aufgrund der flächendeckenden Einführung der Toilettenspülung liefen die Sickergruben über, sämtliche Fäkalien wurden in die Themse gespült und verwandelten den Fluss in eine dickflüssige, bräunliche Soße. Unzählige Menschen starben aufgrund der katastrophalen hygienischen Verhältnisse an Cholera und anderen hässlichen Krankheiten. Die Stadt stand vor einem ökologischen Kollaps.

Auch wenn in der Folgezeit ein modernes Kanalsystem errichtet wurde und sich die Lebensqualität in der Stadt erheblich verbesserte, waren plötzlich die negativen Auswirkungen von Technik und Fortschritt für alle sichtbar.

Ungefähr zu dieser Zeit schrieb die englische Schriftstellerin Mary Shelley den Roman *Frankenstein oder Der moderne Prometheus*. Die Story ist bekannt: Der Wissenschaftler Victor Frankenstein bastelt aus Leichenteilen ein künstliches Wesen zusammen und erweckt es zum Leben. Das Monster verbreitet unter den Menschen Angst und Schrecken und wird aus Verzweiflung sogar zum Mörder. Entsetzt von seiner Schöpfung, ringt Frankenstein mit den Folgen seines Handelns.

Die Moral der Geschichte ist klar: Technischer Fortschritt – bei Frankenstein in Form von Medizin und Mechanik – ist unberechenbar und kann sich jederzeit mit fürchterlichen Folgen gegen die Menschheit wenden. Ein Motiv, das bereits in der griechischen Mythologie existierte. Prometheus brachte den Menschen das Feuer, damals das Fortschrittssymbol schlechthin. Für diesen Affront lässt ihn Zeus an einen Felsen ketten und schickt einen Adler, der täglich seine Leber frisst. Waren eben andere Zeiten.

Nichtsdestotrotz ist der Frankenstein-Roman bis zum heutigen Tag die Blaupause für alle Technik- und Fortschrittsängste. Und hat das Klischee vom dämonischen Wissenschaftler mit verantwortungslosem Machbarkeitswahn geprägt.

In der Folgezeit schien sich diese Befürchtung durch reale historische Ereignisse zu bestätigen. 1912 ging die *Titanic* unter. Ein Schiff, das von seinen Konstrukteuren großspurig als »unsinkbar« beworben worden war. Kurz danach brach der Erste Weltkrieg aus, in dem die Rüstungstechnologie für unsagbares Leid sorgte. Der Zweite Weltkrieg setzte mit der Atombombe dem Ganzen die Krone auf.

All diese Ereignisse trugen dazu bei, dass Fortschritt und Technologie immer weniger als Lösung und Chance, sondern als Bedrohung und Gefahr gesehen wurden. Ich kenne das: Wenn ich in meinen Programmen erzähle, dass ich Vorlesungen in Kernphysik besucht habe, dann glauben die Leute sofort, ich würde in meinem Hobbykeller Plutonium anreichern. Das stimmt zwar, aber was ist daran schlimm?

Noch im Mittelalter konnte man Gott dafür verantwortlich machen, wenn eine Hungersnot oder eine Überschwemmung über uns kam. Mit der Industrialisierung war plötzlich der Mensch der Auslöser von Katastrophen. Diese Erkenntnis führte nach der anfänglichen Euphorie über technische und medizinische Erfolge zu großen Selbstzweifeln. Zu dem Gefühl: Was haben wir nur mit unserer Ratio und mit unserem wissenschaftlich orientierten, logischen Denken angerichtet?

Nach und nach entstand in gebildeten, meist geisteswissenschaftlich geprägten Schichten eine regelrechte Anti-Technik-Bewegung, die heute in buchstäblich allem, was neu ist, eine Bedrohung sieht: Gentechnik, Kernenergie, Stammzellenforschung, Impfungen, Schulmedizin, künstliche Intelligenz. Mit zunehmendem Wohlstandslevel wurden Stück für Stück auch alle anderen Aspekte der vernunftbasierten Aufklärung hinterfragt.

Bacon, Voltaire oder Kant waren sich sicher, dass durch Logik und Vernunft Dinge wie Aberglauben, Mythen und Magie schon bald der Vergangenheit angehören würden. 300 Jahre danach lassen sich sinnsuchende Akademiker von Kinesiologen ihre Energieströme ordnen oder informieren sich vor einem Hauskauf beim Feng-Shui-Experten über schädliche Wasseradern.

Ich weiß, wovon ich rede. Ich lebe in Wien im 7. Bezirk, dem Prenzlauer Berg von Österreich. In meiner Straße gibt es eine Praxis für Bioresonanz, zwei Homöopathen und ein Restaurant, in dem »Granderwasser« serviert wird – ein Getränk, in dem die H_2O-Moleküle durch ein spezielles esoterisches Verfahren hexagonal levitiert und energetisiert wurden.

Sicherlich existieren auch heute eine Menge Phänomene, bei denen die Wissenschaft an ihre Grenzen kommt. Wenn man zum Beispiel einen Menschen auffordert, an etwas Positives zu denken, und gleichzeitig seine Körpertemperatur misst, steigt sie leicht an. Oder sie bleibt gleich. Oder sie sinkt minimal. Und jetzt kommt der Hammer: Bei etwas Negativem ist es genau umgekehrt! Und man hat bisher keine Ahnung, warum das so ist.

Es ist absurd. Unzählige Generationen vor uns haben sich abgemüht, um endlich mehr vom Leben abzukriegen als das

Allernotwendigste. Doch sobald Wohlstand und Überfluss zur Selbstverständlichkeit werden, sehen viele darin nicht mehr das Glück, das man noch steigern kann, sondern heillose Skepsis vor all dem, das uns diese beneidenswerten Zustände beschert hat.

»Wir müssen wieder zurück zur Natur«, sagen viele im Stil von Rousseau. »Wer braucht schon den ganzen größenwahnsinnigen Fortschrittswahn?« Reduzierung und Verzicht (oder neuhochdeutsch »Degrowth«) sind plötzlich angesagt. Bis man halt eine künstliche Hüfte braucht oder einen Bypass. Dann soll aber schon alles verfügbar sein. Ein Operationsraum mit Klimaanlage, Bakterienschleuse, Hightechplastik mit Nano-Partikeln und einem Kernspin. Alles auf dem neuesten Stand. Danach kann man ja zurück in die nette Altbauwohnung und ein weiteres Glas Bio-Rotwein trinken.

Ich gebe zu, ich übertreibe ein wenig. Dennoch ist nicht zu leugnen, dass in den vergangenen Jahrzehnten ein antiwissenschaftliches, irrationales Gedankengut immer stärker die moderne westliche Gesellschaft durchdrungen hat.

Unsere Großväter schenkten ihren Kindern Mini-Dampfmaschinen und Spielzeugeisenbahnen. Wir dagegen lassen sie mit zwölf Jahren ihren Namen tanzen. Wir degradieren Physik zum Abwahlfach und stellen unser Land lieber mit Windmühlen zu, als die Kernfusion zu erforschen.

Während andere Länder mit gentechnisch verändertem Saatgut Hunger bekämpfen, klatschen wir begeistert in die Hände, wenn Umweltfreaks mal wieder einen Versuchsacker von Monsanto abfackeln.

Wie damals, als die Romantiker den Idealen der Aufklärung und der Rationalität das Gefühl gegenüberstellten, wird wieder seit geraumer Zeit in der gesamten westlichen Welt der Vernunft getrotzt. Und zwar nicht primär von den ungebildeten Schichten, sondern von einer geisteswissenschaftlich geprägten Akademikerklasse.

2016 erlangten Studenten der University of Cape Town weltweite Aufmerksamkeit, als sie argumentierten, dass es zwingend notwendig sei, den wissenschaftlichen Geist von den Fesseln der weißen Kolonialwissenschaft zu befreien. Sorry, Albert Einstein, Charles Darwin, Isaac Newton und Galileo Galilei, ihr seid leider keine farbigen Menschen. Eurer Arbeit kann man demnach nicht trauen.

2018 veröffentlichte die *Washington Post* einen Artikel, in dem Aristoteles beschuldigt wurde, er sei der Vater des wissenschaftlichen Rassismus.[20]

2020 übergossen Aktivisten vor der Académie française in Paris eine Statue von Voltaire mit Farbe.[21]

Der britische Professor für »Black Studies« Kehinde Andrews sagte 2021 in einer öffentlichen Debatte wörtlich: »Den Liberalismus zu verteidigen, ist das Schlimmste, was man tun kann. Denn der Liberalismus ist das Problem. Es sind die Werte der Aufklärung, die die rassistischen Vorurteile erst zementieren.«[22]

Was hier passiert, kennen wir aus der Romantik, also die Fundamentalkritik an Technik, Wissenschaft und Aufklärung, die nicht ausschließlich etwas mit der Erfahrung realer technologischer Katastrophen zu tun hatte. Die Frankenstein-Erzählung schlug in gebildeten Kreisen auch deswegen so ein, weil schon damals die geisteswissenschaftliche Elite um ihre Deutungshoheit bangte.

Ähnlich wie die Macht der Kirche während der Reformation zurückgedrängt wurde, begann im 19. Jahrhundert der Einfluss der Geisteswissenschaften zu schwinden. Dieser Prozess, der mit einer enormen intellektuellen Kränkung verbunden ist, gelangt gerade an einen Höhepunkt:

Heute sind es mehr denn je die Absolventen der MINT-

Studiengänge (Mathematik, Informatik, Naturwissenschaften und Technik), die die treibende Kraft von modernen Volkswirtschaften bilden. Mit philosophischen Theorien und geschliffener Rhetorik gewinnen Sie vielleicht einen Disput bei Maybrit Illner, aber die echten Schlachten, die darüber entscheiden, wo wir technologisch, wirtschaftlich und letztlich auch kulturell in zwanzig oder dreißig Jahren stehen, werden maßgeblich von Menschen entschieden, die programmieren können, die Motoren, Flugzeuge, Energiesysteme oder Medikamente entwickeln oder unser Erbgut entschlüsseln.

Für all die Germanisten, Politologen, Soziologen und neuerdings auch Genderwissenschaftler, die seit Jahren vermehrt in die Universitäten drängen, ist das schwer zu schlucken. Daher ist es kein Zufall, dass sich unter den westlichen, geisteswissenschaftlich geprägten Intellektuellen als Reaktion auf die Dominanz der Naturwissenschaften in den vergangenen Jahrzehnten eine Denkschule verbreitet hat, die man als »Postmodernismus« bezeichnet.

Deren Kerngedanke lautet, dass es so etwas wie objektive Wahrheit nicht gibt. Begriffe wie »wahr« oder »falsch« sind pure Erfindungen. Da jeder Mensch die Welt anders wahrnimmt und diese Wahrnehmung von seiner Individualität geprägt wird, ist nach Auffassung der postmodernen Denker auch alles, was wir angeblich für unumstößlich und wahr halten, lediglich »konstruiert«.

Selbst so etwas wie Rationalität ist nur eine Sichtweise, eine persönliche und damit subjektive Perspektive. Damit stellte der Postmodernismus die gesamte Idee der Aufklärung massiv infrage, die ja gerade auf dem Prinzip von Rationalität basiert.

Diese seltsame geisteswissenschaftliche Strömung richtete sich auch oder vor allem gegen evidenzbasierte Disziplinen wie Physik, Chemie oder Ingenieurswissenschaften und gegen deren Deutungshoheit. Die Postmoderne ist der Versuch der Geisteswissenschaft, ihre eigene Bedeutungslosigkeit zu verallgemeinern und auf alle Bereiche der Gesellschaft zu übertragen. Denn selbstverständlich werden auch Evidenzen angezweifelt: »Bilde dir bloß nichts auf die Brücke ein, die du da gebaut hast, denn in Wirklichkeit ist sie nur ein soziales Konstrukt …«

Die Frage, ob es überhaupt so etwas wie objektive, gesicherte Wahrheiten gibt, wird in der Philosophie seit jeher intensiv diskutiert. So sind die sogenannten Solipsisten der festen Überzeugung, dass alles, was wir sehen, hören und fühlen, nur eine subjektive Vorstellung unseres Gehirns ist und dass eine reale Außenwelt nicht existiert.

Wenn das wirklich so ist, dann habe ich letzte Woche für meinen Duschvorhang eindeutig zu viel bezahlt. Und das ist auch keine gute Ausgangsposition, wenn man als Lehrstuhlinhaber für Philosophie bei der Universitätsverwaltung Geld für neue Büromöbel lockermachen will.

Dinge skeptisch zu hinterfragen, ist – das habe ich ja schon mehrfach betont – eine große Errungenschaft des aufgeklärten Westens. Im Postmodernismus jedoch wird der Bogen überspannt. Denn wenn man buchstäblich alles anzweifelt, weil man davon überzeugt ist, dass es überhaupt keine objektiven Wahrheiten geben kann, löst sich unser gesamtes Wertesystem auf. Wenn es kein objektives Kriterium zwischen »wahr« und »unwahr« gibt, kann man auch nicht mehr zwischen »richtig« und »falsch« unterscheiden.

Zudem krankt die Theorie des Postmodernismus an ihrer eigenen Widersprüchlichkeit. Wie will man wissen, dass die Theorie, die man formuliert, richtig ist, wenn man gleichzeitig behauptet, dass alles relativ ist und keine Wahrheit und keine objektiv richtige Perspektive existiert?

Um dieses fundamentale Dilemma aufzulösen, bedienen sich die Postmodernisten eines genialen Tricks: Sie formulieren so, dass kein Mensch versteht, was sie sagen. Hier ein kleines Beispiel aus dem Werk von Judith Butler, einem der Superstars der postmodernen Bewegung:

»Der Übergang von einer strukturalistischen Betrachtungsweise, in der das Kapital soziale Beziehungen auf relativ homologe Weise strukturiert, zu einer Auffassung von Hegemonie, in der Machtbeziehungen der Wiederholung, Konvergenz und Reartikulation unterliegen, brachte die Frage der Zeitlichkeit in das Denken über Struktur ein und markierte einen Wechsel von einer Form der Althusser'schen Theorie, die strukturelle Totalitäten als theoretische Objekte ansieht, zu einer, in der die Einsichten in die kontingente Möglichkeit von Struktur eine erneuerte Konzeption von Hegemonie einleiten, die mit den kontingenten Orten und Strategien der Reartikulation von Macht verbunden ist.«[23]

Das klingt ein bisschen wie Richard David Precht auf LSD und erinnert an die legendäre »Hurz«-Nummer von Hape Kerkeling. Judith Butler ist aber keine Spaßmacherin, die sich über ein pseudointellektuelles Bildungsbürgertum lustig macht, sondern Philosophin und Professorin für Rhetorik und Komparatistik an der Universität Berkeley und gilt als eine der weltweit einflussreichsten Denkerinnen.

So ist es ihr zum Beispiel zu verdanken, dass sich die westliche Welt heute so obsessiv mit dem Genderthema beschäftigt. Schon vor mehreren Jahrzehnten verfasste sie abstrakte Aufsätze darüber. 1990 erschien ihr erstes Buch *Gender Trouble*, in dem sie behauptet, dass das biologische Geschlecht (»Sex«) nur eine kulturelle Norm, ein bloßes Konstrukt sei: »Doch der ›Leib‹ ist selbst eine Konstruktion – wie die unzähligen ›Leiber‹, die das Feld der geschlechtlich bestimmten Subjekte bilden. Man kann nämlich den Körpern keine Existenz zusprechen, die der Markierung ihres Geschlechts vorherginge.«[24]

Wenn man sich durch ihr grausam kompliziert formuliertes Buch quält, erfährt man, dass ein Mensch nicht deshalb ein biologischer Mann oder eine biologische Frau ist, weil es so etwas wie männliche und weibliche Geschlechtschromosomen gibt, sondern deshalb, weil man von der Gesellschaft als »Mann« oder als »Frau« bezeichnet wird. Das anatomische Geschlecht eines Menschen ist laut Butler also etwas, was eigentlich gar nicht existiert, sondern nur durch unsere Sprache erschaffen wird.

Das ist so komplett wirr und durchgeknallt, als würde man behaupten, dass Menschen, die keine Worte für Farben haben, in einer schwarz-weißen Welt leben.

Ich schreibe das deswegen so plakativ, weil diese Hypothese tatsächlich die Grundlage der gesamten Genderforschung darstellt. Wenn sich heute irgendwelche TikTok-Influencer als non-binäre, gender-fluide Hogwarts identifizieren – Judith Butler lieferte dafür vor rund drei Jahrzehnten den erkenntnistheoretischen Überbau.

»Diese Ansichten bestimmen den Alltag an den Universitäten und wurden bisher von Absolventen dreier Generationen, von zigmillionen gebildeten Amerikanern also, in die Welt getragen, wo sie sich im Bewusstsein der Öffentlichkeit festsetzten«, schreibt der amerikanische Journalist Kurt Andersen in seinem Bestseller *Fantasyland* über den Einfluss der postmodernen Denker auf die amerikanische Gegenwart.[25]

Wie zur Hölle konnte sich die postmoderne Idee in der akademischen Welt durchsetzen? Ein Grund liegt sicher in der verqueren, kryptischen Sprache. Wenn etwas besonders kompliziert klingt, neigen viele Menschen dazu, es für überzeugender zu halten. In der Fachwelt bezeichnet man dieses Phänomen als »Illusion der Erklärungstiefe«. Die Werbung zum Beispiel macht sich das zunutze, indem sie die Wirksamkeit eines Waschmittels durch das darin enthaltene »TAED-System« erklärt oder irgendein ungesundes Zuckerzeug als »probiotischen Drink mit körperidentischer rechtsdrehender Milchsäure« verkauft.

1996 machte sich der amerikanische Physiker Alan Sokal einen Spaß und reichte einen Scherzartikel bei *Social Text* ein, einer renommierten Fachzeitschrift der Sozial- und Kulturwissenschaften. Sein Aufsatz trug den Titel: »Auf dem Weg zu einer transformativen Hermeneutik der Quantengravitation« und enthielt eine beeindruckende, aber völlig zusammenhanglose Aneinanderreihung von Buzzwords der postmodernen Theorie. Zu Sokals großer Verwunderung wurde der Artikel tatsächlich publiziert, weil den Gutachtern offenbar nicht auffiel, dass sein Text nicht den geringsten Sinn ergab.[26]

Das ist kein Zufall. Denn interessanterweise sind gerade Intellektuelle besonders anfällig für kompliziert klingende Erklärungen. Sie halten etwas für umso tiefgründiger, je schwerer es zu verstehen ist. Wenn es sich dagegen zu banal anhört, kann es ja wohl nicht stimmen. Oder wie es der postmoderne Philosoph Michel Foucault in einem Interview formulierte: »In meinen Aufsätzen müssen immer 10 Prozent Unverständlichkeit vorhanden sein, sonst halten die Leute einen nicht für einen tiefgründigen Denker.«[27]

Seit der Antike, seit Platon, Cicero und Seneca, betonen die großen Denker, wie wichtig eine klare Sprache insbesondere bei der Darstellung von komplexen Zusammenhängen ist. Im Postmodernismus scheint es genau umgekehrt zu sein. Dort versucht man, seine Gedanken zu verbergen, indem man einen grässlich komplizierten Sprachstil verwendet. Was zugegebenermaßen auch für einige Gebiete der modernen Physik gilt, wenn man zum Beispiel in der Stringtheorie darlegt, dass die Lichtkegelquantisierung der Nambu-Goto-Wirkung nicht manifest kovariant ist. Oder wussten Sie, dass sich die Gravitation bei geschlossenen Strings automatisch als masselose Spin-2-Anregung ergibt, wodurch die zusätzlichen Dimensionen kompaktifiziert werden? Aber das ist den meisten von Ihnen natürlich vollkommen klar.

Alan Sokal übrigens enthüllte gleich nach der Veröffentlichung seines Artikels den Scherz und sorgte in der akademischen Welt kurze Zeit für eine heftige Diskussion über die wissenschaftliche Seriosität dieses Fachgebiets. Den Siegeszug der Postmodernen allerdings hat diese Debatte nicht aufgehalten.

Das liegt vor allem an einem weiteren Kernpunkt der postmodernen Theorie. Ihre Vertreter hegen nicht nur eine grundlegende Skepsis gegenüber objektivem Wissen, sie behaupten darüber hinaus, dass die gesamte westliche Gesellschaft auf fundamentalen Machtstrukturen aufgebaut ist, die alleine entscheiden, was als Wahrheit gilt.

Nach Ansicht der Postmodernisten ist zum Beispiel die Behauptung, es gäbe nur zwei biologische Geschlechter, schon deshalb unrichtig, weil sie von etablierten, weißen Wissenschaftlern, die Macht haben, vertreten wird. Ähnliches gilt für die medizinischen Risiken von Fettleibigkeit. Auch die existieren nicht, sondern sind pure Scheinbehauptungen von machtvollen Institutionen, die darauf zielen, übergewichtige Menschen zu diskriminieren.

Auch Rassismus kann nur von Personengruppen mit Macht ausgehen. Folglich gibt es unter Schwarzen auch keinen Rassismus, da die gesamte schwarze Community nach wie vor unter den postkolonialen, weißen Unterdrückungsmechanismen leidet.

Für Foucault, den mit Abstand einflussreichsten Vertreter der Postmoderne, stellte sich nicht die Frage: Wer hat recht? Sondern: Wer hat die Macht? Die Suche nach Wahrheit, Wissen und Erkenntnis tritt also bei ihm völlig in den Hintergrund, weil der gesellschaftspolitische Kampf gegen Hierarchien und Machtmechanismen viel bedeutsamer ist.

Damit wird auch verständlich, wieso das postmoderne Denken in den vergangenen Jahrzehnten so großen Einfluss an vielen Universitäten und Bildungseinrichtungen gewinnen konnte. Es ist keine wissenschaftliche Theorie, sondern eine als Wissenschaft getarnte politische Bewegung.

Für Foucault gibt es eine klare Einteilung von Tätern und Opfern. Wer seiner Auffassung nach in einer machtvollen Position ist, ist automatisch ein Täter. Ausnahmslos und immer. Alle anderen sind für ihn hilflose Opfer in einer ungerechten Welt.

Gewiss hat Foucault darin recht, dass es bei gesellschaftlichen Debatten immer auch um Machtfragen geht. Wer aber für buchstäblich jedes gesellschaftliche Problem die Machtfrage als Erklärung heranzieht, macht es sich zu einfach.

Ein solches Weltbild bietet die perfekte Argumentationsgrundlage, um keine persönliche Verantwortung übernehmen zu müssen. Wenn ich nach 32 Semestern systemischer Achtsamkeitstherapie nur einen Aushilfsjob in der Stadtbücherei bekomme, liegt das nicht etwa daran, dass ich in meinem Leben ein paar verdammt bescheuerte Entscheidungen getroffen habe. Nein! Es ist die ungerechte Gesellschaft, die Schuld an meinem miserablen Leben hat. Ich kann nichts dafür!

Vor rund sechzig Jahren legte der Postmodernismus die Basis für die Relativierung von Fakten und Expertenwissen, die inzwischen große Teile der westlichen Kultur durchdrungen hat. »Die Postmoderne lässt sich als Radikalisierung romantischen Denkens erläutern«, schreibt der Kieler Philosoph Albert Meier.[28] Und das bedeutet eben, wie damals, eine Abkehr von Aufklärung, von Rationalität und Empirie.

Postmodernes Denken lehrt, den eigenen Intuitionen mehr zu vertrauen als wissenschaftlichen Tatsachen und Erkenntnissen. Kein Wunder, dass dabei ein gefühliges Weltbild entsteht, in dem die Schuld immer nur bei der Gesellschaft liegt.

Besonders erschreckend ist diese Entwicklung an unseren Universitäten und Bildungseinrichtungen. In vielen geisteswissenschaftlichen Fakultäten geht es immer weniger um die Suche nach Wahrheit, sondern um das Infragestellen von objektivem Wissen.

In der Genderforschung werden biologische Tatsachen relativiert, teilweise sogar geleugnet, in den Sozial- und Kulturwissenschaften geht es nicht mehr um eine sachliche und ergebnisoffene Analyse von Phänomenen wie Rassismus, Sexismus oder wirtschaftlichen Ungleichheiten, sondern um pauschale Schuldzuweisungen gepaart mit einem immer stärker um sich greifenden politischen Aktivismus.

Die Dekonstruktion von Fakten ist eine Besessenheit vieler angeblich so progressiver, akademisch gebildeter Menschen. Doch durch diese Dekonstruktion wird nichts erschaffen, sie diskreditiert jene intellektuellen Instrumente, mit denen wir bisher den Fortschritt vorangetrieben haben. Das Ziel dieser Dekonstruktion ist das Dekonstruieren von noch mehr.

Der aufgeklärte Westen führt so seit geraumer Zeit einen ideologischen Kampf gegen Rationalität und Objektivität. Es ist ein Kampf gegen sich selbst und ein Akt der geistigen Selbstzerstörung.

DIE TYRANNEI DER WEHLEIDIGEN

Als Physiker hatte ich in meinen Kabarettprogrammen von Anfang an einen klaren, aufklärerischen Ansatz. In meiner ersten Show *Physik ist sexy* habe ich zum Beispiel erklärt, warum der Himmel blau ist, wodurch sich Glauben von Wissen unterscheidet oder wie man mithilfe der Newton'schen Bewegungsgesetze die Ejakulationsgeschwindigkeit berechnen kann. Die liegt übrigens nach wie vor stabil bei acht Kilometern pro Stunde. Deswegen auch der Begriff »Schrittgeschwindigkeit«.

Später habe ich zum großen Vergnügen der Zuschauer unter Zuhilfenahme des Stefan Boltzmann'schen Strahlungsgesetzes berechnet, dass es im Himmel heißer ist als in der Hölle, ich habe dargelegt, dass man Energie eben *nicht* wenden kann (wer hätt's gedacht?), und dass es biologisch gesehen nur zwei verschiedene Geschlechter gibt. Allein mit dieser Aussage kann man sich inzwischen sein berufliches Leben vermasseln.

Im Jahr 2022 sagte die Berliner Humboldt-Universität einen Vortrag der Biologin Marie-Luise Vollbrecht zur Zweigeschlechtlichkeit bei Fischen ab, weil das von den Studenten als »transfeindlich« bezeichnet wurde. Wer kennt das nicht? Da bestellt man im Restaurant nichtsahnend eine Forelle Müllerin – und schwuppdiwupp ist man mittendrin in der Frage: männlich?, weiblich?, divers? Mit Forelle Müller*in ist man vermutlich auf der sicheren Seite.

Erst nachdem renommierte Wissenschaftler – unter anderem die Nobelpreisträgerin Christiane Nüsslein-Volhard – das Einknicken der Universitätsleitung vor den aktivistischen Studenten öffentlich kritisierten und der Referentin inhaltlich recht gaben, entschloss sich die Universität, den Vortrag nachzuholen. Marie-Luise Vollbrecht wurde im Nachgang trotzdem zur Hassfigur eines ideologischen Mobs, der ihr in den sozialen Medien sogar rechtsextremes Gedankengut vorwarf.

Alleine dieses Beispiel zeigt, wie sehr das postmoderne Denken in Teilen unserer Gesellschaft angekommen ist und die Errungenschaften der Aufklärung bedroht.

Weil Empirie, Rationalität und objektives Wissen grundsätzlich infrage gestellt und gleichzeitig die eigenen Empfindungen als unumstößliche Wahrheiten propagiert werden, entsteht fast automatisch eine Hysterisierung, eine Überhöhung des Gefühls, eine Welt, in der jeder die eigenen Befindlichkeiten zur höchsten Instanz erhebt.

Klar, wir alle stehen in einem stetigen Konflikt zwischen der Maximierung von Wahrheit und der Minimierung verletzter Gefühle. In einer Ehe ist es mitunter fatal, auf die Frage »Findest du mich in dem Kleid zu dick?« wahrheitsgemäß zu antworten.

Ich habe vor der Pandemie ein Jahr in New York gelebt. Als ich dort am 12. Oktober recht unbedarft einer Supermarktkassiererin bei *Whole Foods* einen schönen Columbus Day wünschte, meinte sie erbost: »Kolumbus war ein ekelhafter, imperialistischer Ausbeuter. Es ist eine Schande, dass dieser Feiertag seinen Namen trägt …«

Ich war irritiert. Noch vor wenigen Jahren hatten die Amerikaner mit dem Mann kein großes Problem. 500 Jahre lang war Christoph Kolumbus ein Held. Man hat Städte, Schulen und Straßen nach ihm benannt. In New York gibt es an der Südspitze des Central Parks sogar einen Kreisverkehr, der seinen Namen trägt: der Columbus Circle.

1992, am 500. Jahrestag der Entdeckung Amerikas, war der italienische Seefahrer noch eine Ikone. Heute ist er offenbar ein Dämon. Was interessant ist, er war ja schließlich die letzten 500 Jahre tot. Und auch seit 1992 hat er meines Wissens nichts Böses mehr gemacht.

Einige Bundesstaaten haben den Columbus Day sogar umbenannt in Indigenous Peoples' Day. Was ich viel irritierender fand, weil ich mir kaum vorstellen kann, dass es die indigenen Völker Amerikas so toll finden, ihren Nationalfeiertag exakt an dem Tag zu feiern, an dem Kolumbus gelandet ist.

Die Tendenz, historische Personen, Namen oder Formulierungen aus dem Sprachschatz zu verbannen, hat sich in den USA schon vor längerer Zeit zu einer Art Volkssport entwickelt. Mir wurde nahegelegt: »Sag auf keinen Fall ›Merry Christmas‹. Das könnte nämlich Leute beleidigen, die keine Christen sind! In New York sagen wir ›Happy Holidays‹!« Ich bin gespannt, wann sie den Valentine's Day abschaffen. Denn die perfide Methode, Frauen mit Blumen und Schokolade gefügig zu machen, ist ja zutiefst sexistisch und diskriminierend.

Zu Beginn der Coronapandemie wurde gar darüber diskutiert, ob man die Krankheit tatsächlich »Wuhan-Grippe« nennen dürfe, da sich Menschen chinesischer Herkunft dadurch herabgesetzt fühlen könnten.

Während meiner Zeit in den USA wurde ich tagtäglich damit konfrontiert, wie durchdrungen von politischer Korrektheit dieses Land ist. Besonders die Universitäten.

An manchen amerikanischen Unis darf zum Beispiel das Buch *Huckleberry Finn* nicht mehr behandelt werden, weil Mark Twain das Wort »Negro« benutzt. Und das ist ein

Wort, das in den USA heute tabu ist. Ein Literaturwissenschaftler aus Alabama hat eine bereinigte Fassung des Romans erstellt, in der alle »Negros« und »Nigger« gestrichen sind. Vorteil: Aus einem dicken Schinken wurde ein Reclamheft. Nachteil: Keiner verstand mehr, worum es in dem Buch geht. Was doppelt bescheuert ist, denn indem man diese Bücher sprachlich des historischen Kontextes beraubt, tut man so, als hätte es die Diskriminierung nie gegeben. In meinen Augen ist das Verdrängung und keine Aufarbeitung. Aber was weiß ich schon.

Während der Black-Lives-Matter-Demonstrationen nahm das Ganze richtig Fahrt auf. Unter anderem wurden in dieser Zeit mehrere Hundert Bildungseinrichtungen umbenannt. Sogar liberale Denker und Politiker wie David Hume oder Abraham Lincoln wurden plötzlich als problematische Figuren angesehen und verschwanden deshalb von den Websites der Institute und Universitäten.

Das Phänomen der politischen Korrektheit ist seit Langem bekannt, es kam in den Achtzigerjahren auf. Aus guten Gründen. Damals bildete sich an amerikanischen Universitäten eine Bewegung, die forderte, Menschen nicht aufgrund ihrer Hautfarbe, einer Behinderung oder einer bestimmten sexuellen Orientierung zu diskriminieren. Damals bestand Handlungsbedarf, stockkonservative Kräfte bestimmten die Debatten. Offene Intoleranz gegenüber Minderheiten war gesellschaftlich akzeptiert.

Inzwischen haben sich die Verhältnisse in den USA massiv verbessert. In den vergangenen 25 Jahren stieg die Zahl der schwarzen Studenten, die einen Bachelor-Abschluss erworben haben, um 82 Prozent. Inzwischen haben 37 Prozent der schwarzen Amerikaner im Alter von 25 bis 34 Jahren einen College-Abschluss.[29]

All das wäre eigentlich ein Grund, froh über diese gesellschaftlichen Fortschritte zu sein und sich ein wenig lockerer zu machen.

Paradoxerweise passierte das Gegenteil. Je offener und durchlässiger die amerikanische Gesellschaft wurde, umso mehr entstand durch die zahllosen politisch korrekten Sprachregelungen der Eindruck, es herrschten weiterhin offene Diskriminierung und Rassismus. Gerade so, als hätte der Kampf für Minderheitenrechte nie stattgefunden.

Auch in Deutschland ist dieses Thema in allen seinen Formen angekommen. 2022 nahm der Ravensburger Verlag das Buch *Der junge Häuptling Winnetou* aus dem Programm, weil in der Geschichte die Gefühle von Indianern verletzt werden.[30]

Pardon, das Wort »Indianer« sollte man auch nicht mehr verwenden, da der Begriff rassistisch ist. Was ich erstaunlich finde, denn die größte Interessenvertretung der amerikanischen Ureinwohner bezeichnet sich selbst als »National Congress of the American Indians«.[31] Ja, wissen die denn nicht, dass sie sich damit selbst beschimpfen? Da war bei der Namensgebung mit Sicherheit zu viel Feuerwasser im Spiel.

Woher kommt diese Panik, dass das Aussprechen von bestimmten Wörtern in drei, vier Wochen wieder zu Sklavenhaltung und Lynchjustiz führen würde? Warum glauben manche Menschen sogar, dass Sprache buchstäblich Gewalt sein kann?

Auch das hängt mit der postmodernen Bewegung zusammen. Im 19. und 20. Jahrhundert haben Intellektuelle hauptsächlich über wirtschaftliche Ungleichheit, über Armut und Ausbeutung nachgedacht. Außerdem prangerten sie die untragbaren Verhältnisse von Diskriminierung und Rassismus an. Mit zunehmendem Wohlstand, besseren sozialen Bedingungen, der Einführung von Gleichstellungsgesetzen und Minderheitenschutz haben sich viele dieser Themen in Luft aufgelöst. Als der Kalte Krieg zu Ende ging, brach plötzlich auch die atomare Bedrohung weg. Kein Wunder, dass die gesellschaftspolitischen Aktivisten händeringend nach neuen Themen suchten, an denen sie sich abarbeiten können. Nach und nach kaprizierten sie sich auf immer abstrusere Dinge, um die eigene Existenz zu rechtfertigen.

Der Philosoph Kenneth Minogue bezeichnete dieses Phänomen als »Der heilige Georg im Ruhestand«:[32] Georg, ein Ritter im 12. Jahrhundert, macht sich auf, das Land von einem tyrannischen Drachen zu befreien. Nachdem es ihm gelungen ist, den Drachen zu töten, stellt er fest, dass seine Mission damit erfüllt ist. Doch er ist jung und ehrgeizig. Daher streift er auf der Suche nach weiteren glorreichen Kämpfen durchs Land. Was ist er schon ohne Drachen? Ab und an findet er ein deutlich kleineres und harmloseres Exemplar und tötet es mit viel Tamtam. So lange, bis kein einziger Drache mehr übrig ist. Verzweifelt und verwirrt zieht er weiter durch die Gegend und man sieht ihn heute immer häufiger hektisch mit einem Schwert in der Luft herumfuchteln – im Kampf mit einem imaginären Drachen.

Und diesen Kampf haben in den USA viele Bildungseinrichtungen in den vergangenen Jahren mit großer Leidenschaft gekämpft. Im Jahr 2013 beispielsweise hat das US-Department of Education seine Antidiskriminierungsstatuten erweitert und dafür gesorgt, dass schon jede Ausdrucksweise, die »nicht willkommen« ist, unter sexuelle Belästigung fällt. Mit anderen Worten: Jeder konnte ab diesem Zeitpunkt seine subjektiven Gefühle als objektiven Grund für eine Belästigungsklage ins Feld führen. Eine Massenproduktion von neuen Drachen.

Der Sozialpsychologe Jonathan Haidt untersucht schon seit längerer Zeit die Gepflogenheiten an amerikanischen Bildungseinrichtungen. Seiner Auffassung nach begannen vor rund fünfzehn Jahren die Studenten drei große Überzeugungen zu verinnerlichen: dass sie so empfindlich und fragil seien, durch abweichende Meinungen in Büchern oder Vorträgen irreversibel verletzt werden zu können und dass Worte eine Form von Gewalt darstellen; dass ihre Gefühle – insbesondere ihre Ängste – ein zuverlässiges Instrument für das Verständnis der Realität seien; und dass die gesamte Gesellschaft aus Opfern auf der einen und Unterdrückern auf der anderen Seite bestünde.[33]

Menschen, die diesen Auffassungen nachhängen, gelten landläufig als »woke«. Ein Begriff, der mir zum ersten Mal während meines Aufenthalts in New York zu Ohren kam. Inzwischen kennt jeder das Wort, die woke Welle ist innerhalb kürzester Zeit auch zu uns nach Europa geschwappt.

Woke bedeutet wörtlich: »erwacht« und erinnert ein bisschen an das Mitgliedermagazin der Zeugen Jehovas, den *Wachtturm*. Woke Menschen kämpfen gegen Rassismus, gegen Sexismus, gegen Diskriminierung und für Minderheiten. Dagegen ist nichts einzuwenden. Im Gegenteil. Das Problem ist eher, dass sie diese Phänomene buchstäblich überall sehen. Auch wenn die Fakten eine andere Sprache sprechen. Gibt es beispielsweise in einer Gruppe keinerlei Anzeichen für rassistische Tendenzen, behaupten woke Menschen gerne, das läge daran, dass Rassismus oft unsichtbar, aber strukturell immer vorhanden sei. Selbst wenn man eindeutige Beweise dagegen aufführt, ist das für sie erst recht ein Beweis dafür, dass Rassismus existiert.

Ähnlich wie Verschwörungstheoretiker glauben woke Menschen also, dass sie das »System« und die dahinterstehenden Kräfte, die alle Fäden ziehen, durchschaut haben. Alle anderen sind ignorante Schlafschafe, die es halt noch nicht geschnallt haben.

Die Psychologin Esther Bockwyt schreibt dazu: »Normalerweise wird das menschliche Gerechtigkeitssystem aktiviert, wenn gravierendes Unrecht geschieht. Unter einem woken Wahrnehmungsfilter ist es genau umgekehrt. Man sucht (ähnlich wie der heilige Georg mit seinen Fantasie-Drachen, *Anm. des Autors*) nach imaginären Ungerechtigkeiten und bauscht diese so auf, dass der eigene moralische Narzissmus befriedigt wird.«[34]

Wokeness ist also die gesellschaftspolitische Konsequenz des Postmodernismus: Wenn sich etwas wahr anfühlt, dann ist es auch wahr. Doch ein Gefühl als solches – sei es auch noch so real und stark – ist keine valide Aussage über die wirkliche Welt. Sinnsysteme sind subjektiv und kein Beweis einer objektiven Wahrheit.

Aus gutem Grund stellen wissenschaftliche Institutionen wie Universitäten in ihrem Selbstverständnis nicht das Gefühl, sondern das Streben nach der Wahrheit in den Fokus. Das Motto der Harvard University lautet: »Veritas« (Wahrheit), die Yale University wirbt mit »Lux et Veritas« (Licht und Wahrheit). Auch im Leitbild meiner Alma Mater, der Julius-Maximilians-Universität Würzburg heißt es: »Veritati, der Wahrheit verpflichtet«.

Umgekehrt ist mir keine Universität der westlichen Welt bekannt, die auf dem Ethos von Gefühlen und Befindlichkeiten gegründet worden wäre. Und trotzdem haben in den vergangenen Jahren diese Themen Leben und Lehre an vielen Bildungseinrichtungen geprägt.

In den USA allerdings ist die akademische Gefühlswelle bereits wieder auf dem Rückzug begriffen. So musste im Januar 2024 die woke Harvard-Präsidentin Claudine Gay zurücktreten, weil sie bei der Debatte über die Gaza-Demonstrationen auf ihrem Campus keinen Rückhalt mehr hatte. Die Demokraten haben die amerikanische Präsidentenwahl auch deshalb verloren, weil die Amerikaner sich für eine Abkehr von Wokeness ausgesprochen haben. Ob sie mit Donald Trump mittel- und langfristig besser fahren, steht auf einem anderen Blatt. Der jedenfalls beschloss schon im Februar 2025 die Aufhebung von DEI-Initiativen (»Diversity, Equity, Inclusion«) an Schulen und Universitäten.[35]

Eine mehr als zwiespältige Maßnahme. Einerseits halte ich es für sinnvoll, politische und aktivistisch motivierte Einflüsse aus dem Wissenschaftsbetrieb weitgehend herauszuhalten, andererseits geht die Trump-Regierung bei der Wahl ihrer Mittel so radikal und undifferenziert vor, dass eben auch viele seriöse wissenschaftliche Projekte zum Thema Rassismus, Geschlechterforschung oder Klimawissenschaften verhindert und gestoppt werden.[36]

Inzwischen stehen an den Eliteuniversitäten durch die entzogenen staatlichen Fördergelder auch die naturwissenschaftlichen Forschungsprogramme auf der Kippe.

An deutschen Universitäten dagegen sieht es (noch) nicht nach einer solchen Abkehr aus. Immer häufiger werden an deutschen Bildungseinrichtungen nach früherem amerikanischen Vorbild Programme und Maßnahmen wie »Diversity-Trainings«, Triggerwarnungen oder »Bias Response Teams« eingeführt.[37]

An der Uni Hamburg wurden »Safer Spaces« eingerichtet, die Studenten vor belastenden Erfahrungen, vor Ideen und Widerspruch schützen sollen.[38]

Die jungen Leute lernen, wie man sich hilflos fühlt. Analog zu »Fake News« könnte man in dem Fall von »Fake Emotions« sprechen. Man täuscht verletzte Gefühle vor, um ja nicht argumentieren zu müssen. Nicht selten kippt diese erlernte Hilflosigkeit in Frustration und Wut um. Der Medienwissenschaftler Norbert Bolz spricht sogar davon, dass sich in unserer Gesellschaft Stück für Stück eine Tyrannei der Wehleidigen etabliert hat, die ihre Aggressivität als Notwehr verkaufen, um ihren Willen durchzusetzen.

2020 befragten deutsche Sozialwissenschaftler in einer groß angelegten Studie eintausend Studenten über ihre Einstellung zur freien Rede. Ein beträchtlicher Anteil der Befragten, die sich selbst als linksliberal einstuften, sprach sich eindeutig für die Einschränkung von Meinungsfreiheit aus. Besonders wenn es um Themen wie Gender, Einwanderung oder unterschiedliche Wertvorstellungen von Ethnien ging, waren viele Studenten nicht bereit, andere Meinungen zu tolerieren. Über ein Drittel möchte es islamkritischen Wissenschaftlern nicht erlauben, an der Universität zu sprechen. Genauso viele sind dagegen, dass Forscher über biologische Unterschiede zwischen Männern und Frauen reden sollten, über 40 Prozent möchten Kritikern offener Grenzen das Wort entziehen.[39]

»Mein Herr, ich teile Ihre Meinung nicht, aber ich würde mein Leben dafür einsetzen, dass Sie sie äußern dürfen«, soll angeblich Voltaire gesagt haben. Aber das war ein alter weißer Mann.

Wer fest davon überzeugt ist, dass Worte Gewalt sind, der glaubt auch, dass »falsche« Worte den Menschen schweren Schaden zufügen können.

Genau so argumentieren diejenigen, die die Meinungsfreiheit einschränken wollen. In vielen Fällen kommen sie damit durch. Das 2021 von Hochschulprofessoren gegründete »Netzwerk Wissenschaftsfreiheit« hat inzwischen über 700 Beispiele von Angriffen auf die Wissenschaftsfreiheit in Deutschland dokumentiert.[40]

Sandra Kostner, eine der Gründerinnen des Netzwerks, beklagt, dass der deutsche Wissenschaftsbetrieb von einem übergroßen Maß an politischem Aktivismus durchdrungen ist, in dem immer mehr wissenschaftliche Themen als moralisch fragwürdig deklariert werden: »Moral dient hier offenkundig nicht als Wertmaßstab, sondern wird als Machtinstrument eingesetzt, um Forschung und Diskurs zu verschließen. Allzu oft verfehlt dieses Instrument seine Wirkung nicht: Den allermeisten Menschen ist ihre moralische Reputation nicht gleichgültig; sie wissen oft nicht, wie sie sich gegen solche haltlosen Vorwürfe, die mit großem Furor über sie hereinbrechen, wehren sollen; und sie werden von ihrem Umfeld nicht hinreichend unterstützt, weil dort die Sorge vor einer Kontaktschuld grassiert.«[41]

Laut einer Allensbach-Umfrage fühlen sich 40 Prozent der deutschen Hochschullehrer durch die allgemeine politische Korrektheit in ihrer Tätigkeit eingeschränkt. 18 Prozent sind sogar der Auffassung, dass dieser Zeitgeist verhindert, bestimmten Forschungsfragen nachzugehen.[42]

Zensur und die Unterdrückung von Meinungsfreiheit verbinden wir in Deutschland, aufgrund unserer Geschichte, vor allem mit dem Naziregime. In den USA veranstalteten während der McCarthy-Ära konservative Republikaner eine regelrechte Hexenjagd auf angebliche Kommunisten, in der unzählige Menschen ohne Beweise beschuldigt und beruflich ruiniert wurden.

Dass die Meinungsfreiheit auch von links unter Druck geraten kann, ist für viele offenbar neu. Vor Kurzem erst erklärte mir ein linker Kabarettkollege, so etwas wie »Cancel-Culture« sei ein »rechtes Narrativ«. Es existiert nicht. »Und wer etwas anderes behauptet, den entfernen wir aus dem öffentlichen Diskurs …«

Scherz beiseite. »Man darf doch heute alles sagen, aber man muss dann eben auch mit Kritik umgehen können«, argumentieren viele. Dem stimme ich absolut zu. Sachliche Kritik ist selbstverständlich richtig und wichtig. Beim Canceln jedoch geht es um etwas grundsätzlich anderes. Man greift nicht das Argument an, sondern die Person, die das Argument vorbringt, mit dem Ziel, diese Person zu diskreditieren. Und das ist keine Kritik, sondern eine Einschüchterungstaktik.

Wenn zum Beispiel ein großes deutsches Wochenmagazin über die Kabarettistin Monika Gruber schreibt, ihre Inhalte seien »kein Spaß, sondern tiefbrauner Dreck«, ist das für alle weniger erfolgreichen Künstler ein deutliches Signal: »Wenn du es wagst, ähnliche Inhalte auf die Bühne zu bringen, dann wirst du schon sehen, was passiert …«

Kurz zurück in die USA: Der Harvard-Professor Steven Pinker berichtet davon, dass zwischen 2014 und 2022 an amerikanischen Colleges 877 bekannte Versuche gezählt wurden, Wissenschaftler für verfassungsrechtlich geschützte Äußerungen zu bestrafen; es gab 114 Vorfälle von Zensur und 156 Entlassungen. Eine beeindruckende Zahl für ein Phänomen, das es unter den vorwiegend linksliberalen Bildungseinrichtungen gar nicht hätte geben dürfen.[43]

Wir Menschen sind soziale Wesen. Es gibt kaum etwas Schlimmeres für uns, als gesellschaftlich ausgestoßen zu werden. Genau darauf aber zielt diese Einschüchterungskultur.

Dazu kommt, dass durch die Verteufelung von anderen Ansichten unbequeme Tatsachen totgeschwiegen werden. Auch die Inszenierung als Opfer, dessen Gefühle durch das Aussprechen von »unerlaubten« Dingen verletzt werden, löst kein einziges Problem. Probleme verschwinden nicht, nur weil man sie nicht mehr aussprechen darf. Mit Sprachregelungen und Redeverboten ändert man die Welt nicht. Wer die Konfrontation von Ideen verhindert, tut dies aus Angst vor der Schwäche des eigenen Standpunkts.

Die frühere US-Außenministerin Condoleezza Rice, die heute in Stanford lehrt, wird deutlicher: »Politische Korrektheit ist eine ernst zu nehmende Bedrohung für die Existenz von Universitäten. Wenn ich höre, dass sich Studenten wohlfühlen wollen, hört bei mir der Spaß auf. Es ist nicht meine Aufgabe, dafür zu sorgen, dass sich Leute in meinen Kursen wohlfühlen, im Gegenteil – es ist mein Job, sie dazu zu bringen, die Wohlfühlzone zu verlassen. Sie müssen sich mit Ideen auseinandersetzen, die nicht in ihr Weltbild passen.«[44]

Die Idee der Wissenschaft basiert auf geistiger Freiheit und nicht auf politischer Korrektheit. Tatsächlich waren viele revolutionäre Erkenntnisse in der Wissenschaft zum Zeitpunkt ihrer Entstehung im heutigen Sinn politisch völlig unkorrekt. Haben Affen und Menschen gemeinsame Vorfahren? Wird Kindbettfieber durch Ärzte ausgelöst, die sich nicht die Hände gewaschen haben? Sind Frauen genauso klug wie Männer?

Für die meisten Gesellschaften waren das unverschämte, provozierende Fragen. Aber in der Wissenschaft geht es nun mal nicht darum, Gefühle von anderen zu schonen. Wissenschaft versucht, den Dingen auf den Grund zu gehen. Und dabei findet sie immer wieder Sachen heraus, die manchen Leuten nicht passen.

Das heißt natürlich nicht, dass alle politisch unkorrekten Ideen automatisch klug sind. Aber wenn wir keine dummen Ideen zulassen, kriegen wir die klugen eben auch nicht zu fassen.

Die Methode der Wissenschaft ist deswegen so erfolgreich, weil sie unideologisch an Fragen herangeht, deren Antworten uns vielleicht verstören oder sogar ärgern könnten.

Dazu braucht es eine Unvoreingenommenheit im Kopf, die in Deutschland im Rückzug begriffen ist. Nicht nur an den Universitäten. Auf der Bühne erlebe ich diese Entwicklung ebenfalls hautnah. Nehmen Sie zum Beispiel einen Gag, den mein alter Physikprofessor in der Vorlesung erzählt hat: Was haben Frauen und Magnetfelder gemeinsam? Beide lenken ab und verrichten keine Arbeit.

So etwas können Sie heute auf der Bühne nicht mehr machen. Und sollten Sie gerade beim Lesen trotzdem darüber geschmunzelt haben, sind Sie ein schlechter Mensch …

Sexistische, diskriminierende Äußerungen werden in unserer Gesellschaft immer weniger akzeptiert, was zweifellos eine positive Entwicklung darstellt.

Als ich einmal im Flieger nach Amerika saß, kam nach dem Start die Durchsage: »Hallo, mein Name ist Cordula Hartmann, und ich werde Sie heute sicher nach New York bringen …« Da grölte doch tatsächlich ein Typ hinter mir: »Um Gottes willen, eine Frau am Steuer – ich steige aus!«

Ich nahm all meinen Mut zusammen, drehte mich um und konfrontierte ihn laut und deutlich: »Was bitte passt Ihnen daran nicht? Warum sollte eine Frau nicht genauso gut ein Flugzeug fliegen können wie ein Mann? Sie muss ja auf dem JFK nicht rückwärts einparken …«

Wenn ich diesen Gag auf der Bühne erzähle, schauen mich meist jüngere Zuschauer entsetzt an. Offenbar haben viele davon das Gespür verloren, einen wirklich diskriminierenden Witz von einer Satire zu unterscheiden.

Ich bin mir sicher, würde Gerhard Polt heute mit seiner legendären »Mai Ling«-Nummer herauskommen, hätte er eine Me-too-Kampagne am Hals. Weil viele Menschen Satire nicht mehr verstehen. Oder vielleicht ja auch nicht mehr verstehen wollen. Bei der Satire sagt man etwas, was man nicht so meint. Und die Leute lachen darüber, weil sie wissen, dass man es nicht so meint.

Warum haben in Tiefgaragen Frauen eigene Parkplätze? Damit männliche Lustmörder nicht so planlos durch die Gegend irren müssen.

Menschen, die ihre eigenen Befindlichkeiten so wichtig nehmen, dass sie sich vollständig von ihnen vereinnahmen lassen, sind meist nicht fähig, in einem Witz eine zweite Ebene zu erkennen. Das zeigt sich bei politischen Ideologen, bei religiösen Fundamentalisten und leider auch bei vielen woken Menschen. Ihnen allen fehlt buchstäblich der Humor.

Das Wesen des Humors liegt darin, dass unsere Erwartungen auf eine unerwartete Weise fehlgeleitet werden. Ein Witz ist im Grunde ein logischer Widerspruch, ein Fehler im System: Heroin ist nichts für Drückeberger, weil die Fixkosten so hoch sind.

Das Faszinierende am Humor ist, dass durch die Verknüpfung von unorthodoxen Dingen Erkenntnis entsteht. Oder anders gesagt: Lachen verwandelt Mauern in Fenster. Deswegen ist es auch kein Zufall, dass in totalitären Systemen der Humor immer bekämpft worden ist. Churchill hat mal gesagt: »Ich sammle Witze, die Menschen über mich machen.« Darauf soll Stalin geantwortet haben: »Ich sammle Menschen, die Witze über mich machen.«

Im »Dritten Reich« fragte der Kabarettist Werner Finck während einer Vorstellung einen eifrig mitschreibenden SS-Mann: »Spreche ich zu schnell? Kommen Sie mit? Oder muss ich mitkommen?«

Die Trennlinie zwischen einer freien und einer unfreien Gesellschaft verlief schon immer entlang der Humorgrenze. Deswegen ist Humor auch nicht nett oder harmlos. Humor ist böse, verstörend und anarchistisch.

»Ja, aber er verletzt meine Gefühle …«, wenden woke Menschen ein. Aber genau das ist ja der Punkt! Humor verletzt Gefühle. Weil er mit Klischees und Vorurteilen arbeitet.

Frauen lieben den Film *Pretty Woman*. Aber sie hassen es, wenn du auf ihrer Geburtstagsparty mit deiner Stammprostituierten auftauchst.

Für einige mag das ein geschmackloser, beleidigender Witz sein. Aber sich von bestimmten Witzen, Meinungen oder Ansichten beleidigt zu fühlen, ist nun mal der Preis, den wir für das Leben in einer freien Gesellschaft zahlen müssen.

Die emotionale Dünnhäutigkeit, mit der viele derzeit die unterschiedlichsten Standpunkte vor sich hertragen, ist immens. Wenn eine Position wirklich durchdacht ist, sollte sie robust sein. Sie sollte ironischen, satirischen und sarkastischen Angriffen standhalten können. Kann sie das nicht, ist die Idee eventuell gar nicht so spitze.

Satiriker haben dies schon vor Jahrtausenden erkannt, wie die Werke von Aristophanes, Horaz, Juvenal, Lukian von Samosata, Jonathan Swift, Voltaire, Mark Twain, Ambrose Bierce, Oscar Wilde oder George Orwell belegen.

In den Siebziger- und Achtzigerjahren waren es schwarze Comedians wie Richard Pryor oder Eddie Murphy, die in ihren Programmen mit brutalem Witz Tabus gebrochen haben, aber genau dadurch vielen Afroamerikanern Mut und Zuversicht gaben.

Heute sind es Komiker wie Ricky Gervais, Bill Burr, Jimmy Carr, Bill Maher oder Dave Chappelle, die den Zeitgeist aufs Korn nehmen und sich dabei immer wieder den Zorn einer politisch korrekten, woken Community zuziehen. Auch Comedy-Legenden wie John Cleese oder Rowan Atkinson machen immer wieder deutlich, wie sehr die politische Korrektheit die Freiheit in der Kunst beschränkt. »Mr. Bean« Atkinson spricht von einer »neuen Intoleranz« und zitiert Barack Obamas Warnung: »Lobenswerte Versuche, Sprache zu beschränken, können zu einem Instrument werden, Kritiker zum Schweigen zu bringen oder Minderheiten zu unterdrücken.«[45]

Natürlich kann man die gesellschaftspolitische Situation

bei uns in Deutschland nicht mit autokratischen Systemen wie Russland, Nordkorea oder dem Iran vergleichen, wo es für Künstler wirklich lebensbedrohlich ist, Witze über das Regime zu machen. Trotzdem haben sich auch bei uns die Zeiten für die Humoristen – pardon, für die »Humorierenden« – verschlechtert.

Witze über Annalena Baerbock oder Luisa Neubauer, das Heizungsgesetz oder Gendern gelten plötzlich nicht mehr als Satire, sondern als Hetze. Komiker, die die Widersprüchlichkeit des woken Zeitgeistes durch den Kakao ziehen, äußern aus Sicht vieler woker Menschen keine Kritik, sondern sind verantwortlich für die Spaltung der Gesellschaft und, schlimmer, bedienen den rechten Rand.

Eine Methode, die der Schriftsteller Hans Magnus Enzensberger (ein klassischer Linker) schon in den Sechzigerjahren thematisierte: Die Angst vor dem »Beifall von der falschen Seite« ist nicht nur überflüssig. Sie ist ein Charakteristikum totalitären Denkens.[46]

Das Schlagwort »Hass und Hetze«, das in letzter Zeit so inflationär verwendet wird, ist deswegen so problematisch, weil es von der anstrengenden Arbeit entbindet zu begründen, worin genau das Skandalöse einer bestimmten Aussage liegt. »Hass und Hetze« unterscheidet bewusst nicht zwischen juristisch strafbaren Äußerungen und Äußerungen, die man einfach nur nicht mag. Der pauschale Vorwurf ist oftmals der perfide Versuch, andere aus dem öffentlichen Diskurs auszuschließen. Sie nicht sachlich zu kritisieren, sondern moralisch zu diskreditieren.

Als ich 1998 als Komiker angefangen habe, war es vor allem wichtig, Gags zu schreiben, bei denen die Leute lachen. Heute wünschen sich viele, man solle doch bitte Gags schreiben, bei denen die richtigen Leute lachen. Wenn die falschen Leute lachen, ist das schon suspekt.

Damals hat man als Kabarettist ehrliche und direkte Kritiken bekommen: »Ebert kalauerte sich durch den Abend«, hat mal eine große deutsche Tageszeitung über mich geschrieben. »Flach und uninspirierend«, titelte eine andere.

Die ersten paar Jahre habe ich immer ohne Pause gespielt, weil sonst im zweiten Teil der Saal leer gewesen wäre. Mit den Jahren jedoch wurde es besser, was erfreulicherweise auch einem Kulturredakteur auffiel, als er zu mir sagte: »Ich kann mir das nicht so recht erklären, Herr Ebert. Aber für Ihr Talent läuft's ja mittlerweile überraschend gut …«

Das waren brutale, aber ehrliche Worte. Heutzutage wird man als Künstler weniger danach bewertet, ob man lustig, originell oder inspirierend ist, sondern ob man sich richtig positioniert. Für Vielfalt, gegen rechts, fürs Klima, gegen Hass. Wer zu all dem nichts sagt, macht sich bereits verdächtig. Vor Kurzem unterhielt ich mich mit einem Journalisten über die neue Show eines jungen, aufstrebenden Kollegen. »Na ja«, meinte er, »ich hätte mir ja schon gewünscht, dass er im Programm eine etwas klarere politische Haltung artikuliert hätte.« Meine Güte, der Mann ist Pantomime …

Für einen Kabarettisten liefert der Zeitgeist das Material. Es ist also quasi meine Aufgabe, das woke Weltbild in meinen Shows vorzuführen. Spaß macht mir das, nicht obwohl, sondern gerade *weil* die Zeiten so spießig und biedermeierhaft sind.

Und wenn hin und wieder jemand meine Inhalte als geschmacklos und beleidigend empfindet, muss ich damit leben. Denn nur weil sich jemand beleidigt fühlt, heißt das noch lange nicht, dass er auch recht hat.

Ein Beispiel: Es gibt weltweit eine Menge Leute, die fest davon überzeugt sind, dass die Erde eine Scheibe ist. Die sogenannte Flat-Earth-Community. Eine riesengroße Gemeinschaft, rund um den gesamten Globus. Haha.

Und diese Flat-Earther fühlen sich total beleidigt, wenn man ihnen sagt: »Blödsinn, die Erde ist eine Kugel!« Da drehen die durch. Ich weiß das deshalb, weil ich im Odenwald groß geworden bin, einem sehr ländlichen Gebiet. Wenn dort einer zwei, drei Tage lang nicht aufgetaucht ist, hieß es sofort: »Jaja de Karlheinz. Der iss bestimmt hinner Heidelberg über die Kante gerutscht.«

Humor bedeutet vor allem, über sich selbst lachen zu können. Das ist eine Fähigkeit, die uns durch die übervorsichtige, politisch korrekte Zeit leider immer mehr abhandenkommt. Weil wir unsere eigenen Gefühle und Befindlichkeiten viel zu wichtig nehmen.

Ich, zum Beispiel, bin Brillenträger. Früher war ich sehbehindert. Aber dieses Wort könnte mich ja verletzen. Deswegen bin ich heute »visuell herausgefordert«. Was totaler Quatsch ist, denn wenn ich meine Brille abnehme, sehe ich nichts. »Visuell herausgefordert« würde ja bedeuten, dass ich besser sehen *könnte*, wenn ich mich nur genug anstrenge. Kann ich aber nicht. Ich kann mich noch so sehr bemühen, ohne Brille sehe ich keine Dioptrie besser. Die Kollegen von der politisch korrekten Abteilung spielen also nicht nur meine Sehbehinderung runter, sie unterstellen mir auch noch Faulheit.

Wenn jemand geistig behindert ist, ist er nicht »anders begabt«. Wenn er »anders begabt« wäre, könnte er ja diese andere Begabung nutzen, um eine Differentialgleichung zu lösen. Kann er aber nicht. Gut, das können viele von Ihnen auch nicht, aber das ist ein anderes Thema.

Ich verstehe, dass durch diese Umbenennungen versucht wird, Diskriminierung zu bekämpfen. Und trotzdem frage ich mich: Löst das wirklich das Problem? Wenn ein intoleranter Volltrottel bestimmte Begriffe nicht mehr verwenden darf: Hat man ihn dann bekehrt? Ist er dann ein besserer Mensch geworden?

Nehmen Sie die ermüdende Diskussion über das Gendern. Die Befürworter argumentieren meist damit, dass die Verwendung des generischen Maskulinums Frauen unsichtbar macht und sie so diskriminiert. Wenn also irgendwo zu lesen ist, dass »Chirurg« ein wichtiger Beruf ist, würden die Leute automatisch denken, dass dieser Beruf den Männern vorbehalten ist.

Doch diese Behauptung ist nie durch seriöse Studien bestätigt worden. Alle bekannten Untersuchungen, die diese Hypothese angeblich untermauern, sind bei näherer Betrachtung wissenschaftlich nicht valide, weil nur weibliche Studenten aus der Genderforschung befragt wurden, deren Aussagen auf die Gesamtbevölkerung übertragen wurden.[47] Was in etwa so aussagekräftig ist, als würde man hundert Friseure befragen, wie wichtig ein guter Haarschnitt für Glück und Zufriedenheit ist.

2012 führte ein belgisches Forscherteam eine groß angelegte, repräsentative Untersuchung durch, die unter anderem zu dem Ergebnis kam, dass 99 Prozent der Befragten sehr wohl Begriffe, die im generischen Maskulinum verwendet werden, als geschlechtsneutral wahrnehmen.[48]

Umgekehrt konnte in Experimenten gezeigt werden, dass diejenigen Probanden, die zum Beispiel bei »Piloten« automatisch an Männer denken, auch dann an Männer denken, wenn sie das Wort »Pilot*innen« lesen.[49]

Es gibt offenbar keinen wissenschaftlichen Beleg dafür, dass wir durch eine aufgezwungene Sprache die innere Einstellung von Menschen verändern können. Es scheint eher umgekehrt zu sein. Erst wenn Menschen ihre inneren Einstellungen verändern, verwenden sie automatisch auch andere Begriffe. Und zwar Begriffe, die wirklich Sinn ergeben.

Früher hat man einen Menschen mit einer schwarzen Hautfarbe als »schwarz« bezeichnet. Heute spricht man von einer »Person of Color«. Ergibt das Sinn? Na ja, für mich ist eine Person mit Farbe ein Maler. Dazu kommt, dass aus physikalischer Sicht »schwarz« überhaupt keine Farbe ist. Schwarz ist definiert als die Abwesenheit von Farbe. So gesehen wäre also Stevie Wonder eine »Person *without* Color«.

Okay, dann sag' halt stattdessen »Afroamerikanisch«, das geht zur Not auch. Nein, das geht auch nicht. Afroamerikanisch meint nichts anderes als einen Amerikaner, der aus Afrika kommt. Mein schwarzer Nachbar kommt aus Wuppertal. Was soll das?

»Aber Sprache wandelt sich nun mal!«, sagen viele Befürworter. Das ist richtig. Aber sie ändert sich durch unseren Gebrauch, die Entwicklung von Sprache funktioniert nicht »top-down«. Wir sagen deswegen Laptop und nicht »Schoß-Aufklapp-Ding«, weil Laptop ein elegantes Wort ist, das sich von selbst in der Bevölkerung durchgesetzt hat, und nicht, weil eine kleine Minderheit beschlossen hat, dass jetzt alle ihren Computer so bezeichnen sollen.

Die intensive Beschäftigung mit Sprachregelungen zum angeblichen Schutz vor Diskriminierung und Rassismus ist oft eine reine Statusbekundung von Bildungsbürgern. Man demonstriert seinen gesellschaftlichen Rang, indem man mit Begriffen wie »Inklusion«, »Mansplaining«, »Diversity« oder »Postkolonialismus« herumwirft. Dabei geht es nicht primär darum, etwas zu verändern, sondern sich gegenüber anderen sozial abzugrenzen. Oder wie es der amerikanische Comedian Colin Quinn einmal sagte: »Menschen, die es so irrsinnig skandalös finden, wenn man sich politisch unkorrekt äußert, sind in der Regel Mitglieder dessen, was ich den never-been-punched-in-the-face-club nenne.«

Und sein Kollege Chris Rock legte nach: »Ja! Worte können jemanden ernsthaft verletzen. Aber nur, wenn du sie auf deine Faust tätowiert hast.«

Das Bedenkliche an dem Bestreben, Sprache vorzuschreiben, ist, dass damit das klare Denken angegriffen wird. Wer Begriffe im Sinne seiner Ideologie zurechtbiegt, beraubt die Worte ihrer Bedeutung. Das ist alles andere als harmlos, nicht nur unschön oder lästig, sondern geht viel tiefer. Die Manipulation der Sprache, insbesondere das Umdeuten von Begriffen, ihre Bedeutungsverschiebung, ja teilweise sogar das Konterkarieren der ursprünglichen Bedeutung, ist eine der hinterhältigsten Methoden, den freien, kritischen Diskurs zu unterbinden. Wenn man nämlich die umgedeuteten Begriffe nicht mehr benutzen kann, da sie neu besetzt oder sogar verboten wurden, man aber keine anderen Begriffe zur Verfügung hat, wird man förmlich sprachlos gemacht. Am Ende ist man gar nicht mehr in der Lage, die ursprüngliche Idee zu kritisieren, weil einem dafür die Worte fehlen.

Ich bin ein Kind der Achtziger. Damals hat es uns nicht die Bohne interessiert, dass Freddie Mercury bisexuell war, ob Michael Jackson sich als schwarz oder als weiß identifizierte oder welches Geschlecht Boy George hatte. Es war nicht wichtig. Die haben geile Musik gemacht, darum ging es!

Oder nehmen Sie die Crew von *Raumschiff Enterprise*. Das war schon damals eine bunte Multikulti-Truppe. Die Frauenquote lag deutlich über dem Durchschnitt und mit Mr Spock hatte es sogar ein Autist in die Geschäftsleitung geschafft. Und das komplett ohne einen Inklusions- oder Diversity-Manager.

Als ich auf der Bühne angefangen habe, war der beste Rapper weiß, der beste Golfer schwarz und der deutsche

Außenminister schwul. Alles kein Skandal. Heute drehen die Leute durch, wenn man sie mit einem falschen Pronomen anspricht.

Die politische Korrektheit bläht die Unterschiede zwischen Hautfarbe, Herkunft und sexueller Orientierung zu bombastischen Gegensätzen auf und bewirkt damit das genaue Gegenteil von dem, was wir eigentlich alle bewirken möchten: dass es egal ist, wie jemand aussieht, woher er kommt, als was er sich identifiziert oder mit wem er Sex hat. Diese Selbstverständlichkeiten haben wir verloren. Weil es in dem woken Weltbild nur noch um Äußerlichkeiten, um Unterschiede und um persönliche Empfindlichkeiten geht.

Schon vor über sechzig Jahren hat Martin Luther King sinngemäß gesagt: Behandle jeden Menschen als Individuum und bekämpfe jene, die versuchen, Menschen auf ein äußeres Merkmal wie zum Beispiel ihre Hautfarbe zu reduzieren.

In der woken Ideologie wird genau entgegengesetzt argumentiert: Äußere Merkmale oder die Zugehörigkeit zu einer bestimmten Gruppe sind entscheidender als der Charakter des Einzelnen. 1963 war es Martin Luther Kings Traum, dass sich in Amerika eine Farbenblindheit durchsetzen möge. Heute hat sich das Gegenteil durchgesetzt: Anstelle von Color-Blindness herrscht Ultrawahrnehmung.

An vielen amerikanischen, englischen und australischen Eliteuniversitäten wurden »Whiteness Studies« gelehrt, Seminare, die zeigen sollten, dass »Weißsein« für strukturellen Rassismus verantwortlich ist.[50]

Würde Martin Luther King heute auf dem Uni-Campus reden, wäre er in den Augen der woken Bewegung ein Rassist.

Der Kampf um Worte, Formulierungen und Bezeichnungen hat gesellschaftlich keinen erkennbaren positiven Beitrag geleistet. Es ist sogar so, dass die Personengruppen, die durch politisch korrekte Sprachregelungen geschützt werden sollen, damit am wenigsten anfangen können. Eine Befragung in den USA zeigte, dass Latinos, Schwarze und Personen mit indianischen Wurzeln, die am unteren Ende der Einkommensgrenze liegen, von allen Bevölkerungsschichten am meisten von politischer Korrektheit genervt sind. 87 Prozent der Amerikaner ohne College-Abschluss sind der Meinung, dass die politische Korrektheit zu einem Problem geworden ist.[51]

Menschen außerhalb der woken Community wissen überhaupt nicht, was zum Teufel eine »Mikroaggression« oder ein »Safe Space« sein soll, und sie interessieren sich auch nicht dafür.[52]

Die politische Korrektheit überzieht das alltägliche Leben wie eine juckende Hautkrankheit. Und je länger dieser Zirkus andauert, umso mehr zerstören wir eine der größten Errungenschaften unserer abendländischen Kultur: sagen zu dürfen, was man denkt. Auch wenn es dumm, falsch und unerträglich ist.

Was vermisse ich Leute wie Karl Lagerfeld, Harald Schmidt oder Niki Lauda! Typen, denen es egal war, was andere von ihren Aussagen hielten. Dass viele Menschen (oder bin ich damit allein?) sie dafür auch heute schätzen, offenbart, wie groß unsere Sehnsucht nach ein bisschen Wahrhaftigkeit und Geradlinigkeit in einer Welt voller angepasster Herdentiere ist. »Wer Jogginghosen trägt, hat die Kontrolle über sein Leben verloren«, war Lagerfelds berühmtester Satz. Von Prinz Philip, Herzog von Edinburgh und königliches Gegenstück zu Lagerfeld, wird Folgendes berichtet: Bei einer öffentlichen Veranstaltung verriet ihm ein Zwölfjähriger seinen großen Berufswunsch, er wolle Astronaut werden! Daraufhin beugte sich der Ehemann der englischen

Königin zu dem kleinen Bub hinunter und sagte: »Vergiss es, mein Junge. Für einen Astronauten bist du viel zu fett …«

Politisch vollkommen unkorrekt. Aber eben auch mit einer erfrischenden Dosis Realität, die in unserer Gesellschaft immer mehr verdrängt wurde. Und wer weiß, vielleicht hat sich der Junge ja sogar die Worte zu Herzen genommen, ist heute topfit und arbeitet bei SpaceX?

OK BOOMER

Es wird Ihnen bereits aufgefallen sein, dies ist ein Buch, das aus der Perspektive eines Boomers geschrieben ist. Nach viel Lobpreisung von Rationalität und Vernunft ist es daher an der Zeit, auch mal ein wenig sentimental und gefühlig zu werden.

Ich bin 1968 geboren. Ein Jahr vor einem der grandiosesten, unglaublichsten und fantastischsten Ereignisse der Geschichte. Am 20. Juli 1969 betraten Neil Armstrong und Buzz Aldrin als erste Menschen den Mond, während Michael Collins in der Kommandokapsel von Apollo 11 im Mondorbit blieb. Armstrongs berühmte Worte »Ein kleiner Schritt für einen Menschen, aber ein riesiger Sprung für die Menschheit« sind bis heute unvergessen und symbolisieren den Triumph menschlichen Erfindergeistes und die Kühnheit der Astronauten.

Innerhalb von gerade mal 66 Jahren hatte es die Menschheit geschafft, von den ersten motorisierten Flugversuchen der Gebrüder Wright im Jahr 1903 zu einer bemannten Mondlandung zu gelangen. Diese rasante Entwicklung spiegelt den unermüdlichen Innovationsgeist und die immense Ingenieurskunst des 20. Jahrhunderts wider. Doch Apollo 11 war mehr als nur ein technologischer Triumph; die Mission war ein Symbol für die Möglichkeiten des menschlichen Fortschritts generell. Sie inspirierte Generationen von Wissenschaftlern, Ingenieuren und Träumern, die Grenzen des Unbekannten zu erforschen. In einer Zeit, in der die Welt oft von politischen Spannungen geprägt war, bot die Mondlandung einen Moment des weltweiten Staunens und globaler Einigkeit.

Natürlich habe ich im Alter von zarten 14 Monaten diese Euphorie nicht bewusst mitbekommen. Dennoch wuchs die Generation, die heutzutage etwas abfällig als »Boomer« bezeichnet wird, im Nachklang dieser technologischen Meisterleistung auf. Als Kind war ich wie viele andere meiner Generation begeistert von Fischertechnik und Lego. Damit baute ich Flugzeuge, Rennwagen und Raketen. Ich war ein großer Fan der *Yps*-Hefte, denen kreative Gimmicks und Experimente aus der Welt der Wissenschaft beigelegt waren. Mein Highlight waren die Urzeitkrebse. Eine Tüte mit winzigen Eiern, die man ins Wasser streuen musste und aus denen nach einiger Zeit echte Tiere schlüpften. Einige davon arbeiten heute im Finanzministerium.

An meinem zehnten Geburtstag war mein größter Wunsch ein Chemiebaukasten, den ich zu meiner unbändigen Freude auch bekam. Es zischte und dampfte, und manchmal flog auch etwas in die Luft. Wunderbar!

Etwas später verschlang ich die Bücher von Jules Verne, dem französischen Großmeister der Science-Fiction im 19. Jahrhundert. Bei ihm wurden Menschen mit einer Kanone zum Mond geschossen oder ein genialer Ingenieur steuerte ein gewaltiges U-Boot und baute eine Unterwasserstadt. Vernes Fantasie kannte keine Grenzen. Für mich sind seine Bücher auch heute eine Leseempfehlung für jüngere Menschen, vor allem aufgrund seiner euphorischen Beschreibung von Technologien.

Bald darauf entdeckte ich H. G. Wells. Auch er war von der industriellen Revolution geprägt und sah schon früh interessante Entwicklungen der Menschheit voraus, nicht nur in Bezug auf die Technik, sondern auch beim Sozialverhalten. *Krieg der Welten* oder *Die Zeitmaschine* sind grandiose Klassiker. Besonders drastisch und visionär erscheint heute seine Vorstellung, dass sich die Menschheit in ferner Zukunft in zwei Arten aufteilen wird: in gutgläubige, hilflose Eloi und brutale, rücksichtslose Morlocks.

Meine ersten naturwissenschaftlichen Anstöße bekam ich durch das TV-Format *Telekolleg Physik*, das vom Bayerischen Rundfunk am späten Nachmittag ausgestrahlt wurde. Die Sendung mit den am schlechtesten angezogenen Männern Deutschlands: Flippige junge Wissenschaftler in wirklich abgefahrenen Klamotten standen vor abstrusen Apparaturen und erklärten uns mit versteinerter Miene die Ohm'schen Gesetze.

Damals war die gesellschaftliche Grundhaltung zu Fortschritt und Technologie trotz Ölkrise und Kaltem Krieg positiv. Wir waren begeistert von *Raumschiff Enterprise*, mit dem wir, unterstützt vom Warp-Antrieb, fremde Galaxien besuchten. Bei Loriots Hoppenstedts gab es für das Enkelkind zu Weihnachten sogar ein kleines Atomkraftwerk als Bausatz. Und heute? Heute feiern wir das Lastenfahrrad als technologische Wunderwaffe ab. Eine Zeitmaschine im wahrsten Sinne des Wortes: Du setzt dich rein und wirst augenblicklich um hundert Jahre in die Vergangenheit versetzt.

Rückblickend war die Kindheit und Jugend in den Siebzigern und Achtzigern aufregend, unbeschwert und frei. Sobald die Hausaufgaben gemacht waren, ging es raus. Wir verbrachten den ganzen Tag bis zum Abendessen draußen. Wir kickten Fußball oder spielten Cowboy und Indianer. Manchmal hörten uns unsere Eltern spielen, viel öfter aber nicht. Für unsere Eltern waren wir wie Waschbären. Man kriegt mit, dass sie in der Nähe herumstreunen, aber man bekommt sie nie zu Gesicht. Und der einzige Beweis ihrer Existenz sind die Überreste, nachdem sie die Speisekammer geplündert haben.

Unsere Eltern ließen uns die Freiheit und sie vertrauten uns und dem Leben. Alle taten das. Daraus entwickelte sich unter den Kindern auch ein entsprechendes Sozialverhalten. Wer mitspielen wollte, musste sich anpassen. Ab und zu auch Leistung bringen, zum Beispiel beim Fußball. Es wurde einem nichts geschenkt. Manchmal rauften wir und vertrugen uns wieder. Erwachsene waren nie dabei. Das Konzept heutiger Helikoptereltern hätte auf uns lächerlich gewirkt. Daraus erwuchsen selbstbewusste, selbstständige Kinder, die ihre eigene Welt hatten. Wenn man in der Schule etwas ausgefressen hatte oder eine schlechte Note schrieb, gab's von den Eltern einen deftigen Einlauf. Keine Mutter und kein Vater wäre in der Zeit auf die Idee gekommen, die Lehrer für den Mist, den das eigene Kind gebaut hat, verantwortlich zu machen.

Natürlich gingen wir alleine zur Schule. Am ersten Schultag zeigte mir meine Mutter noch den Weg, aber danach hieß es: Das kannst du jetzt. Heute werden weit mehr als die Hälfte der Schüler von ihren Eltern zur Schule gebracht. Viele begleiten ihren Nachwuchs sogar bis ins Klassenzimmer hinein.[53]

Am ersten Schultag machen die stolzen Eltern Hunderte von Fotos. Kinder von heute sind die meistfotografierte Generation der Menschheitsgeschichte. Schon mit drei Jahren existieren von den Kleinen Abertausende von Schnappschüssen und Videos. »Guck mal, wie toll der Oskar-Nepomuk mit dem Handfeger auf dem Klavier spielt …«

Ich habe genau *ein* Foto aus meiner Kindheit. An meinem ersten Schultag mit der Schultüte. Ein verschwommenes Schwarz-Weiß-Bild in Briefmarkengröße. Man kann darauf nicht erkennen, ob ich lächle oder mir gerade in die Hosen mache. Aber das sah bei mir ohnehin gleich aus.

Materiell ging es uns lange nicht so gut wie vielen jungen Menschen heute. Bis ich sechs Jahre alt war, gab es in unserer Wohnung keine Zentralheizung. Im Winter mussten wir alle zwei Tage im Keller den Öltank anzapfen und das Öl in großen Kannen hochtragen, um die Öfen aufzufüllen. Und selbstverständlich wurden nicht alle Räume geheizt. Gebadet wurde einmal die Woche, weil das Erhitzen des Wasserboilers (mit Holz) sehr lange dauerte.

Bevor Sie jetzt ein falsches Bild von mir haben: Ich bin nicht irgendwo in der Mongolei aufgewachsen, sondern im bayerischen Odenwald (der zugegebenermaßen mit seinen rauen Landstrichen und der lokalen Mundart stark an die Mongolei erinnert).

Aber all das machte mir nichts aus. Meine Spielkameraden und ich fühlten uns nicht arm, weil wir glaubten, uns gehöre die Welt. Auch wenn wir sie noch gar nicht kannten. Zum ersten Mal im Ausland war ich mit zwölf Jahren. Im Sommerurlaub in Bibione.

Heute haben Kinder in diesem Alter schon mehr von der Welt gesehen als unsere Eltern in ihrem ganzen Leben. Und wenn unsere Großväter überhaupt mal ein fremdes Land besucht haben, dann hieß das nicht »in den Urlaub fahren«, sondern »einmarschieren«.

Meine Nachbarin erzählte mir neulich aufgeregt, dass ihre Lisa-Marie demnächst auf Klassenfahrt nach Paris fährt. Bei uns ging die Klassenfahrt zu einem Wildschweingehege in den Spessart. Und das Highlight war der Keiler, der die Bache von hinten begattete. Wir lachten und johlten, und unsere Lehrerin Frau Steigerwald blickte verschämt zur Seite. Wer braucht da schon einen Eiffelturm …?

Natürlich war früher nicht alles besser. Zum Beispiel wurde

sehr wenig über Ängste und Befindlichkeiten geredet. Selbst wenn es nötig gewesen wäre. Meine Tante zum Beispiel hatte ihr ganzes Leben lang große psychische Probleme. Aber das wurde bei uns zu Hause totgeschwiegen. Als ich acht Jahre alt war, nahm sie mich zur Seite und weihte mich in ihre Wahnwelt ein: »Weißt du, was meine größte Angst ist? Immer, wenn ich nachts aufs Klo gehe, glaube ich, dass mir hinter dem Duschvorhang ein fremder Mann auflauert, der mich umbringen will.« Das war wirklich in höchstem Maße beklemmend. Weil es ab dem Zeitpunkt auch *meine* größte Angst war.

Als mich ein paar Wochen später meine Mutter fragte, was ich mir zum Geburtstag wünsche, habe ich gesagt: »Mama, vergiss' das Fahrrad, ich möchte eine Kloschüssel im Kinderzimmer.«

Heute versuchen wir, unsere Kinder von allem fernzuhalten, was sie in irgendeiner Form irritieren könnte. Jetzt überlegt man sogar, »Dornröschen« aus den Märchenbüchern zu entfernen, weil in der Geschichte ein bewusstloses Mädchen von einem Mann geküsst wird. Und das können wir angeblich unseren Kindern nicht mehr zumuten.

Andererseits hat dieser Mann durch den Kuss ihr Leben gerettet. »Ja, aber der Kuss war nicht einvernehmlich«, sagen die Psychologen. Schon, aber der Typ hat ihr Leben gerettet! Und es war ein Prinz, der sie geküsst hat. Jedes kleine Mädchen träumt davon, von einem Prinzen wachgeküsst zu werden. Außer vielleicht von Prinz Andrew. Aber das ist eine andere Geschichte.

Noch einmal: Früher war bestimmt nicht alles besser. Zum Beispiel war es damals beim Zahnarzt nicht üblich, vor dem Bohren eine Betäubungsspritze zu bekommen. Unser Zahnarzt war auch alles andere als vertrauenerweckend. Er war ziemlich alt, hatte beginnenden Parkinson und war selbst überrascht, wenn er eines seiner vorsintflutlichen Geräte mit einem kreischenden Geräusch zum Laufen gebracht hat. »Alle Achtung. Ich wette, mit dem Ding kann man ganz schöne Sachen anrichten, haha.«

Ich kann mich erinnern, wie mein Vater im Sommer vor versammelter Runde Wespen mit der flachen Hand totschlug. Alleine deshalb ist er bei uns im Odenwald eine Legende. Als er sich auf der Arbeit mit der Kreissäge die Fingerkuppe abgeschnitten hatte, musste man ihn zwingen, einen halben Tag freizunehmen. »Ach was! Iss doch nur ein Kratzer …«

Und heute? Heute leiden die Menschen unter Burn-out. Weil viele von uns eben nichts wirklich Produktives mehr tun. Wir mailen PowerPoint-Präsentationen hin und her und reden in Strategiemeetings von Go-Ahead-Kampagnen, die aber vom CEO nicht gegreenlightet sind, weil der erst noch die Highpotentials aus dem Sales mit in den Loop nehmen möchte. Da muss man ja einen Rappel kriegen!

Als klassisches Arbeiterkind weiß ich: Ein Fliesenleger hat keinen Burn-out. Der hat einen kaputten Rücken. Weil für den »Die Kunst der Fuge« jeden Tag physisch greifbar ist.

Zweifellos bin ich mir bewusst, dass ich die alten Zeiten ein Stück weit romantisiere. Gleichwohl gelangte eine Forschergruppe zu der Erkenntnis, dass die Generation der Boomer tatsächlich die glücklichste und zufriedenste Generation der vergangenen hundert Jahre ist.[54]

Und das liegt nicht daran, dass es in meiner Kindheit keine Krisen gab. Eher im Gegenteil. Wir hatten die Nato-Nachrüstung, Tschernobyl, den Jugoslawienkrieg, sauren Regen und HIV. Jedes Jahr gab es irgendeine neue Bedrohung. Aber der Umgang damit war ein gänzlich anderer als heute.

Unsere Eltern hatten schlichtweg viel zu wenig Zeit, mit uns die Unwägbarkeiten in der Welt auszudiskutieren. Auch fehlte ihnen die Energie, uns von den alltäglichen Herausforderungen des Lebens abzuschotten. Im Nachhinein erwies sich das offenbar nicht als das Allerschlechteste.

Heute befinden wir uns in einer Ära der elterlichen Überbesorgtheit. Ein Phänomen, das vielen Studien zufolge mehr schadet als nützt. Die ständige Betonung, sich exzessiv mit den eigenen Befindlichkeiten auseinanderzusetzen, macht junge Menschen nicht unbedingt zu stabilen, belastbaren Persönlichkeiten.

Allein das Wort »Trauma« wird inzwischen so inflationär gebraucht, dass es völlig an Wert verloren hat. Früher hatte man ein Trauma, wenn man aus dem Krieg kam oder eine Hungersnot überlebt hatte. Heute ist man traumatisiert, wenn man einen Text ohne Binnen-I und Gendersternchen lesen muss oder aus Versehen laktosehaltige Milch getrunken hat.

Diese Übersensibilisierung ist durch eine Reihe erstaunlicher Experimente nachgewiesen worden. Zeigt man zum Beispiel Versuchspersonen unterschiedliche Gesichter auf einem Bildschirm, die sie auf einer Skala zwischen »sehr bedrohlich« und »gar nicht bedrohlich« einordnen sollen, liefern sie bei jedem neuen Durchlauf dieselben Einschätzungen. Sobald jedoch die Probanden immer weniger bedrohliche Gesichter zu sehen bekommen, passiert etwas Merkwürdiges. Plötzlich ordnen sie auch bisher harmlose Gesichter als »bedrohlich« ein.[55]

»Schwimmflügel jetzt krebserregend!«, lautete vergangenen Sommer eine Schlagzeile in einer Zeitung. Darüber wurde kurzzeitig heftig diskutiert. Zwei Wochen lang war es für Kinder gesünder zu ertrinken.

Die Psychologie kennt dieses Phänomen als »Prinzessin

auf der Erbse-Syndrom«. Wenn eine Gesellschaft immer weniger existenzielle Sorgen hat, führt das paradoxerweise nicht dazu, dass Ängste und Nöte zurückgehen. Es passiert das Gegenteil. Je sorgenfreier eine Gesellschaft lebt, umso mehr fürchtet sie sich. Sie wird neurotisch.

In meinem Bekanntenkreis gibt es kaum noch jemanden ohne eine Lebensmittelallergie. Fenchel? Um Gottes willen! Da geht mir die Nase komplett zu ...

Wissenschaftlich gesehen leiden etwa 2 Prozent der Bevölkerung unter einer Lebensmittelallergie. Aber 20 Prozent glauben inzwischen, sie hätten eine. In Prenzlauer Berg sogar 104 Prozent.

Ich komme aus einer Zeit, da wurde gegessen, was auf den Tisch kam. Und da verging selbst mir das Lachen. Bei meiner Oma gab es Presskopf, Kuttelsuppe oder Blut-Gulasch. Und wenn etwas übrig blieb, verwendete es mein Vater zum Abbeizen von Möbeln.

Heute machen wir unsere Essgewohnheiten zu einem politischen Programm. »Jaja, ich weiß, du zahlst zwar 20 Euro für das Rinderfilet. Aber ich möchte nicht wissen, wie wenig von dem Geld bei dem Tier ankommt ...«

Wir sind zu einer verweichlichten, übersensiblen Gesellschaft geworden. Viele in meinem Bekanntenkreis haben Kinder, die nach dem Abitur nicht fähig sind, ein Studium zu beginnen oder einen Job anzufangen. Weil sie sich erst mal »selbst finden« müssen. Die reisen ein Jahr als Backpacker durch Südostasien, steigen in billigen Hostels ab und tun so, als hätten sie wenig Geld. Um sich selbst zu finden.

Wenn ich meinem Vater nach dem Abitur gesagt hätte: »Vadder, ich muss jetzt erst mal ein Jahr weg, um mich selbst zu finden«, dann hätte der gesagt: »Was redschn do? Selbscht finde? Du bischt hier. Ich hab dich gefunne. Du stescht in meim Haus ...«

»Ja, aber ich brauch' erst mal ein bisschen Abstand von allem. Um mich auch mal selbst anzuschauen.«

»Dann guck in de Spiegel. Da siescht, wer de bischt …«

»Und was ist mit meinen Träumen?«

»Träum' sin was für de Schloof. Du verdienscht kee Geld. Du lebscht in meim Haus, und jetzt geh' raus und schaff was …«

Das ist heute nicht mehr so. Heute machen selbst Zwanzigjährige Selbstfindungskurse. Therapien, in denen sie lernen, ein anderer Mensch zu werden.

Mein Vater meint dazu nur: »En annere Mensch? Du bischt der, der du bischt. En annere krischte net …«

»Ja, aber wenn ich doch alle paar Wochen so schlecht drauf bin.«

»Ich bin mei ganzes Lebe schlecht druff! Da gewönscht dich dran …«

In den vergangenen zwanzig Jahren hat die Zahl der Angststörungen bei jungen Menschen dramatisch zugenommen.[56] Der Generationenforscher Rüdiger Maas fand in einer groß angelegten Studie heraus, dass Kinder und Jugendliche heute unglücklicher sind als jede andere Generation zuvor.[57] Ähnliches zeigen auch vergleichende Studien von Unicef und dem Deutschen Kinderhilfswerk, die seit den Sechzigerjahren durchgeführt werden. Inzwischen hat jedes vierte Kind Schwierigkeiten, Freunde zu finden. Jedes vierte Kind berichtet von depressiven Symptomen.[58]

Ich glaube, wir sind an dieser Entwicklung nicht ganz unschuldig. Weil wir die erste Generation sind, die ihre Kinder nicht mehr erzieht, sondern vergöttert. »Ja, ich weiß, die Lea-Sophie kann mit ihren zwölf Jahren noch immer nicht richtig rechnen, aber mit Fingerfarben ist die unglaublich geschickt.«

Tatsächlich haben viele Kinder von ihren Eltern nie echte Kritik gehört. Egal wie wenig Mühe sie sich geben, egal wie erbärmlich das Bild ist, das sie gemalt haben – es ist alles supi! »Ganz ehrlich: Ich finde, eure Lea-Sophie hat eine echte Sauklaue.« »Ja, das liegt daran, dass sie hochbegabt ist. Hochbegabte schreiben *immer* unleserlich. Außerdem wächst sie bilingual auf …« Was im Wesentlichen bedeutet, dass die Lea-Sophie auch auf Englisch eine Sauklaue hat. AMAZING!

Eine Bekannte hat mir neulich vorgeschwärmt, dass ihr Thorben seit Neuestem »Auren« sehen kann. Weil der Thorben nicht nur hochbegabt, sondern auch hochsensibel ist.

Wenn wir früher »Auren« sehen wollten, haben wir Klebstoff geschnüffelt. Mit einer Tube Pattex hatten wir ein lustiges Wochenende. Heute kleben sie sich damit auf die Straße und haben schlechte Laune. »Aber ich will halt was bewegen«, sagt der Thorben. »Dann kleb' dich net fescht«, würde mein Vater dazu nur sagen. »Wenn de was beweche willscht, werd Liftboy …«

Natürlich ist es löblich und sinnvoll, die Sorgen und Nöte seiner Kinder ernst zu nehmen. Was sich jedoch seit einiger Zeit vollzieht, ist etwas völlig anderes: Die junge Generation gilt heute als grundsätzlich weiser als die ältere. Viele Erwachsene bewundern ihren Nachwuchs so sehr, dass es zu einem Rollentausch in der Eltern-Kind-Beziehung kommt. Das ist ein totales Novum. Über Jahrtausende war es so, dass Ältere über Jüngere geschimpft haben. Das lässt sich bis zu Sokrates zurückverfolgen. Heute eifern immer mehr Eltern ihren Kinder nach, sehen sie als Vorbilder und möchten von ihnen lernen. Wir haben die Erziehungsberechtigung an unsere eigenen Kinder übergeben.

So etwas kann auf Dauer nicht gut gehen. Denn wenn es uns als Erwachsenen wichtiger ist, dass uns unsere Kinder mögen, als dass sie von uns lernen, signalisieren wir ihnen: Gefühle sind wichtiger als sachliche Argumente.

Am sichtbarsten war das vor einigen Jahren bei dem Hype um Greta Thunberg. Weltweit ließen sich Politiker, Wirtschaftsführer und Uniprofessoren freiwillig von einer Sechzehnjährigen wie dumme, ungezogene Kinder behandeln.

Wir infantilisieren uns selbst und werden dadurch auch als Gesellschaft immer kindischer. Als ich ein Teenager war, haben wir alle vom ersten Moped geträumt. Von einer Zündapp, die dann hochfrisiert wurde auf 120 Sachen. Und wir haben auf eine coole Lederjacke gespart, weil wir so aussehen wollten wie Marlon Brando. Heute fahren erwachsene Menschen mit E-Scootern durch die Gegend und sehen mit ihren Umhängetaschen und Hipster-Frisuren aus wie Karlsson vom Dach.

Neulich habe ich vor einem Supermarkt einen jungen Vater gehört, wie er seinem Sohn im Lastenfahrrad gedroht hat: »Malte! Wenn du nicht sofort deinen Helm aufziehst, bekommst du nicht deinen Mango-Bärlauch-Smoothie.« Das ist die Strafe heutzutage. Früher bekamen wir zwei Wochen Fernsehverbot, Stubenarrest und mussten bei glühender Hitze den Rasen mähen. Und heute? Kein Mango-Bärlauch-Saft. Wie grausam ist unsere Welt nur geworden?

Diese Entwicklung ist aus vielerlei Gründen problematisch. Schon länger beobachten Psychologen, dass junge Menschen immer schlechter mit Niederlagen umgehen können. Wer ständig mit Lob und Anerkennung überschüttet wird, wer nie Kritik erfährt, entwickelt eine verzerrte Wahrnehmung der Welt. So berichten immer mehr Hochschullehrer, dass viele der Studenten Erfolge ihren eigenen Fähigkeiten zuschreiben, für Misserfolge aber generell äußere Umstände verantwortlich machen.[59] Schwere Texte zu lesen ist für Studenten nicht vereinbar mit ihrer Work-Life-Balance.[60]

Statt Verantwortung für ihr eigenes Tun zu übernehmen, entwickeln sie völlig überzogene Ansprüche an ihr Umfeld, was mittlerweile auch viele Arbeitgeber bestätigen können.[61] Bei Vorstellungsgesprächen rufen Berufseinsteiger kaum nachvollziehbare Gehaltsvorstellungen auf, wollen sich aber mit der Tätigkeit auch wohlfühlen können. Aufgrund des Fachkräftemangels lassen die Unternehmen sich gezwungenermaßen auf dieses Spiel ein. Später erkennen sie, dass sich die jungen Berufsanfänger bereits von kleinsten Problemen überfordert fühlen und deutlich weniger bereit sind, sich in die Pflicht nehmen zu lassen.[62]

Therapeuten bezeichnen dieses Verhalten als »fehlende Coping-Strategie«, also dass die Fähigkeiten, mit einer schwierigen Situation umzugehen, unterentwickelt sind. Den jungen Menschen kann man das kaum vorwerfen. Der wahre Grund liegt an dem überbehütenden Erziehungsstil. Wer als Kind nie wirklich gefordert wurde, tut sich im Erwachsenenalter schwer, Problemlösungsstrategien zu entwickeln. Ständiges Lob entzündet kein Feuer, noch nicht mal einen Funken.

Indem wir unseren Kindern von klein auf sämtliche Hürden aus dem Weg räumen, indem wir sie immer nur bestärken und nie kritisieren, ziehen wir eine Generation von angstzerfressenen Narzissten heran. Menschen, die alles bekommen, aber die sich trotzdem als Opfer sehen. Damit tun wir ihnen keinen Gefallen.

Kinder leiden heute unter einer deutlich geringeren Frustrationstoleranz sowie einer verminderten Emotions- und Selbstkontrolle. Sie wissen oft nicht, was es heißt, traurig oder frustriert zu sein, leiden unter fehlendem Mitgefühl und haben Schwierigkeiten mit sozialer Interaktion. Auch

Störungsbilder wie ADHS, Bulimie und Borderline treten häufiger auf.[63]

Erzieher berichten, dass Kinder es heute deutlich seltener schaffen, in ein vertieftes Spiel zu kommen und ihre Langeweile selbst zu überwinden. Sie beobachten, dass viele Kinder weniger Empathie für ihr Gegenüber empfinden und bei jedem kleinsten Konflikt mit einem anderen Kind sofort einen Erwachsenen um Hilfe bitten. Eine Metastudie bestätigt, dass Überbehütung mit einer Vielzahl von psychischen Problemen der Kinder zusammenhängt.[64]

All das lässt vermuten: Aus der guten Absicht heraus, Schaden von unseren Kindern abzuwenden, richten wir erst recht Schaden an. Indem wir unsere Kleinen überbehüten, schwächen wir ihre Resilienz und Widerstandskraft. Sie werden unselbstständig und ängstlich. Statt mit aller Macht zu versuchen, das Glück in die Kinder hineinzubekommen, muss man den Kindern die Chance geben, ihr Glück selbst zu entdecken.

Von welchen Lehrern haben Sie am meisten gelernt? An welche können Sie sich erinnern? Nicht an die Luschen, die uns alles haben durchgehen lassen, sondern an die, die uns gefordert haben, die streng waren, weil sie von dem Fach, das sie lehrten, selbst begeistert waren. Es war keine Angst, die wir vor ihnen hatten, sondern Respekt. Diese Lehrer haben uns geformt und geprägt. Sie waren es, die uns auf das Leben vorbereitet haben.

Im Jahr 2004 kam der deutsche Dokumentarfilm *Rhythm Is It* heraus, den ich Ihnen wärmstens ans Herz legen möchte. Er zeigt die sechswöchige Vorbereitung von 250 Schülern aus Berliner Problemschulen auf einen Auftritt in Igor Strawinskys Ballett *Le sacre du printemps* mit den Berliner Philharmonikern. Der Choreograf Royston Maldoom nimmt die Schüler hart ran, er ist ruppig und verlangt viel von ihnen. »Die Jugendlichen müssen wissen, dass ich absolut an ihre Fähigkeiten glaube und deshalb Blödsinn nicht tolerieren kann«, sagt er in einem Interview. Der Auftritt wird zu einem fulminanten Erfolg und man sieht den Jugendlichen an, wie sehr sie in dieser Zeit an Selbstbewusstsein gewonnen haben.

Überbehütung und Verhätschelung erzeugen das Gegenteil, wie eine japanische Forschergruppe nachweisen konnte. Die Wissenschaftler wollten wissen, wie sich ein überbehütender Erziehungsstil auf die Gehirnentwicklung im Erwachsenenalter auswirkt. Dabei fanden sie heraus, dass die getesteten Personen deutlich weniger graue Substanz im präfrontalen Cortex aufwiesen als die Kontrollgruppe. Eine ähnliche Gehirnentwicklung beobachtet man erschreckenderweise auch bei Personen, die in der Kindheit massiv vernachlässigt wurden. Genau das, was Eltern durch eine überbehütende Erziehung eigentlich vermeiden möchten, tritt umso stärker auf.[65]

In der Medizin ist schon lange bekannt, dass das menschliche Immunsystem geschwächt wird, wenn es nicht ständig durch kleinere und mittlere Einflüsse gefordert wird. So entwickeln Kinder, die in einer allergenarmen, sterilen Umgebung aufwachsen, in höherem Maße Atemwegserkrankungen als Kinder, die ab und an im Dreck spielen.

Wäre unsere immunologische Abwehr darauf ausgerichtet, nur eine festgelegte Gruppe von Krankheitserregern zu zerstören, wären wir schon vor langer Zeit ausgestorben. Da sich die äußeren Bedingungen jedoch ständig ändern, muss unser Abwehrsystem außerordentlich flexibel und anpassungsfähig sein. Und das ist es nur, wenn wir diesen potenziellen Bedrohungen permanent ausgesetzt sind.

Eine US-Studie legt nahe, dass der signifikante Anstieg von Erdnussallergien bei amerikanischen Schülern nicht nur, wie erwähnt, oft eingebildet ist, sondern auch darauf zurückzuführen ist, dass in vielen Schulen Erdnüsse aus Sicherheitsgründen inzwischen verboten sind.[66]

In Deutschland kann man Ähnliches beobachten. Nach dem Mauerfall 1989 untersuchten Mediziner die Allergiehäufigkeit bei Ost- und Westdeutschen. Man hätte vermuten können, dass die Ossis, die jahrelang unter den sozialistischen Errungenschaften der rauchenden Kaminschlote und stinkenden Trabis gelebt haben, vor Allergien nur so strotzen. Herausgekommen ist das Gegenteil: Die Westdeutschen hatten mehr Allergien.

Vor einigen Jahren prägte der Mathematiker und Bestsellerautor Nassim Nicholas Taleb den Begriff »antifragil«. Damit bezeichnete er Systeme, die ab und an Konflikten und Problemen ausgesetzt werden müssen, um besser und stärker zu werden. Unser Immunsystem ist ein solches antifragiles System.

Mit der Psyche verhält es sich nicht anders. In unserer Entwicklungsphase brauchen wir gewisse Frustrationen, kleinere Unfälle, Hänseleien und Ungerechtigkeiten, um eine stabile, gefestigte Persönlichkeit zu entwickeln. Kinder benötigen sogenannte entwicklungsfördernde Frustrationen, um zu reifen. Ohne Misserfolgserlebnisse kein Lernen und ohne Lernen keine Entwicklung.

In einer Welt, in der sämtliche Risiken, Gefahren, negative Erlebnisse und Konsequenzen eliminiert werden, gibt es sicherlich deutlich weniger blaue Flecken, weniger gebrochene Knochen und noch weniger gebrochene Herzen. Doch eine Welt der hundertprozentigen Sicherheit ist eben auch eine Welt der hundertprozentigen Langeweile.

Wie haben Sie Fahrradfahren gelernt? Indem Sie immer wieder hingefallen sind. Wahre Freude erleben wir nur nach Anstrengung, nach Grenzüberschreitung und nach dem

Eingehen von Risiken. Und natürlich können wir auf die Fresse fallen. Na und? Schrammen sind sexy. Angstschweiß nie.

Das gilt übrigens für jede Lebensphase. Eine *Nature*-Studie fand heraus, dass junge Wissenschaftler, die zu Beginn ihrer Karriere einen größeren Rückschlag hinnehmen mussten, in der Folgezeit erfolgreicher waren als Kollegen, bei denen am Anfang alles glattgelaufen ist.[67]

So gesehen bin ich froh, dass ich in den Siebzigern und Achtzigern aufgewachsen bin. Einer Zeit, die ideal war, um ein antifragiles psychisches Immunsystem zu entwickeln.

Und ich bin auch froh, nicht nach dem Krieg aufgewachsen zu sein wie meine Eltern. Das waren maximal antifragile Zeiten. Man konnte es sich schlichtweg nicht leisten herumzuzicken oder zu jammern, sondern musste anpacken. Um sich einen bescheidenen Wohlstand zu erarbeiten. Millionen ackerten und bauten dieses Land wieder auf. Später kamen die Gastarbeiter dazu und schufteten in harten Jobs fleißig mit. Arbeit war der Lebensinhalt, danach kam erst die Familie. Unsere Eltern waren keine Weicheier. Mit Fleiß, Disziplin und Willen wollten sie nach oben. Über so etwas wie eine Work-Life-Balance hätten sie nur gelacht. Was nicht hieß, dass in der Freizeit nicht auch gefeiert wurde. Und wie! Man tanzte, rauchte und trank exzessiv. Dafür zahlte man später oft einen hohen Preis, aber Genuss gehörte in dieser Generation nun mal zum Leben wie die Arbeit.

Wir Boomer, die danach kamen, hatten es schon einfacher. Aber auch wir wuchsen noch damit auf, dass man sich seinen Wohlstand erarbeiten muss. So schuftete ich ab meinem 16. Lebensjahr in den Sommerferien im Faserplattenwerk Amorbach. Vier Wochen lang stand ich bei brütender Hitze am Fließband und verpackte die dort hergestellten

Deckenplatten aus Mineralfasern, deren Staub unerträglich juckte. Mit dem Geld, das ich dort verdiente, fühlte ich mich wie der König der Welt.

Wie gesagt, glücklicherweise gingen die Achtzigerjahre mit einer spürbaren gesellschaftlichen Liberalisierung einher. Bis dahin war das Land schließlich ausgesprochen spießig, bieder und konservativ gewesen. So musste zum Beispiel bis 1977 ein Ehemann offiziell sein Einverständnis geben, wenn seine Frau eine Arbeitsstelle annehmen wollte.

Die Kreativität, die mit einer unbändigen Lebensfreude verbunden war, fühlte sich an wie ein Meteoriteneinschlag. Vom Film über die Musik, von der Mode bis zur Werbung wurden Ikonen geboren, die bis heute unsere Gegenwart prägen, von Michael Jackson bis zu Arnold Schwarzenegger, von Harrison Ford bis zu Eddie Murphy, von Madonna bis Sigourney Weaver. *Terminator*, *Predator*, *Blade Runner*, *Alien*, *Beverly Hills Cop*, *Die nackte Kanone*, *Stirb langsam*, *Lethal Weapon* – ich könnte unendlich fortfahren. Der Humor machte vor nichts und niemand halt, die Action war laut und knallig, Gewalt und Sex waren legitime und spielerische Mittel, die den großen, zeitlosen Erfolg ausmachten. Es wurde gescherzt und geprügelt, es wurde geküsst, gelacht und abgeknallt. Rassenfragen wurden mit Leichtigkeit und Witz thematisiert und das Männer-Frauen-Thema wurde selbstironisch bespielt.

Wenn ich heute meinem 24-jährigen Neffen aus dieser Zeit erzähle, kann er kaum glauben, wie liberal, locker und frei es damals zuging. Über Gender-Pronomen, Sprachregelungen, Triggerwarnungen, Safe Spaces und Mikroaggressionen hätten wir damals schallend gelacht. Rückblickend empfinde ich diese Zeit als wesentlich toleranter und entspannter als die heutige.

In seinem im Jahr 2000 erschienenen Bestseller *Genera-*

tion Golf bezeichnet der Autor Florian Illies die zwischen 1965 und 1975 Geborenen als eine »mehrheitlich unpolitische, hedonistische Gesellschaft, die das Leben lediglich genießen wolle«. Illies sieht das offensichtlich negativ.

Ich dagegen blicke auf eine Zeit zurück, in der sich die meisten Menschen in diesem Land auf das Wesentliche konzentrierten, was in unserer Geschichte selten vorkam. Einige Jahrzehnte lang ging es endlich mal nicht darum, die Welt mit irgendwelchen kruden Ideologien zu beglücken, sie erobern zu wollen oder sie mit dem typisch deutschen moralischen Größenwahn zu missionieren.

Dabei kam Großartiges heraus: Deutschland stieg zum Exportweltmeister vor deutlich größeren Ländern auf. Und wer konnte diesen Aufstieg besser verkörpern als unsere Fußballer, die 1974 so traumwandlerisch lässig und lebenslustig den Titel gewannen und ihn 1990 erneut holten. Ein Jahr, nachdem die Mauer gefallen war und dieses Land so wiedervereinigt wurde. Man lag sich in den Armen. Lebensfroh und optimistisch.

Gefühle und Emotionen fanden dort statt, wo sie hingehörten und ihre ganze positive Kraft entfalten konnten: im Sport, in der Kunst, im Privaten.

In der Politik dagegen ging es – anders als heute – weitgehend pragmatisch und rational zu. Die Zeit war geprägt von Ronald Reagan, Margaret Thatcher, Michail Gorbatschow, von Helmut Schmidt und später dann Helmut Kohl. Egal was man von ihnen politisch hielt, aber ihr Handeln war von Prinzipien geleitet. Kein Rumgeeiere, keine Waldorfschulenrhetorik, keine farblosen Politdarsteller, die ihre Unterdurchschnittlichkeit mit gefühligen Hochglanzfotos zu kaschieren versuchten.

Es war in jeglicher Hinsicht die aufregendste, geilste Epoche der vergangenen Jahrzehnte und ich bin dankbar und glücklich, dass ich in genau diese Phase hineingeboren wurde und sie miterleben durfte.

Denn schon bald danach drehte sich die Stimmung. Stück für Stück verschwand dieser nüchterne Pragmatismus langsam aus unserer Gesellschaft und wurde immer stärker von Wunschdenken verdrängt. Der sehr deutsche Drang, die Welt missionieren und belehren zu wollen, gewann heimlich, still und leise die Überhand. Das, was mühsam aufgebaut worden war, wurde von vielen bereits als selbstverständlich und naturgegeben wahrgenommen. Gleichzeitig eroberten utopische Weltrettungsfantasien verbunden mit moralischen Überlegenheitsgefühlen die Köpfe.

»Ihr Boomer habt einfach keinen Bock auf Veränderungen«, hat mir neulich ein junger Zuschauer nach einer Show gesagt. Ehrlich gesagt kann ich mit diesem Vorwurf wenig anfangen. Erst recht, wenn ich bedenke, wie massiv sich in den vergangenen fünfzig Jahren unser Leben technologisch, gesellschaftlich und kulturell verändert hat und wie wir Boomer diese vielen umwälzenden Entwicklungen angenommen und mitgestaltet haben.

Ich frage mich vielmehr, ob das, was derzeit gerade so großspurig als »progressiv« und »modern« bezeichnet wird, wirklich so fortschrittlich ist. Nicht alles, was neu ist, erweist sich im Nachhinein als das Bessere. Die alles entscheidende Frage ist daher nicht, ob wir Lust auf Veränderungen haben, sondern ob wir Lust auf *idiotische* Veränderungen haben.

Vor einiger Zeit wurde Scheich Rashid, der Gründer von Dubai, gefragt, wie er sich die Zukunft seines Landes vorstellt, und er antwortete: »Mein Großvater ritt auf einem Kamel, mein Vater tat dasselbe, ich fahre einen Mercedes, mein Sohn fährt einen Land Rover und mein Enkel wird ebenfalls einen Land Rover fahren. Aber meine Urenkel werden wahrscheinlich wieder auf einem Kamel reiten. Harte Zeiten formen starke Menschen, starke Menschen schaffen gute Zeiten, gute Zeiten gebären schwache Menschen, und schwache Menschen schaffen harte Zeiten.«

Oder wie der große Philosoph Oliver Kahn einst sagte: »Eier. Wir brauchen Eier.«

VON DER ANALOGEN REBELLION ZUR DIGITALEN ANGEPASSTHEIT

Stellen Sie sich vor, Sie wären am 8. November 2007 in einen tiefen Schlaf gefallen. 15 Jahre später wachen Sie wieder auf und schauen sich um. Auf den ersten Blick erscheint Ihnen Ihr alltägliches Umfeld weitgehend unverändert. Doch die Menschen verhalten sich äußerst seltsam. Beim Gehen halten sie fast alle ein kleines Rechteck aus Glas und Metall in der Hand, und jedes Mal, wenn sie in ihrer Bewegung innehalten, beugen Sie sich vor und starren wie Zombies mit leerem Blick auf ihre bläulich leuchtenden Rechtecke. Das tun sie auch, sobald sie sich in der U-Bahn hinsetzen, einen Aufzug betreten, an der Kassenschlange stehen oder in einem Restaurant auf das Essen warten. Auch Kleinkinder sind völlig eingenommen von diesen seltsamen kleinen Kästchen. Unter den Menschen herrscht eine eigenartige Stille. Wenn Sie tatsächlich jemanden sprechen hören, dann ist diese Person allein, hat weiße Stöpsel im Ohr und führt Selbstgespräche.

Am 9. November 2007 kam in Deutschland das erste iPhone auf den Markt. Innerhalb von kürzester Zeit hat es unser aller Leben auf den Kopf gestellt. Es hat unser komplettes soziales Verhalten in einem Maße verändert wie wahrscheinlich keine andere technologische Entwicklung zuvor.

Neulich sah ich, wie ein Vierjähriger vor einem Aquarium stand und versuchte, die Fische größer zu zoomen.

Was macht uns menschlich? Empathie? Liebe? Verantwortungsgefühl? Nein. Inzwischen ist es die Fähigkeit, auf einem Monitor alle Bilder mit einem Fahrrad anklicken zu können.

Descartes sagte: »Ich denke, also bin ich.« Und seit TikTok wissen wir: Es geht auch so.

Irgendwie beneide ich meinen Vater. Der will von dem ganzen digitalen Hype nichts wissen. Und er lebt gut damit. Sein soziales Netzwerk ist nicht Facebook, sondern der Stammtisch. Downloaden hat bei ihm auch nichts mit Datentransfer zu tun, sondern mit Trinken. Seit Neuestem hat er immerhin ein Handy. »Du rufscht nie an!«, beschwerte er sich kürzlich bei mir. »Doch, aber dein Handy ist immer ausgeschaltet«, antwortete ich. »Ja, klar, weil mich ja sowieso niemand anruft.«

Durch seine konsequente Technikverweigerung ist mein Vater im Netz schwerer zu finden als ein arabischer Topterrorist. Ich bin mir nicht sicher, ob ich das cool oder hinterwäldlerisch finden soll. Im alten Griechenland bezeichnete man Menschen als »idiotes«, wenn sie den öffentlichen Foren fernblieben. Folglich müsste man Leute, die nicht auf Insta unterwegs sind, als Idioten betrachten. Könnte es sein, dass es mittlerweile genau umgekehrt ist?

In dem Science-Fiction-Blockbuster *Terminator* geht es darum, dass in ferner Zukunft die Maschinen die Macht übernehmen und Krieg gegen die Menschheit führen werden. In Wahrheit haben die iPhones und Androids schon längst Besitz von uns ergriffen. Nicht wir benutzen sie, sie benutzen uns. Sie sind wie Viren, die sich in unser Bewusstsein eingepflanzt haben. Wenn ihr Akku nur auf 10 Prozent läuft, fühlen wir uns selbst schwach. Unser Körper dient ihnen vor allem dazu, sich von A nach B zu bewegen. Und die Uber-App gibt es nur, damit das noch schneller möglich ist. Sie haben Facebook, X und LinkedIn auf unserer neuronalen Festplatte installiert, damit wir aufeinander losgehen und uns gegenseitig die Köpfe einschlagen. Und während dies alles vor unseren Augen abläuft, glauben wir immer noch, der Terminator T 3000 wäre unsere größte Bedrohung.

Ab und an halten wir kurz inne und versichern uns, dass wir natürlich jederzeit mit diesem Quatsch aufhören können. Sätze, die jeder Junkie halt so dahersagt.

Vielleicht werden wir in zwanzig Jahren zurückblicken und Smartphones so beurteilen, wie heute das Rauchen. »Kannst du dir vorstellen, damals haben schwangere Frauen TikTok benutzt. Krass, oder? Na ja, man wusste es eben nicht besser …«

Als der deutsche Bauingenieur Konrad Zuse 1941 den ersten Computer erfand, sagte er: »Ich fürchte mich nicht davor, dass Computer so werden wie Menschen. Ich fürchte mich viel mehr davor, dass wir Menschen so werden wie Computer.«

Ein kleines Gedankenspiel. Angenommen, man würde Sie vor die folgende Wahl stellen: Entweder dürfen Sie in Ihrem Leben nie wieder ein Handy benutzen. Nie wieder! Oder Sie erhalten für den Rest Ihres Lebens unbeschränkte Nutzung – aber dafür muss ein guter Bekannter von Ihnen sterben. Wie würden Sie sich entscheiden? Handy oder Freund?

Ich gebe zu, für einen Physiker ist das einfach. Da hast du keine Freunde …

Selbstverständlich ist das eine rein hypothetische Frage. Wenn man wirklich darüber nachdenkt – mit allen Konsequenzen –, ist sie gar nicht so leicht zu beantworten. Als ich darüber mit meiner Frau gesprochen habe, war sie total entsetzt: »Wie bitte? Du würdest deinen alten Studienkollegen über die Klinge springen lassen?? Für ein Handy???«

Natürlich nicht! Andererseits … ich sehe den ja eh' kaum. Der wohnt in Aalen und dort ist der Tod nicht unbedingt die schlechteste Alternative.

Vor einiger Zeit las ich, dass 50 Prozent aller Frauen lieber einen Monat auf Sex als auf ihr Smartphone verzichten würden. Kein Wunder, denn in puncto Kommunikation, Optik und Benutzerfreundlichkeit sind Smartphones vielen Männern haushoch überlegen. Inzwischen existiert sogar ein Wort für die Angst, von seinem Smartphone getrennt zu sein: Nomophobie (»No-Mobile-Phone-Phobia«). Für die Angst, von seinem Partner getrennt zu sein, gibt es meines Wissens keinen Fachbegriff.

Wenn man früher auf einen Zug oder auf eine Verabredung warten musste, hat man aus heutiger Sicht etwas vollkommen Verrücktes getan. Man saß einfach da, starrte Löcher in die Luft und tat – nichts. Gar nichts. Abgefahren, oder? Diese Zeiten sind mit einem Smartphone in der Tasche ein für alle Mal vorbei. Man muss ja auch ständig etwas Wichtiges nachschauen. Wie heißt noch mal die Hauptstadt von Surinam? Darf man Spaghetti Carbonara mit Sahne machen? Und wie schreibt man eigentlich Spaghetti?

Im digitalen Zeitalter können wir immer schlechter mit Nichtstun umgehen. Nichtstun macht uns nervös. Wenn man Probanden in einem Raum 15 Minuten lang ohne ihr Handy warten lässt und ihnen dort die Möglichkeit gibt, entweder nichts zu tun oder sich selbst mit einem Taser unangenehme Elektroschocks zu versetzen, greifen zwei Drittel der Männer und ein Viertel der Frauen zu dem Schocker.[68] Offenbar ist uns die eigene geistige Leere so unangenehm, dass wir uns stattdessen lieber ein paar Kilovolt durch die Birne jagen.

Was ist nur mit uns geschehen? Wie ist es dazu gekommen, dass uns gänzlich nüchterne Aneinanderreihungen von Nullen und Einsen zu solch irrationalen und hysterischen Wesen gemacht haben?

Bis in die späten Siebzigerjahre hinein war Computertechnologie vor allem eine Domäne der Militärs. Verteidigungsministerien und Rüstungskonzerne benutzten Großrechner für die Herstellung von Fluglenkkörpern, Radarsystemen oder Beobachtungssatelliten.

Irgendwann erkannte man, dass eine Technologie, die Menschen umbringt, einen großen Nachteil hat: Die Leute, die solche Produkte kaufen, werden immer weniger. Deshalb wurden die Entwickler von Massenvernichtungswaffen zu den Erfindern der Massenunterhaltung.

Das Silicon Valley wurde gegründet von IT-Hippies, die von einer friedlichen, gerechten Welt geträumt haben. Die ersten Computerspezialisten, die sich dort vor fünfzig Jahren angesiedelt haben, waren von der Idee begeistert, dass Informationen für alle frei zugänglich sein sollten. Wer zu diesem Zeitpunkt in Amerika die Gesellschaft verändern wollte, wurde Programmierer. Bei uns in Deutschland gingen die Weltverbesserer eher in die Politik. Apple entstand zur gleichen Zeit wie bei uns die Grünen. Joschka Fischer warf Steine, Steve Jobs zertrümmerte Monopole. In der legendären Apple-Kampagne »Think different« aus dem Jahr 1997 traten dieselben Helden auf, die auch für die deutsche 68er-Generation wichtig waren: Bob Dylan, Martin Luther King, Gandhi.

Für viele meiner Generation begann der Einstieg in die digitale Welt 1982 mit dem legendären Commodore 64, auch liebevoll der »Brotkasten« genannt. Den schloss man an den heimischen Fernseher an und dann geschah: so gut wie nichts. Ein Cursor blinkte, das war's. Man musste mühsam Basic, eine Computersprache, lernen, um das Ding überhaupt bedienen zu können. Aber selbst wenn man geschickt war, blieben die Möglichkeiten des C64 recht beschränkt. Bei einem Arbeitsspeicher von gerade mal 64 Kilobyte waren keine großen Sprünge möglich.

Ein Austausch von Daten fand über einen sogenannten Akustikkoppler statt. Das waren Geräte, auf die man seinen Telefonhörer legte, der die Signale, ein nerviges Piepen von unterschiedlich langen und hohen Tönen, an den Kerl am anderen Ende der Leitung übertrug, der sie wiederum auf eine Kassette überspielte.

Zu der Zeit konnte man Musik nicht einfach so »runterladen«, sondern musste sie ebenfalls mit einer Kassette aufnehmen. Und das war richtig harte Arbeit, sonntagmittags mit dem Kassettenrekorder vor dem Radio. Und weil es anfangs auch keine Überspielkabel gab, saßen wir mit einem kleinen Mikro vor dem Lautsprecher und nahmen per Hand die »größten Hits« auf. Immer mit einem Finger auf der Pausetaste. Da ging's um Hundertstelsekunden. Wenn der Moderator in die letzten Takte gequatscht hat oder Mutti aus der Küche reingeplatzt ist, war alles umsonst!

Aber auch wenn die Kassette fertig aufgenommen war, musste man extrem pfleglich mit ihr umgehen. Alle paar Tage gab's Bandsalat. Und wehe, man hat die Kassette an einem heißen Sommertag im Auto liegen lassen. Dann klangen plötzlich alle Songs wie Herbert Grönemeyer auf Valium.

Ende der Achtziger nahm die Digitalisierung Fahrt auf. Vor allem dank Bill Gates, dem Erfinder des »schweren Ausnahmefehlers«. Die PCs zogen in viele Haushalte ein, Gameboys und Spielkonsolen kamen auf, das Internet wurde öffentlich und breitete sich auf immer mehr Lebensbereiche aus. Parallel dazu wurden die ersten kritischen Stimmen laut. Welche Folgen haben gewaltverherrlichende Videospiele? Was macht es mit unseren Kindern, wenn sie ihren eigenen PC im Zimmer haben?

1998 führte Google seine Suchmaschine ein. Das war ein echter Meilenstein, weil es das Internet über Nacht nützlicher machte. Auf einmal konnte man gezielt nach den verschiedensten Dingen im Netz suchen. Und die Suche wurde dank der fortschreitenden Technologie immer schneller. Von 1981 bis 1999 hat sich die durchschnittliche Rechenleistung eines PC verzehntausendfacht.

Zur gleichen Zeit veränderte sich in vielen westlichen Ländern auch die Art, wie Eltern mit ihren Kindern umgingen. Die Erziehung wurde, wie wir gesehen haben, stetig beschützender und ängstlicher.[69]

Erklärbar ist diese Veränderung neben der permanenten Verfügbarkeit des Internets auch mit dem Aufstieg des Kabel- und Privatfernsehens. Plötzlich waren Nachrichten und Kurzmeldungen über den Fernseher und den Computer rund um die Uhr abrufbar. Und wie Medien nun mal sind, ging es meistens um schlimme Dinge. Mord, Totschlag, Kindesentführungen. Obwohl in dieser Zeit die Kriminalitätsraten nicht anstiegen, entstand durch die permanente mediale Präsenz von Gewalt eine verzerrte Wahrnehmung: Da draußen wird es immer schlimmer!

Vor ein paar Jahren habe ich bei einer Veranstaltung das Publikum gefragt: »Stellen Sie sich vor, Sie haben eine 16 Jahre alte Tochter. Wer von Ihnen wäre bereit, sie nachts um drei Uhr abzuholen?« So gut wie alle Finger gingen hoch. Dann habe ich gefragt: »Wer von Ihnen wäre mit 16 auf die Idee gekommen, nachts um drei Uhr seine Eltern anzurufen?« Da gingen alle Finger runter. War eine andere Zeit damals.

Im Jahr 2004 hatte ein junger Harvard-Student für Psychologie und Informatik die Idee, eine Seite online zu stellen, auf der sich Studenten öffentlich miteinander vernetzen können. Die Seite mit dem Namen Facebook fand rasch Anklang unter den jungen Leuten und die Mitgliederzahl wuchs rapide an. Mark Zuckerberg läutete das Zeitalter der sozialen Medien ein.

Damals kamen mehrere wegweisende Technologietrends zusammen: die flächendeckende Verbreitung von schnellem Breitbandnetz, die Einführung des iPhones im Jahr 2007 und die exponentiell wachsende Begeisterung für die sozialen Medien.

Dadurch ging alles sehr schnell: 2009 richtete Facebook die Like- und die Share-Funktion ein. 2010 lieferte Apple das iPhone 4 aus, das erste Smartphone mit einer Frontkamera. Im selben Jahr kam Instagram auf den Markt. Ein neues soziales Medium, das nicht Texte, sondern Bilder in den Vordergrund stellte und das nur auf dem Smartphone lief. Das Posten von Selfies begann.

Zu diesem Zeitpunkt hatten die großen IT-Konzerne im Silicon Valley schon längst erkannt, wie man mit seinen Usern Geld verdienen kann: indem man die Unmengen von Daten, die die Nutzer durch das Surfen in den sozialen Medien produzieren, für ein lukratives Werbegeschäft nutzt. Alleine der Facebook-Konzern Meta verarbeitet und analysiert etwa vier Millionen Gigabyte an Daten pro Tag.[70] Dadurch weiß Mark Zuckerberg mehr über meine Reisegewohnheiten, meine Zukunftspläne, meine finanzielle Situation und meine sexuellen, religiösen und politischen Einstellungen als meine Frau.

Natürlich ist klar, dass diese Informationen für viele Unternehmen hochinteressant sind. Heute kann der Handelsriese Target aus dem Kaufverhalten junger Frauen erkennen, ob sie schwanger sind. Oftmals sogar früher, als es den Frauen selbst bewusst ist. Statt einen Termin beim Gynäkologen zu vereinbaren, sollten Sie demnächst einfach mal an der Supermarktkasse fragen: »Und? Was wird's denn?«

Diese Form der Transparenz verursacht bei vielen ein mulmiges Gefühl. Daher schlage ich seit Neuestem zurück und kaufe einmal die Woche zwei, drei Produkte, die überhaupt nicht zueinanderpassen: eine Flasche Weizenkorn, zwei Rollen Zahnseide und die *Emma*. Dann stelle ich mir vor, wie die Datenbank-Experten von Rewe vollkommen verwirrt auf meine Einkaufsliste starren. »Was zum Teufel ist das für ein Konsument? In welches soziodemografische Cluster fällt der bloß? Könnte es vielleicht sogar sein, dass er schwanger ist?«

Moderne Algorithmen haben sich zweifellos zu unschätzbaren Werkzeugen entwickelt. Mit ihrer Hilfe können wir Unwetter vorausberechnen, wir können Logistikketten optimieren und mit Leuten aus aller Welt Handel betreiben. Vor einiger Zeit hat mein Nachbar seinen alten Mercedes über eBay an einen Händler in Marokko verkauft. Und keine zwei Wochen später wurde der Wagen im Libanon als Autobombe benutzt.

Okay, das war natürlich gelogen. Kein Araber würde ernsthaft seinen geliebten Mercedes in die Luft jagen.

Inzwischen kann ein Computer besser beurteilen, ob Sie kreditwürdig sind, als ein Bankangestellter. Der Algorithmus analysiert dabei Unmengen von Daten und weist Ihnen einen bestimmten Score-Wert zu. Ist er zu schlecht, rät er der Bank, den Kredit zu verweigern.

Das Problem dabei ist, dass man oft gar nicht feststellen kann, aufgrund welcher Kriterien die Ablehnung zustande kam. Wenn Sie also den Bankangestellten fragen: »Aber warum?« Dann kann er nur mit den Achseln zucken und antworten: »Keine Ahnung, der Computer hat Nein gesagt.«

»Ja, aber warum hat er Nein gesagt?«

»Tja, das wissen wir nicht. Vielleicht hat er etwas auf X über Sie gefunden, das ihm nicht passt.«

Das ist ziemlich verstörend. Der Algorithmus lehnt Sie nicht ab, weil Sie einer bestimmten Gruppe angehören, die nicht besonders kreditwürdig ist. Er lehnt Sie ab, weil Sie Sie sind. Es gibt irgendetwas an Ihnen, das der Computer nicht leiden kann. Aber er kann Ihnen nicht sagen, was es ist. Denn sonst könnten Sie ja Abhilfe schaffen, das Missverständnis aus dem Weg räumen oder dagegen klagen. Es ist zu befürchten, dass wir in Zukunft diesen Systemen viel mehr ausgeliefert sein werden, als wir das heute schon sind.

All das veranlasst uns jedoch nicht, die sozialen Medien zu meiden. Ganz im Gegenteil. In Deutschland sind etwa 80 Prozent der Bevölkerung auf diesen Kanälen unterwegs, täglich im Schnitt 1,5 Stunden. Tendenz steigend.[71] Schätzungen zufolge verbringt etwa ein Drittel aller Teens mehr als 20 Stunden pro Woche mit den sozialen Medien. Das entspricht einem Halbtagsjob.[72]

Kein Wunder, denn die Programmierer im Silicon Valley setzen alles daran, dass wir möglichst viel Zeit auf ihren Plattformen verbringen. Christian Montag, Professor für Molekulare Psychologie, untersucht seit Jahren unser Internetverhalten. Er spricht davon, dass die IT-Konzerne dafür ausgeklügelte psychologische Kniffe nutzen.[73] Jeder Tweet, jedes Foto und jeder Clip, der uns vom Algorithmus angeboten wird, führt gezielt dazu, unser individuelles neuronales Belohnungssystem anzuregen. Genauso wie das Drogen tun.

Während stoffgebundene Süchte wie Alkohol-, Nikotin- oder Kokainsucht direkt mit einer bestimmten Substanz verbunden sind, macht das Smartphone indirekt süchtig. Jedes Mal wenn wir ein Like bekommen, werden körpereigene Hormone und Neurotransmitter produziert. Wir sehen ein Like und fühlen uns gut. Und um uns weiterhin gut zu fühlen, greifen wir gleich noch mal zum Smartphone. Salopp gesagt ist das Handy die moderne Injektionsnadel, die uns 24 Stunden lang digitale Dopaminkicks liefert.

In der sehr zu empfehlenden Netflix-Dokumentation *The Social Dilemma* geben führende Manager von Facebook, Google und Apple zu, anfangs zumindest eine grobe Ahnung davon gehabt zu haben, dass sie mit diesen suchterzeugenden Methoden die Büchse der Pandora öffnen würden. »Gott allein weiß, was das mit den Gehirnen unserer Kinder macht. Aber wir taten es trotzdem«, sagt unter anderem Sean Parker, der als Berater mitgeholfen hat, Facebook groß zu machen.[74]

Vielen Eltern ist nicht bewusst, dass ihre Kinder Smartphone-süchtig sind (vielleicht, weil sie selbst schon lange an der Nadel hängen). Dabei wurde ihre Sucht längst diagnostiziert. Von den Verursachern. YouTube, TikTok und Instagram haben bereits sehr genau analysiert, wer wie süchtig ist, und haben die jeweilige Dosis individuell angepasst. Es ist wie mit jeder anderen Droge auch. Der Dealer weiß im Zweifel mehr über seinen Kunden als das private Umfeld.

Warum aber behandelt jemand seine Kunden so? Ganz einfach: Weil die Nutzer der sozialen Medien nicht die Kunden sind. Wir Nutzer sind die Ware, wir sind das Produkt. Die Kunden sind die großen Firmen, die Werbung schalten, womit die Social-Media-Konzerne ihr Geld verdienen.

Vor 15 Jahren war kaum jemandem klar, welche schädlichen Auswirkungen Smartphones und soziale Medien haben würden. Heute wissen wir es. Und diese Auswirkungen sind besonders bei jungen Menschen verheerend.

Noch in den 2000er Jahren gab es kaum Anzeichen dafür, dass die psychische Gesundheit von Jugendlichen bedroht war. Das änderte sich Anfang der 2010er Jahre schlagartig, als die sozialen Netzwerke den Like- und den Share-Button einführten. Das veränderte die komplette Dynamik der Onlinewelt. Plötzlich ging es nicht mehr um das Betrachten von Inhalten und Bildern, es ging um das Bewerten und Beurteilen.

Seitdem lässt sich bei Teenagern aller Bildungsschichten, sozialen Klassen und Ethnien überall auf der Welt eine rapide Zunahme von Angststörungen, Depressionen und Selbstverletzungen feststellen.

Und obwohl vielen Jugendlichen die Gefahr inzwischen selbst bewusst ist, zieht sie die suchterzeugende Wirkung der Plattformen immer stärker in den Bann. Sie kapseln sich vom normalen Leben ab und fühlen sich dadurch ängstlicher und verlorener.

Als 2020 Covid über die Welt hereinbrach, wurde immer wieder von Social Distancing gesprochen. In Wahrheit haben die Jugendlichen damit schon zehn Jahre vorher angefangen.[75]

Wie ich bereits erwähnt habe, sind Menschen soziale Wesen. Wir alle haben das Bedürfnis nach Zugehörigkeit und Anerkennung. Wir wollen gemocht werden. Daher stresst es uns massiv, von anderen beurteilt zu werden.

Von dem Komiker Jerry Seinfeld stammt der kluge Witz: »Studien zufolge ist die größte Angst des Menschen das Sprechen in der Öffentlichkeit. Erst an zweiter Stelle kommt die Angst vor dem Tod. Daher ist es bei einer Beerdigung für die allermeisten angenehmer, im Sarg zu liegen, als die Trauerrede zu halten.«

Wenn junge Mädchen auf Instagram gehen, tun sie das, weil sie eigentlich zwischenmenschliche Begegnungen und Gemeinschaft suchen. Doch das ist eine Illusion. In Wahrheit ist Instagram die wahrscheinlich brutalste Vergleichsmaschine, die je erfunden wurde. Bin ich genauso hübsch, genauso cool und genauso beliebt wie die anderen?

Heute bekommen viele Kinder von ihren Eltern permanent gesagt, dass sie die Tollsten und Besten sind. Dann aber bekommen sie ihr erstes Smartphone, gehen ins Netz und sehen: Das stimmt ja gar nicht. Eigentlich bin ich ein Niemand. Ich habe wenig Reichweite, kaum Follower und bekomme für ein Foto keine tausend Likes. Im Gegenteil: Die paar wenigen, die meine Bilder anschauen, machen auch noch gehässige Bemerkungen über mich.

Bei dem Topmodel, dem alle folgen, ist das ganz anders. Die sieht super aus und hat zudem 1,8 Millionen Follower. Wie macht die das nur? Neulich hat sie sogar geschrieben: »Ja, ich weiß, wie es sich anfühlt, hässlich zu sein, denn ich war in der Schule hässlich und ich wurde dafür gemobbt.« Models auf Instagram wollen immer den Eindruck erwecken, dass sie so sind wie wir. So normal. Aber das ist, als würde ich zu einem Rollstuhlfahrer gehen und sagen: »Ja, ich weiß, wie sich das anfühlt, nicht laufen zu können. Das ging mir die ersten zwölf Monate meines Lebens auch so …«

Jesus, Buddha, Kant und alle großen Philosophen ermahnen uns, nicht vorschnell zu urteilen, überlegt zu handeln und darauf zu achten, nicht mit zweierlei Maß zu messen. Bevor wir andere kritisieren, sollten wir innehalten und zuerst unser eigenes Verhalten überprüfen.

Das Evangelium von TikTok, Instagram und X lautet anders. Sie ermuntern uns, schnell, brutal und öffentlich zu urteilen, ohne Rücksicht auf den Menschen, der sich dahinter verbirgt.

Andererseits hatte dieser Jesus mit seinen dreißig Jahren gerade mal zwölf Follower. Super lame! Und von denen hat ihn auch noch einer geghostet und der andere hat bei seinen

Hatern einen massiven Shitstorm geleakt. Wie cringe ist das denn!

Jonathan Haidt hat in seinem *New York Times*-Bestseller *Generation Angst* intensiv die Daten- und Studienlage zum Social-Media-Konsum analysiert und zieht auf vielen Ebenen ein ernüchterndes Fazit.[76]

Unter anderem beobachtet er, dass heutige Jugendliche im Vergleich zu allen vorigen Generationen weniger feiern, weniger Sex haben, weniger Drogen nehmen und weniger Alkohol trinken. Sie werden immer braver und gehen immer weniger Risiken ein.

Im ersten Moment klingt das positiv. Die Kehrseite allerdings ist: Sie tun das nicht, weil sie vernünftiger oder klüger sind als die Vorgängergenerationen in diesem Alter, sondern weil ihnen das echte Leben immer bedrohlicher erscheint.

Ihre Ängste werden jedoch nicht durch eine reale äußere Bedrohung ausgelöst. Zahlreiche Studien zeigen: Immer wenn es zu einer wirtschaftlichen Krise kommt, einer Kriegsgefahr oder einer Naturkatastrophe, isolieren sich die Menschen nicht voneinander, sondern wachsen zusammen. Sie zeigen ein höheres Maß an Kooperation. Außerdem fühlen sie sich kämpferisch und überhaupt nicht entmutigt. Menschen werden nicht depressiv durch eine hohe Staatsverschuldung, durch Überbevölkerung oder Umweltzerstörung.[77]

Demnach ist die lähmende Lethargie, die viele Jugendliche angesichts des Klimawandels durchleben, nicht in erster Linie durch das Ereignis selbst erklärbar. Viel plausibler ist es, dass Jugendliche durch die Smartphone-Nutzung depressiv werden und diese Depression dann auf ein äußeres Ereignis projizieren, das aber nicht der eigentliche Grund für ihre Angst ist.

Ein weiteres seltsames Merkmal der jungen Generation ist ihr zunehmender Hang zur Regeltreue, wie der Generationenforscher Rüdiger Maas beobachten konnte. Junge Menschen werden nicht nur braver, sondern streben wie keine andere Generation vor ihnen in die Anpassung, in den Konformismus.

Auch das konnte man in der Coronakrise beobachten. Damals schätzten die meisten Zwanzigjährigen die Regeln, Verbote und Einschränkungen als angemessen ein. Rebellion und Widerstand kam nicht aus ihrer Generation, sondern von ihren Eltern und Großeltern. Während die Alten bei jeder Coronademo gegen die Regierung auf die Straße gingen, saßen ihre Kinder sittsam zu Hause und schüttelten über ihre unvernünftigen Eltern verständnislos den Kopf.

Als Boomer kann ich mich gut erinnern: Wir waren von dem intensiven Wunsch geprägt, uns von den Alten abzugrenzen und gegen gesellschaftliche Normen und Autoritäten aufzubegehren. Jede Generation koppelt sich biografisch von den Eltern ab. Wenn uns irgendein Spießer etwas sagen wollte, schalteten wir wie selbstverständlich auf Widerstand. Wir wollten anders sein als »die da oben«. Reibung, Provokation und Aufbegehren gehörten zu unserem Erwachsenwerden. Abgrenzung war Teil unserer Identität. Daher existierten zu dem Zeitpunkt auch unzählige Subkulturen, Gruppierungen und Gegenbewegungen. Es gab die karrieregeilen Yuppies, die verwöhnten Popper, die alternative Müsli-Fraktion oder die fatalistischen No-Future-Typen. In der Musik gab es Punks, die die Hippies doof fanden, die Rapper fühlten sich den Metallern überlegen, Hip-Hop, Neue Deutsche Welle, Pop, Schlager, Rave, Gothic, Grunge und Crossover existierten nebeneinander und kämpften um die jeweilige Vorherrschaft. Für jeden gab es eine spezielle Nische und eine Distanzierung von allen anderen.

Der Superstar der heutigen Generation ist Taylor Swift, von der selbst viele ihrer Fans sagen, ihre Songs seien so angenehm nett und harmlos. Ihre Musik tut nicht weh, man kann sich nicht an ihr reiben, sie hat keine Ecken und Kanten. Auf ihren Konzerten fühlt man sich geborgen wie auf einer sicheren Wolke. Taylor Swift ist der personifizierte Safe Space für eine Generation, die sich vom echten Leben eingeschüchtert fühlt.

Als Kind habe ich Fernsehauftritte von James Brown, Joe Cocker, Tina Turner oder Meat Loaf miterlebt. Die waren gerade mal drei Minuten auf der Bühne und haben aus allen Poren geschwitzt. Innerhalb von zwei Liedern haben die die Hütte abgebrannt und waren körperlich an ihrer Grenze. Heute geht Taylor Swift nach zwei Stunden von der Bühne, lächelt fast schüchtern und sieht dabei aus wie aus dem Ei gepellt. Es ist eine andere Generation.

Rüdiger Maas bezeichnet die heutigen Jugendlichen als Neo-Konventionalisten. Das Streben nach Zugehörigkeit und der Wunsch nach einem harmonischen Gemeinschaftsgefühl sind in dieser Generation so ausgeprägt wie nie zuvor.[78]

Zahlreiche Studien zeigen, dass es innerhalb der aktuellen Jugendkultur kaum noch Gegenbewegungen gibt. Dadurch findet auch deutlich weniger Reibung statt. Ein Großteil der Jugendlichen sucht händeringend Struktur und Ordnung und übernimmt im Zweifel die bereits vorgegebenen Werte und Weltbilder.

So waren zum Beispiel auch die jungen Klimakleber keine Rebellen, sondern das genaue Gegenteil. Denn sie wollten ja exakt das, was sämtliche westliche Regierungschefs auch wollen. Nur eben etwas schneller, härter und konsequenter. Die »Letzte Generation« war in ihrer Hochphase die erste »Rebellion«, die nicht gegen die Regierung rebellierte, sondern mehr von dem forderte, was die Regierung sowieso will.

Derzeit geben über zwei Drittel der Zwanzigjährigen an, bei ihren Lebenswegentscheidungen maßgeblich auf ihre Eltern zu hören. Vor 15 Jahren war es gerade mal ein Drittel.[79] Der Rest verlässt sich auf Influencer oder Bewertungsportale. Die Bildung einer eigenständigen Meinung wird als absurd angesehen. Viele wissen überhaupt nicht mehr, was damit gemeint ist. Bei Umfragen geben nur 5 Prozent der jungen Menschen an, sich eine wirklich eigene, unabhängige Meinung zu bilden.[80]

Die Ironie dabei ist: Noch nie wurde unter den Jungen das »Individuum« intensiver abgefeiert als heute. »Be yourself« heißt es allerorten. Und noch nie sind diese »Individualisten« stärker dem Mainstream gefolgt. Man will dazugehören und ist fixiert auf Regeln und Struktur, weil man nie gewohnt war, sich selbst zu fragen: Was will *ich* denn eigentlich? Wer bin ich überhaupt?

Die heutigen Jugendlichen werden als »Snowflakes« bezeichnet. So individuell wie eine Schneeflocke, aber auch so fragil. Und wenn sie auf dem Boden aufkommen, gehen sie in der Masse auf – oder schmelzen.

Dieses Phänomen ist gleichermaßen mit der übergroßen Macht der sozialen Medien erklärbar. Jonathan Haidt jedenfalls ist davon überzeugt: Social-Media-Plattformen sind die effizientesten Konformitätsmaschinen, die jemals erfunden wurden; sie besitzen eine gleichmachende Kraft, die die Konsumenten in einen herdenartigen Mainstream-Modus versetzen.

Jugendliche lernen sehr schnell, dass in den sozialen Medien jede kleinste Abweichung von der Norm, jede Äußerung, die auch nur einen Millimeter außerhalb der Mehrheitsmeinung liegt, sofort mit Argwohn, Spott oder Beleidigungen sanktioniert wird. Aus Furcht vor sozialer Zurückweisung verhalten sie sich im Netz immer angepasster und vorsichtiger und tun sich gleichzeitig immer schwerer, Menschen mit einer anderen Meinung zu akzeptieren. Social-Media-Konsum »erzieht« die Jugendlichen zu einem pauschalen Schwarz-Weiß-Denken und vermindert, was die Forschung Ambiguitätstoleranz nennt: das Aushaltenkönnen von Widersprüchen und Mehrdeutigkeiten, also die Fähigkeit, dem anderen sowohl positive wie negative Wesenszüge zugestehen zu können. Zu all dem scheinen junge Menschen immer weniger in der Lage zu sein.

Ich schreibe das völlig ohne Häme (zumal diese Entwicklung uns Erwachsene ja genauso betrifft). Die Schuld liegt nicht bei den Jugendlichen. Wie jede andere Generation vor ihnen, reagieren sie mit ihrem Verhalten lediglich auf gesellschaftliche Strömungen und äußere Einflüsse.

Möglicherweise denken Sie jetzt: »Na ja, das wächst sich im Alter ja wieder aus …« Immer mehr Forschungsergebnisse weisen jedoch darauf hin, dass sich der exzessive Konsum von sozialen Medien im Kindes- und Jugendalter irreversibel auf das Gehirn der jungen Menschen auswirkt.

Meine Schwägerin ist promovierte Sportwissenschaftlerin und führt seit fast dreißig Jahren in ganz Österreich Bewegungsprogramme für Grundschulkinder durch. Schon seit längerer Zeit beobachtet sie, dass Kinder immer weniger in der Lage sind, Entfernungen und Abstände richtig einzuschätzen. Außerdem haben sie selbst bei einfachsten Übungen erhebliche Koordinationsprobleme. Kein Wunder, wer schon mit drei Jahren mit einem Tablet ruhiggestellt wird und dadurch die Welt nur in zwei Dimensionen erfährt, ist in der realen, dreidimensionalen Welt überfordert.

In den USA gibt es Siebtklässler, Zwölfjährige, die noch nie in ihrem Leben Fleisch schneiden durften, weil ihre

Eltern die Benutzung eines Steakbesteckes für zu gefährlich erachten.

Immer mehr Spielplätze sind inzwischen so konzipiert und gebaut, dass keinerlei Risiko für die Kinder besteht. Die Kleinen haben praktisch keine Chance mehr, sich weh zu tun. Und das ist falsch. Denn Kinder können nur in Situationen lernen, in denen es möglich ist, sich zu verletzen. Beim Spielen ist ein gewisses Maß an Risiko unabdingbar, um Erfahrungen zu machen, mit deren Hilfe man später im Leben zurechtkommt.

Durch die Digitalgeräte sind diese Erfahrungen erst recht nicht möglich. Jonathan Haidt erklärt dieses Dilemma folgendermaßen: »Es ist ungefähr so, als gäben wir unseren Kindern Tablets mit Filmen über das Laufen, doch diese Filme sind für die Kleinen so fesselnd, dass sich die Kids nie die Mühe machen, tatsächlich laufen zu lernen.«[81]

Die größte Stärke gegenüber allen anderen Lebewesen ist unsere Lernfähigkeit. Die Evolution hat uns mit einer ausgedehnten Kindheit ausgestattet, damit wir genügend Zeit haben, um Unmengen an hochkomplexen Dingen zu erlernen, die in einem sozialen Gefüge wichtig sind. Bis unser Gehirn die volle Leistungsfähigkeit abrufen kann, dauert es deshalb ewig. Wenn wir geboren werden, hat es nur etwa 30 Prozent seiner endgültigen Größe erreicht. In dieser Phase sind wir vollkommen hilflos. In den ersten sechs Lebensjahren wächst es auf 90 Prozent an und hat erst mit 23 Jahren seine volle Leistungsstärke erreicht. Absurderweise sind wir zu diesem Zeitpunkt bereits zehn Jahre geschlechtsreif: Unser Hirn hinkt unseren Hoden zehn Jahre hinterher.[82]

Das ist so, weil das sehr langsame Gehirnwachstum die Grundvoraussetzung für Lernfähigkeit ist. Gegenbeispiel: Flussbarsche. Die haben bei ihrer Geburt bereits ein vollständig entwickeltes Gehirn. Da kommt nichts mehr dazu.

Und genau deswegen sind sie doof wie ein Kastenweißbrot. Lernfähigkeit gleich null. Das Flussbarschmännchen betreibt einen irrsinnigen Aufwand, um sich zu paaren. Aber in dem Moment, in dem die Jungen schlüpfen, sagt es sich: Ooooh – Futter!!! Flussbarsche fressen ihren eigenen Nachwuchs, weil sie zu doof sind, ihn zu erkennen.

Ganz anders der Mensch. Wir päppeln unsere Kinder auf, bringen ihnen Lesen, Schreiben, Rechnen und Fahrradfahren bei. Wir finanzieren ihnen die Ausbildung, das Studium, die Hochzeit. Wir helfen aus, damit sie sich ein Reihenhäuschen kaufen können; nehmen ihre Kinder übers Wochenende, damit sie den Selbsterfahrungsworkshop machen können; und lassen sie schließlich wieder bei uns einziehen, weil der feine Herr Schwiegersohn seit drei Monaten eine Affäre mit seiner Kollegin hat.

So doof sind Flussbarsche eigentlich gar nicht …

Was ich damit sagen möchte: Obwohl unser Gehirn das ganze Leben lang dynamisch und veränderungsfähig bleibt, können einige Fähigkeiten später nicht mehr nachgelernt werden, wenn wir sie in einer frühen Entwicklungsphase verpasst haben.

Mit fünf Jahren besitzen wir zwar ein kleineres Gehirn als im Erwachsenenalter, unser kindliches Gehirn verfügt interessanterweise aber über viel mehr Neuronen und Synapsen als später. Stück für Stück werden die bei unserer Hirnentwicklung zurückgebaut, was man als selektives Beschneiden (Pruning) bezeichnet. Am Ende bleiben nur die Verbindungen übrig, die regelmäßig genutzt werden.

Der zweite Prozess, der in einem kindlichen Gehirn abläuft, ist die sogenannte Myelinisierung. Myelin ist eine fettreiche Substanz, die sich um die Axone, die Fortsätze der Neuronen, wickelt und eine elektrisch isolierende Hülle bildet.

Durch Pruning und Myelinisierung wird das kindliche Gehirn zwar effizienter, gleichzeitig rastet es langsam in eine adulte Konfiguration ein, vergleichbar mit dem Aushärten von Zement.

Dieser Prozess läuft in verschiedenen Teilen des Gehirns zu verschiedenen Zeiten ab, und jedes »Aushärten« kennzeichnet potenziell das Ende der jeweiligen sensiblen Phase.[83]

So ist zum Beispiel das Erlernen von Empathie ein komplexer Prozess, der sich im frühen Kindesalter Stück für Stück entwickelt. Nach dieser Zeit kann Empathie nicht mehr nachgelernt werden und man wird sein ganzes Leben lang Schwierigkeiten haben, die Gefühle von anderen richtig zu interpretieren.

Genau das ist das große Problem bei frühkindlicher Smartphone-Nutzung Forscher konnten zeigen, dass Kinder dadurch deutlich weniger in der Lage sind, sich in andere hineinzuversetzen.[84]

Wenn ich im Sandkasten meinem Spielkameraden eine Schippe über den Kopf ziehe, realisiere ich direkt, was ich angerichtet habe. Durch diese Erfahrungen entwickeln Kinder ein Verständnis von Sensibilität, Empathie und Mitmenschlichkeit. Bei Videospielen ist das nicht der Fall. Wenn auf dem Bildschirm Super Mario eine Klippe hinunterstürzt, startet man das Spiel einfach neu.

Die digitale Revolution hat unser Leben radikal verändert. Wir alle tun uns schwer, dem rauschhaften Sog der sozialen Medien zu widerstehen. Vernunft und Rationalität drohen im ständigen Strom der News, Tweets und Clips unterzugehen, und stattdessen dominiert das Emotionale und nistet sich in unserem Bewusstsein ein.

Die Algorithmen der großen IT-Konzerne tragen eine maßgebliche Verantwortung dafür, dass es in den vergangenen Jahren zu einer erheblichen Verzerrung von Realität und einer starken Gewichtung von Gefühlen kam. Sie triggern viele unserer unangenehmen Eigenschaften: Misstrauen, Neid, Häme und Abwertung.

Der Schriftsteller Rolf Dobelli vergleicht unser digitales Medienverhalten mit dem Konsum von Zucker.[85] Die vielen kurzen Inhalte, die uns auf dem Smartphone Tag für Tag zugespielt werden, sind appetitlich, leicht verdaulich – und gleichzeitig höchst schädlich. Soziale Medien füttern uns permanent mit kleinen Häppchen trivialer Geschichten, mit Leckerbissen, die aber unseren Hunger nach Wissen und Erkenntnis nicht stillen. Es tritt keine Sättigung und erst recht keine Befriedigung ein, sondern nur der Wunsch nach noch mehr Junk. Und wie bei exzessivem Zuckerkonsum zeigen sich die fatalen Nebenwirkungen erst mit Verzögerung.

Stück für Stück – und meist auch unbewusst – haben wir uns den Algorithmen unterworfen und die Deutungshoheit über die Realität einer Nerdelite aus Techkonzernen an der amerikanischen Westküste überlassen.

Es ist leider keine Übertreibung zu behaupten, dass Google, YouTube, Facebook und X in Bezug auf die von ihnen kontrollierten Informationen zusammen mehr Macht haben als die Politik. Wenn Wissen Macht ist, sind diese Social-Media-Giganten sehr mächtig. Insbesondere, weil Algorithmen entscheiden, welche Informationen wir bekommen und welche nicht. So wird es immer schwerer, Dinge kritisch und unabhängig zu hinterfragen und auf den Prüfstand zu stellen. Wenn ich etwas recherchieren möchte, wo schaue ich üblicherweise nach? Richtig, bei Google. Was aber, wenn mir der Google-Algorithmus gar nicht die (ganze) Wahrheit zeigt? Was, wenn die Suchmaschine selbst kein neutrales Informationsmittel mehr ist?

Geben Sie bei der Bildersuche in Google einfach mal den harmlosen Begriff »White Family« ein. Sie werden von den Fotos, die Ihnen präsentiert werden, sehr überrascht sein. Oder fragen Sie die Suchmaschine nach »European Art«. Auch in diesem Fall spiegelt das Ergebnis nicht unbedingt die historische Realität wider.

Schon länger ist unter Datenschützern das Phänomen bekannt, dass uns die Suchfunktionen der großen IT-Konzerne nicht immer das anzeigen, was ist, sondern das, was sie als gesellschaftspolitisch erwünscht ansehen. Sie sind zu Meinungsmaschinen geworden. Die Informationsplattformen werden immer manipulativer, bis hin zur Verfälschung der Wahrheit.

Für unser unabhängiges, eigenständiges Denken ist das fatal. Und mit dem Aufkommen von künstlicher Intelligenz wird es noch dramatischer. Ich habe neulich auf YouTube ein total krasses Deepfake-Video gesehen. Eine Computeranimation, in der deutsche Politiker in Kleinkindsprache über Weltpolitik reden. Täuschend echt gemacht. Und plötzlich habe ich gemerkt: Es ist der Livestream einer Parlamentsdebatte.

Angenommen, es hätte vor fünfhundert Jahren schon ChatGPT gegeben. Dann hätte uns dieses Wunderding vollkommen nachvollziehbar und widerspruchsfrei erklärt, warum sich die Sonne um die Erde dreht. Denn ChatGPT liefert keine neuen, überraschenden Ideen. Es durchforstet das Netz nach Informationen, die sowieso schon vorhanden sind, und spuckt etwas aus, was sich nach eigenen Gedanken anhört. Künstliche Intelligenzen simulieren selbstständiges Denken. In Wahrheit jedoch sind sie nichts weiter als ein Gradmesser der aktuellen Unwissenheit. Und wenn Sie dem System eine politisch unkorrekte Frage stellen, wie zum Beispiel: »Hat der Prophet Mohammed eigenhändig Menschen getötet?«, dann druckst die Maschine um eine konkrete Antwort ähnlich diffus herum wie die Antirassismus-Beauftragte der Bundesregierung.

Kein einziger Algorithmus kann uns so etwas Fundamentales wie kritisches Denken abnehmen. Weil ein Algorithmus nicht denkt. Eine Maschine ohne Bewusstsein kennt keine Kreativität, keine Neugier und keine Fantasie. Sie kann uns zwar viel zeigen, aber sie hat uns nichts zu sagen. Sie ist wie die französische Schlagersängerin Mireille Mathieu: Die sang glühende Liebeslieder auf Deutsch – und verstand kein Wort davon.

Daher sollten wir uns ernsthaft fragen, wie wir in Zukunft mit diesen Technologien umgehen wollen.

Vor gerade mal vierzig Jahren eröffnete uns der Commodore 64 eine gänzlich neue, faszinierende Welt. Eine Welt, in der es mit der Zeit immer schwerer wurde, Vernunft, Besonnenheit und eigenständige Gedanken walten zu lassen. Oder, noch konkreter: Auch durch diese Technologie sind die Ideale der Aufklärung bedroht.

Vielleicht brauchen wir als Gesellschaft eine konsequente digitale Entgiftung. Kein Facebook mehr, kein TikTok und kein Insta. Ich jedenfalls fange gleich morgen damit an. Oder übermorgen. Oder vielleicht doch erst nächstes Jahr …

WER DENKEN WILL, MUSS FÜHLEN

Unsere Welt präsentiert sich inzwischen auf vielen unterschiedlichen Ebenen irrational und emotional aufgeladen. Appelle zu mehr Vernunft und zum rationalen Vorgehen verpuffen schneller als je zuvor, gegen kurze, emotionale Reels auf TikTok und knackig formulierte Zweizeiler auf X haben sie keine Chance. Diese Plattformen liefern heute die Grundlage dafür, wie wir die Realität wahrnehmen und bewerten. Eigenständiges Denken ist viel zu langwierig und anstrengend. Fühlen macht wesentlich weniger Arbeit.

Wie steht es mit Ihnen? Entscheiden Sie mit dem Bauch oder mit dem Kopf, ob Sie mit dem Kopf oder dem Bauch entscheiden sollen? Sind Sie eher Denker oder Fühler? Fühlen Sie, dass Sie glauben? Oder denken Sie, dass Sie fühlen?

Ich muss nicht lange darüber nachdenken. Ich bin auf jeden Fall Denker. Glaube ich zumindest. Denn beim Fühlen kann man sich ganz schön irren.

Dazu eine kleine Denksportaufgabe: Ein Schläger und ein Ball kosten zusammen 1,10 Euro. Der Schläger ist um einen Euro teurer als der Ball. Wie viel Cent kostet der Ball? Wenn Sie nach ihrem Gefühl gehen, ist die Antwort klar: zehn Cent. Bei längerem Nachdenken werden Sie merken, dass die richtige Antwort »fünf Cent« lautet.

Diese Frage ist Teil des sogenannten Cognitive Reflection Test, der 2005 von dem Yale-Professor Shane Frederick entwickelt wurde. Der Test besteht aus mehreren scheinbar simplen Fragen, die jedoch allesamt eine tiefer gehende analytische Denkweise erfordern, um sie richtig zu beantworten. Der Test zielt darauf ab, impulsives, intuitives Denken von reflektierendem, analytischem Denken zu unterscheiden. Interessanterweise zeigt sich dabei, dass Menschen mit einer geringeren Willenskraft bei dem Test deutlich schlechter abschneiden. Kein Wunder, denn rationales Abwägen erfordert wesentlich mehr Disziplin und Energie, als sich einfach nur seinem Bauchgefühl hinzugeben.

Wenn man also der Wahrheit auf den Grund gehen will, sollte man sich nicht allzu sehr auf sein Gefühl verlassen. Stattdessen lohnt es sich, etwas länger darüber nachzudenken und das Problem aus einer anderen Perspektive zu betrachten. Das ist keine Frage von Intelligenz. Die Menschen, die die Erde für eine Scheibe hielten, waren ja nicht doof, sie sind einfach nur nicht besonders weit herumgekommen. Und sie haben sich vollkommen selbstverständlich auf ihre Intuition verlassen: Wenn ich uff's Meer guck, isses flach …

Die modernen Wissenschaften haben nicht zuletzt deswegen so unfassbar viele folgenreiche Erkenntnisse gewonnen, weil sie Gefühle durch Vernunft ersetzt haben. Aber obwohl wir in unserem tagtäglichen Leben Hunderte von Dingen benutzen, die auf der Grundlage unendlich langen Nachdenkens entstanden sind, lassen wir uns von der Kraft der Rationalität nicht besonders beeindrucken.

Ein Maschinenbauingenieur kann beim ersten Date der Dame seines Herzens noch so detailreich die Funktionsweise einer Zylinderkopfdichtung erklären – gegen einen Mitbewerber, der sich im Restaurant ans Klavier setzt und ihr *I just called to say I love you* ins Ohr klimpert, hat er keine Chance.

Was daran liegt, dass wir Menschen eben keine besonders

rationalen Wesen sind. Im Kern sind wir nicht vernunft-, sondern gefühlsgesteuert.

Schauen Sie sich den Buchmarkt an. Die weltweiten Bestseller der vergangenen Jahrzehnte sind die Bibel, die Harry-Potter-Reihe und der Ikea-Katalog. Alle drei verkaufen keine Wahrheiten, sondern Illusionen und Gefühle.

Dieser Trend zum Gefühligen hat meines Erachtens stark zugenommen. Wenn Sie in eine Buchhandlung kommen, achten Sie einmal auf das Sortiment. Die Regale quellen über von Büchern über Achtsamkeit, emotionale Intelligenz, Empathie oder das innere Kind, das geheilt werden möchte und irgendwo Heimat finden muss. Eine ganze Nation hört intensiv in sich hinein, beschäftigt sich bis zur Schmerzgrenze mit dem eigenen Seelenleben und steht knietief in einem emotionalen Strom aus Befindlichkeiten. Die exzessive Beschäftigung mit unseren Gefühlen hat fast schon pathologische Züge angenommen.

Nicht, dass Sie mich jetzt falsch verstehen. Gefühle können wichtig sein, wie mir meine Frau glaubhaft versichert hat. Doch sie sind oftmals denkbar schlechte Ratgeber bei dem Verständnis von komplexen Zusammenhängen.

Unglücklicherweise folgen Menschen bei unzähligen Entscheidungen lieber ihren spontanen Gefühlen als ihren rationalen Interessen. Der Psychologe Daniel Kahneman hat einen Nobelpreis bekommen, weil er durch seine Forschung zeigen konnte, dass irrationales Verhalten zu jeder Zeit und in jeder sozialen Schicht anzutreffen ist. Ich zum Beispiel kenne einen brillanten Onkologen, der raucht. Er ist fest davon überzeugt, dass sich sein Krebsrisiko dadurch nicht erhöht, weil er seiner Sucht nur auf dem Krankenhausgelände nachgeht.

Auch ich bin in manchen Situationen nicht besonders rational. So habe ich neulich versucht, bei einem Update den Downloadbalken zu beschleunigen, indem ich meinen Computer zur Seite gekippt habe. Ich brülle auch meinen Couchtisch an, wenn ich mir den kleinen Zeh daran stoße, und wenn mein Auto eine Panne hat, bin ich persönlich von ihm enttäuscht.

Logik ist anscheinend nicht unsere Kernkompetenz. Wir benutzen unser Gehirn nicht primär dazu, um zu verstehen, wie die Welt funktioniert, sondern um uns gut zu fühlen, um andere zu begeistern, zu überzeugen oder manchmal sogar zu beeinflussen.

Der Drang, die Realität zu leugnen oder sie sich zurechtzubiegen, ist erstaunlich verbreitet; die menschliche Fähigkeit zur Selbsttäuschung ist enorm. Wissenschaftler vermuten sogar, dass sich über die Jahrmillionen unsere Intelligenz unter anderem deshalb so stark entwickelt hat, weil wir damit andere erfolgreicher manipulieren können.[86]

Es klingt paradox, aber unsere Neigung, uns in die eigene Tasche zu lügen, bewahrt uns davor, dass unsere Manipulationen auffliegen. Der beste Lügner war schon immer der, der seine eigenen Lügen glaubt.

Menschen sind nur dann massenhaft für etwas zu gewinnen, wenn man gezielt ihre Gefühle anspricht. Wenn Sie dagegen versuchen, bei den anderen an Logik, Vernunft und Rationalität zu appellieren, werden Ihnen nur wenige zuhören.

Würde ein Biochemiker von heute mithilfe einer Zeitmaschine ins antike Mesopotamien reisen und den Priestern dort erklären, dass nicht ein zorniger Gott, sondern der Pilz Thanatephorus cucumeris ihre letzte Ernte vernichtet hat, könnte er froh sein, nicht auf dem Opfertisch zu landen.

Wenn Sie glauben, Sie könnten Menschen für sich einnehmen, indem Sie ihnen erzählen, dass in einem idealen Gas die Geschwindigkeit der Gasteilchen nach der Maxwell-

Boltzmann-Gleichung verteilt ist oder dass Atome eine Ort-Impuls-Unschärfe aufweisen, die dem Planck'schen Wirkungsquantum entspricht, dann viel Spaß.

Das ist vermutlich auch der Grund, weshalb Bücher über Quantenelektrodynamik oder nicht euklidische Geometrie ziemliche Ladenhüter sind. Was ich persönlich sehr schade finde.

Gleichzeitig aber sind die Errungenschaften von Rationalität und Vernunft ohne das gleichzeitige Vorhandensein von Gefühl und Emotionalität überhaupt nicht möglich. Ja, Sie haben richtig gelesen, das habe ich bei vollem Verstand geschrieben …

Nehmen Sie einen Rationalisten reinster Form, einen, den Sie alle kennen: Commander Spock vom *Raumschiff Enterprise*. Bekanntlich stammt Mr Spock von den Vulkaniern ab, einer fiktiven Spezies, deren Denkapparat rein auf den Gesetzen von Logik und Vernunft basiert. Vulkanier haben keine Emotionen. Das Problem an der Sache: Eine solche Kreatur würde sich nicht so verhalten wie die Fernsehfigur.

Ähnlich wie ein Computer, der nur rechnet, aber keinerlei Gefühle hat, käme auch eine solche Person nie auf die Idee, von sich aus etwas zu tun. Wesenszüge wie Neugierde oder Motivation sind mit Rationalität allein nicht erklärbar. Das, was uns im Leben interessiert, welche Vorlieben wir haben, was wir mögen oder ablehnen, ist nur auf die Existenz von Emotionen zurückzuführen. Ohne Gefühle ist unsere Vernunft nicht zu gebrauchen.

Der Supercomputer Deep Blue hat 1996 zwar den Schachweltmeister Garri Kasparow besiegt, aber wenn man Deep Blue fragen würde, ob er lieber die Songs von DJ Bobo oder die von DJ Ötzi mag, wäre er ratlos. Okay, das wären die meisten von uns auch.

Noch in den Achtzigerjahren hielten die Wissenschaftler unser Gehirn für eine Art Supercomputer. Manche glaubten sogar, dass in unserem Oberstübchen Gefühl und Verstand vollkommen getrennt voneinander operieren. Erschüttert wurde diese Vorstellung von dem Neurowissenschaftler António Damásio. In den 1970er Jahren behandelte Damásio einen Anwalt, den er in der späteren Fachliteratur unter »Elliot« vorstellte.[87]

Aufgrund eines aggressiven Gehirntumors musste Elliot ein Teil seines Stirnlappens, des sogenannten präfrontalen Cortex, entfernt werden. Nach dem Eingriff beobachtete man gravierende Veränderungen seiner Persönlichkeit. Ihm fehlte plötzlich der Antrieb, morgens aufzustehen, bei der Arbeit war er zögerlich und unentschlossen. Stundenlang grübelte er darüber nach, wie genau er seinen Schreibtisch aufräumen sollte, und verzettelte sich heillos in belanglosem Klein-Klein. Er wurde entlassen, seine Ehe ging in die Brüche, und er irrte fortan ratlos durchs Leben.

Ich weiß, das erinnert sehr an irgendwelche Typen, die in der VOX-Sendung *Goodbye Deutschland!* nach Mallorca ziehen, um dort mit einem Hundefrisiersalon durchzustarten.

Bei Elliot aber war kognitiv alles in bester Ordnung. Er konnte sich gut artikulieren und hatte keine Gedächtnisprobleme. Sein IQ lag sogar deutlich über dem Durchschnitt. Alle Tests zeigten: Es fehlte ihm weder an Wissen noch an Intelligenz und er erreichte hohe Werte bei psychologischen Tests, mit denen sein moralisches Urteilsvermögen überprüft wurde.

Erst nach einer Weile kam Damásio darauf, dass Elliot bei der Operation etwas anderes verloren hatte: sein Gefühl. Bei der Operation wurden offenbar Areale zerstört, die für die emotionale Wahrnehmung und Bewertung wichtig sind. Elliot war zu einer realen Version von Mr Spock geworden.

Schon länger kann man mit den Methoden der funktionellen Kernspintomografie dem menschlichen Gehirn detailliert beim Denken zusehen. Dabei zeigt sich: Jede noch so belanglose rationale Entscheidung ist mit Gefühlen verknüpft. Emotionen bilden das Schmiermittel der Vernunft. Fehlen sie, wird der Mensch nicht weise, sondern, wie Elliot, handlungsunfähig.

Traditionell wird in der westlichen Philosophie der Vernunft eine größere Bedeutung zugemessen als dem Gefühl. So waren zum Beispiel antike Stoiker wie Seneca der Auffassung, Gefühle seien so etwas wie Denkfehler.[88]

Auch für Platon sollte die Vernunft über allem stehen. Gefühle wurden als dumm und primitiv angesehen und sollten möglichst kontrolliert werden. Nur dadurch kann der Mensch Herr seiner selbst werden und ein glückliches Leben führen.

Einer der Ersten, der eine etwas differenziertere Position zu diesem Thema formulierte, war der schottische Philosoph David Hume. Hume glaubte, dass die Vernunft nichts anderes sei als die Sklavin unserer Leidenschaften. Seiner Meinung nach geben die Gefühle die Denkrichtung vor und der Verstand sucht sich die passenden Gründe für das, was emotional längst entschieden ist. Jonathan Haidt beschreibt den Kern dieser Argumentation mit der Metapher vom Elefanten und Reiter: Der Elefant, der das Gefühl repräsentiert, führt ein Eigenleben und geht dorthin, wohin er will. Doch der Reiter, der den Verstand symbolisiert, behauptet dann, er hätte ihn genau in diese Richtung gelenkt.

Der amerikanische Philosoph und Staatsmann Thomas Jefferson sah die Sache wieder etwas anders. Seiner Vorstellung nach sind Vernunft und Gefühl unabhängige und gleichberechtigte Mitherrscher, ähnlich wie zwei Konsuln im Römischen Reich.[89]

Wie also sind diese unterschiedlichen Modelle des Geistes im Hinblick auf die moderne Hirnforschung zu bewerten? Betrachtet man die Erkenntnisse von António Damásio, scheidet Platon aus. Denn der Fall Elliot zeigt, dass für die Vernunft unsere Gefühle unabdingbar sind. Jeffersons Idee kommt der Wahrheit schon ein wenig näher. Wenn der »emotionale« Konsul ausfällt, ist es für den »rationalen« Kollegen schwer, das gesamte Reich zu regieren. Allein ist er dieser Aufgabe schlichtweg nicht gewachsen.

Noch besser trifft die Sache Humes Vorstellung vom menschlichen Geist: Wenn der Elefant (das Gefühl) stirbt, dann ist der Reiter (die Vernunft) nicht mehr in der Lage, irgendwohin zu gehen.

Gefühle und Emotionen sind nicht dumm oder gar unnötig. Sie sind ein integraler Bestandteil unserer Intelligenz. In jeder Sekunde prasseln Millionen von Sinneseindrücken auf uns ein. Das ergibt sich schon aus der Anzahl der sensorischen Nervenzellen, mit denen wir unsere Umgebung wahrnehmen. Mit dieser Masse an Informationen wäre unser Verstand vollkommen überfordert. Der arbeitet nämlich langsam. Pro Sekunde kann er gerade mal 50 Bits verarbeiten. Das entspricht in etwa der Taktfrequenz eines Internetanschlusses zu Zeiten Friedrichs des Großen.

Es kommt noch schlimmer. Unser Denkapparat ist nicht nur langsam, sondern benötigt auch noch 80 Prozent der im Hirn verbrauchten Energie. Kein Wunder, dass unser Gehirn, wann immer es geht, auf Autopilot schaltet. Wie in so manchen Unternehmen auch, versucht unsere Schaltzentrale das bewusste Denken zu vermeiden, indem sie den lästigen Kleinkram an untere Abteilungen delegiert, von denen der CEO ganz oben meist nicht die leiseste Ahnung hat.

Aber wenigstens arbeiten sie blitzschnell und geben ruckzuck Rückmeldung in Form einer Emotion: »Fühlt sich gut an, kann man machen!« oder »Vorsicht! Das kann richtig in die Hose gehen.«

Das ergibt auch evolutionsbiologisch Sinn. Wenn früher ein Säbelzahntiger die Höhle betrat, war es unklug, einen Sitzkreis zu bilden und darüber nachzudenken, ob das vielleicht doch nur der Nachbar sein könnte, der von einem lustigen Kostümball kommt. Bei jeder bedrohlichen Situation dauert es etwa 200 Millisekunden, bis sich unser Gefühl meldet. Emotionen funktionieren ähnlich wie Feuermelder. Sie schlagen an, lange bevor wir einen klaren Gedanken fassen können. Aus diesem Grund sind wir nicht ausgestorben.

Und selbst bei komplexen Fragestellungen in unserer modernen Welt wären wir ohne Intuition und Bauchgefühl aufgeschmissen. Wir leben in einer Zeit, in der ein simpler Mobilfunkvertrag aus mehr Seiten besteht als Unabhängigkeitserklärungen oder Freihandelsabkommen. Die Vodafone-Geschäftsbedingungen sind dicker als ein russisches Revolutionsepos. Würden wir den Kauf eines neuen Smartphones rational angehen, hätten wir alle immer noch unser altes Nokia.

Genau das war auch das Problem von Elliot. Er konnte zwar über alles nachdenken, aber seine Entscheidungsfähigkeit war massiv eingeschränkt, weil sie nicht durch seine Gefühle gefiltert wurde. Die einzige Möglichkeit, eine Entscheidung zu treffen, bestand für ihn darin, buchstäblich jede kleinste Option zu prüfen und die Vor- und Nachteile mithilfe bewusster Argumentation abzuwägen. Bereits sechs bis sieben verschiedene Optionen bringen unser Kurzzeitgedächtnis an die Kapazitätsgrenze. Overflow Error!

Deswegen bleibt uns gar nichts anderes übrig, als auf unser Gefühl zurückzugreifen. Das gilt selbst für die Wissenschaft. Von vielen großen Physikern wie Planck, Einstein oder Bohr ist bekannt, dass sie ihre revolutionären Entdeckungen machten, indem sie einem bestimmten Gefühl, einer Intuition gefolgt sind. Jeder kreative Prozess beginnt mit einem rational nicht erklärbaren Kribbeln im Bauch. Durch Damásio allerdings wissen wir, dass dieses Bauchgefühl in unserem Kopf stattfindet.

Doch wie so oft hat die Medaille zwei Seiten. So wichtig Gefühle für unser Denken sind, so sehr sollte man sie mit Vorsicht genießen. Denn die Evolution hat unser Gehirn mit einer klaren Verkehrsregel ausgestattet. Und die lautet: Im Zweifel haben Emotionen Vorfahrt. Unsere Gefühlszentrale ist mächtiger als unsere Großhirnrinde, der Sitz unseres Verstandes.

In der Steinzeit war das meist eine erfolgreiche Strategie. Und auch heute verlassen sich viele Menschen auf ihr Bauchgefühl und liegen damit in manchen Situationen durchaus richtig. Wenn wir in einer dunklen Gasse auf eine Gruppe von jungen Männern treffen und blitzschnell entscheiden müssen, ob die Lage bedrohlich oder harmlos ist, können wir uns recht gut auf unsere Intuition verlassen.

Deswegen ist es auch nicht besonders sinnvoll, von einem grundsätzlichen Konflikt zwischen unserem Denkvermögen und unseren Emotionen auszugehen; weil wir ein denkendes *und* ein fühlendes Wesen sind.

Das Problem entsteht, wenn wir das falsche System in einer bestimmten Situation anwenden. Wenn also ein Themenfeld, das eigentlich dem Intellekt vorbehalten sein sollte, von Gefühlen dominiert wird. Wenn Gefühl und Intellekt im Widerspruch stehen, neigen wir nämlich dazu, unsere Emotionen für glaubhafter zu halten. Aus diesem Grund haben wir Angst vor Spinnen, aber nicht vor Cholesterin. Wir fürchten uns vor Glyphosat, aber gleichzeitig trinken wir Alkohol oder fahren Motorrad. Manche heiraten sogar.

Selbst Politiker wählen wir nicht primär wegen ihrer Fachkompetenz, sondern weil sie so sympathisch und hemdsärmelig rüberkommen. Dazu machte vor einigen Jahren der Psychologe Alexander Todorov von der Princeton University einen bemerkenswerten Test: Er zeigte seinen Studenten für einen kurzen Augenblick Porträtfotos von jeweils zwei ihnen unbekannten Männern und forderte sie auf, spontan zu entscheiden, welcher der beiden in ihren Augen kompetenter wirkt. Was die Studenten nicht wussten: Bei den Paarungen handelte es sich um reale Politiker, die bei einer Wahl gegeneinander antraten. Das Ergebnis: In 80 Prozent aller Fälle entsprach die Entscheidung der Studenten dem tatsächlichen Wahlausgang. Nicht, weil der eine wirklich kompetenter als sein Gegner war, sondern weil er auf die Wähler (und die Studenten) kompetenter wirkte.[90]

Selbst bei so etwas Wichtigem wie einer politischen Wahl spielen für uns Rationalität und logische Argumente offenbar eine untergeordnete Rolle. Unsere Vernunft kann uns vielleicht davor bewahren, unser Konto zu überziehen oder dem Finanzbeamten zu sagen, dass er ein kleinkarierter Spießer ist – aber sie wird uns nicht davon abhalten, unsere Stimme einer Flachpfeife mit tollem Haarschnitt zu geben.

Ein wenig erinnert das an die Fernsehsendung *Let's Dance*. Auch dort bewertet das Publikum die Promi-Tänzer oft nicht nach ihren tänzerischen Fähigkeiten, sondern votet nach Beliebtheit. Deswegen kommen dort regelmäßig Kandidaten mit dem Rhythmusgefühl eines Kachelofens weiter, während deutlich bessere Tänzer mit einem weniger einnehmenden Wesen rausfliegen. Ich bin mir sicher, dass viele genauso zur Bundestagswahl gehen. Obwohl gerade schon wieder einer gewonnen hat, dessen Haarschnitt auch nicht unbedingt der Knaller ist.

Im November 2020 wurde ich in der US-Wahlnacht als Talkgast in das ZDF-Hauptstadtstudio nach Berlin eingeladen. Ich hatte zuvor ein Jahr in New York verbracht und sollte während der Livessendung in drei, vier kurzen Talks von meinen Eindrücken berichten. Dadurch war ich »gezwungen«, der fast achtstündigen Übertragung beizuwohnen. Zu meiner großen Verwunderung lieferte das ZDF in der ganzen Zeit keinen einzigen Bericht, der sich sachlich und objektiv mit den politischen Maßnahmen von Donald Trump auseinandersetzte. Welche Dinge hat er in seiner ersten Amtsperiode zustande gebracht? Hat er seine politischen Versprechen gehalten? In welcher Weise haben sich messbare Faktoren wie Arbeitslosigkeit oder Wohlstand unter seiner Präsidentschaft entwickelt? Zu diesen Fragen gab es praktisch keine Information. Null. Während der gesamten Wahlnacht ging es in jedem einzelnen Trump-Beitrag ausschließlich um ihn als Person und um sein rüpelhaftes, arrogantes und narzisstisches Auftreten.

Auch vier Jahre danach hatten sie beim ZDF anscheinend nicht viel dazugelernt: Bei der Wahl 2024 war es genauso. Stimmen, die Trump im Vorfeld positiv dargestellt haben, oder Einschätzungen von ärmeren Amerikanern, die von der Politik der Demokraten enttäuscht waren, kamen in der deutschen Berichterstattung praktisch nicht vor. Kamala Harris dagegen wurde dargestellt, als könne sie über Wasser gehen. Ich glaube, die Demokraten hätten auch eine Eiche-Schrankwand aufstellen können und die deutschen Medien wären von dieser unkonventionellen, charismatischen Überfliegerin vollkommen aus dem Häuschen gewesen.

Ein wenig erinnerte diese Euphorie an die Reaktion auf Barack Obama. Während seiner Präsidentschaft wurde fast ausschließlich über seine brillante Rhetorik und sein einnehmendes Wesen berichtet und sehr selten darüber, was er denn wirklich politisch wollte, und vor allem: ob das, was er in seinen zwei Amtsperioden umgesetzt hatte, eine echte, nachhaltige Wirkung gehabt hat.

Obama erhielt sogar einen Friedensnobelpreis – nur aufgrund der Tatsache, dass man ihn sympathisch fand. Die Nominierungsfrist für den Preis endete elf Tage nach seiner Amtseinführung; also zu einem Zeitpunkt, an dem selbst Jesus Christus keine großen Erfolge vorzuweisen hatte. Andere Friedensnobelpreisträger beendeten Kriege oder saßen 27 Jahre im Gefängnis, um die Apartheid zu bekämpfen. Obama bekam den Preis, weil er mit seinem charmanten Lächeln die Menschen verzauberte.

Nicht, dass wir uns falsch verstehen: Natürlich ist die emotionale Wirkung eines Politikers wichtig. Doch in einer aufgeklärten, vernunftbasierten Gesellschaft sollte das keinesfalls das alleinige Bewertungskriterium für die Leistung in einem mächtigen politischen Amt sein.

Aus neurowissenschaftlicher Sicht ist eine vollständige Trennung von objektiven Fakten und subjektiver Bewertung freilich unmöglich. Bei jeder noch so rationalen Einordnung spielen zwangsläufig auch unsere Emotionen eine Rolle. Die Frage ist, ob man sich dessen bewusst ist. Erst wenn man dies akzeptiert, kann man seine eigenen Bewertungen distanziert betrachten und sich so der Objektivität langsam annähern. Bescheidenheit setzt also ein Wissen um die Grenzen des eigenen Verstandes voraus. In der Forschung bezeichnet man das als Metakognition. Die Fähigkeit, über sein eigenes Denken nachdenken zu können.

Wenn sich Menschen einer bestimmten Gruppe zugehörig fühlen oder sich stark mit einem Weltbild identifizieren, verlieren sie oftmals ihre Metakognition. Dann tun sie sich schwer, Widersprüche in ihrem eigenen Denken zu erkennen, sie immunisieren sich gegenüber Kritik und sehen im Zweifel »die anderen« sogar als Idioten an. Wenn Sie schon mal ein Bundesligaspiel live im Stadion angesehen haben, wissen Sie, was ich meine. Die eigenen Fans sind super, die gegnerischen sind doof. Angeblich verzichten Schalke-Fans sogar auf eine Spenderniere, wenn sie aus Dortmund kommt.

Ende der Sechzigerjahre führten die Kognitionspsychologen Timothy Brock und Joe Balloun ein interessantes Experiment durch: Sie spielten einer Gruppe von Teilnehmern eine Aufnahme vor, in der es um die historischen Verfehlungen des Christentums ging. Die Forscher hatten darin Knacken und Rauschen eingebaut, das die Zuhörer durch Drücken eines Knopfes vermindern konnten, um das Gesagte besser zu verstehen. Die eine Hälfte der Probanden bestand aus tiefgläubigen Kirchgängern, die andere waren bekennende Atheisten. Das Ergebnis des Experiments war so absehbar wie deprimierend: Während die Ungläubigen ständig versuchten, die Störgeräusche zu unterdrücken, legten die Gläubigen keinerlei Wert darauf, die negativen Aspekte ihrer Religion besser hören zu können.[91]

Vielleicht steckt das Wissen um diesen Effekt ja ursprünglich hinter der Idee des Glockenläutens?

Diese Form der Ignoranz – was ich nicht hören will, das höre ich auch nicht – konnte der Psychologe Drew Westen im Jahr 2004 sogar neurologisch nachweisen. Er durchleuchtete mithilfe eines Magnetresonanztomografen die Gehirne von Menschen mit starken politischen Einstellungen und erkannte, dass ihr Verstand die Widersprüche ihrer Überzeugungen schlichtweg ignorierte. Sobald man die Probanden mit unangenehmen Details ihrer Überzeugungen konfrontierte, waren Bereiche ihres präfrontalen Kortex, in denen rationale Argumente verarbeitet werden, praktisch inaktiv. Ein klarer Fall von neurologischer Selbsttäuschung. Diese Menschen *wissen* also, dass sie recht haben. Kein Argument der Welt kann sie vom Gegenteil überzeugen. Deshalb kann man in einer Diskussion mit ihnen nur verlieren. Im schlimmsten Fall den Verstand.[92]

Auch der Kognitionswissenschaftler Steven Pinker beschreibt in seinem Buch *Aufklärung jetzt* mehrere wissenschaftliche Experimente, mit denen nachgewiesen werden konnte, dass Probanden mit sehr starken gesellschaftspolitischen Überzeugungen dazu neigen, seriös erhobenes Datenmaterial vollkommen fehlzuinterpretieren, sofern die Daten das Gegenteil ihrer Überzeugungen zeigen. Das gilt sogar für statistisch-mathematisch versierte Personen, die in anderen Bereichen problemlos fähig sind, Zusammenhänge korrekt zu erkennen. Ihre Fehlinterpretationen haben nichts mit mangelnder Bildung oder einem niedrigen IQ zu tun. Es sind ihre starken Überzeugungen, die sie buchstäblich blind für Fakten machen.

Je stärker wir einer bestimmten Auffassung anhängen, desto emotionaler, rechthaberischer und intoleranter werden wir offenbar. Und dieses Phänomen ist nahezu unabhängig von dem Inhalt unserer Überzeugungen.

Progressiv denkende, gebildete Menschen halten sich für besonders offen und tolerant. Vergessen Sie das. Im Jahr 2019 führte das amerikanische Marktforschungsunternehmen PredictWise eine landesweite Umfrage durch, bei der herauskam, dass die politisch intolerantesten Amerikaner in städtischen Bezirken anzutreffen sind, in denen die Bewohner vor allem Demokraten wählen.[93]

Die Studienlage ist erschreckend. Sobald akademisch gebildete Intellektuelle zu einer bestimmten Meinung gekommen sind, sind sie trotz guter sachlicher Argumente deutlich schwerer vom Gegenteil zu überzeugen als ungebildete.[94]

Je höher der Bildungsgrad, umso unverrückbarer und starrköpfiger verhalten sie sich in politischen Diskussionen und sind immer schlechter in der Lage, ihren eigenen Standpunkt zu hinterfragen.[95]

Wie kann das sein? Je klüger Menschen sind, desto stärker sind sie anscheinend davon überzeugt, dass sie unmöglich Opfer bestimmter Denkfallen werden können. Und genau deswegen fallen sie häufiger rein.[96]

Der Psychologe Steven Sloman bezeichnet diesen Trugschluss als »Wissensillusion«.[97] Dazu kommt, dass gebildete Menschen rhetorisch versierter sind. Aufgrund ihrer Intelligenz und Bildung sind sie deutlich besser als weniger Gebildete in der Lage, mit rhetorischen Taschenspielertricks Gegenargumente abzuschmettern. Dadurch können sie sich selbst glaubhaft und vollkommen widerspruchsfrei den größten Blödsinn als vernünftige Idee verkaufen.

Gebildete Menschen haben oftmals einen akademischen Ruf oder eine gute berufliche Position zu verlieren. Daher machen sie sich auch mehr Gedanken darüber, was andere von ihren Meinungen halten könnten.

Der Evolutionspsychologe William von Hippel fand heraus, dass wir einen Großteil unserer Denkleistung dazu verwenden, um uns in einer komplizierten sozialen Welt zurechtzufinden. In diesem Umfeld überprüft unser Gehirn natürlich auch Fakten. Hippel stellte sich die Frage: Welche gesellschaftlichen Konsequenzen hat es, wenn ich dies oder jenes tue oder sage? Wir haben also einen Mechanismus im Kopf, der uns im Zweifel sogar daran hindert, das zu denken, was richtig ist, wenn es im Gegenzug unseren sozialen Status gefährdet.[98]

Und dieser Mechanismus ist umso stärker, je höher unser

sozialer Status ist. Umgekehrt ist der so oft zitierte »dumpfe Stammtisch« toleranter, als sich das viele Intellektuelle in ihrem akademischen Elfenbeinturm denken. Auch das ist inzwischen recht gut untersucht. Menschen aus der Arbeiterklasse vertreten im Schnitt unideologischere Ansichten als Leute aus der Bildungsavantgarde.[99]

Das deckt sich mit meiner eigenen Erfahrung. Ich habe glücklicherweise einen extrem heterogenen Freundeskreis. Unter meinen Bekannten tummeln sich Künstler, Professoren und Journalisten, aber eben auch Friseure, Handwerker und Bauarbeiter. Oft habe ich dabei die Erfahrung gemacht, dass es unter den »einfachen« Leuten tatsächlich weniger engstirniger zugeht als bei den sogenannten Intellektuellen. Einem Fliesenleger ist es relativ wurscht, welche Hautfarbe sein Kollege hat, wie er zum Klimawandel steht oder was er wählt. Viel entscheidender ist, dass er mit anpackt und man sich auf ihn verlassen kann. Beim arbeitenden Volk geht es meist viel »diverser« zu als in den meisten Politikredaktionen.

Auch mein Vater ist ein einfacher Mann aus der Arbeiterklasse, der mit erzkonservativen Werten aufgewachsen ist. Trotzdem ist er in vielen Dingen erstaunlich tolerant. Neulich erst verriet er mir: »Ich find's eigentlich okay, dass Schwule heirate dürfe.« »Echt jetzt?«, fragte ich überrascht. »Klar doch. Wenn sie e nette Frau finde, warum denn nit …?«

Zwei Seelen wohnen in unserer Brust, die unser Denken und Handeln bestimmen. Wir sind eigenständig denkende Individuen, die sich gleichzeitig danach sehnen, Teil von etwas Größerem und Edlerem zu sein als wir selbst. Deswegen haben wir den Hang, uns in Gruppen zusammenzufügen, in denen wir – zumindest zeitweise – unseren Eigennutz und unsere persönlichen Interessen hintanstellen können.

Bienen oder Termiten zum Beispiel sind ultimative Teamplayer. Einer für alle, alle für einen. Und zwar immer und ohne Zögern. Jedes einzelne Insekt gibt sein Leben, um den Bienenstock oder den Termitenbau vor Eindringlingen zu schützen. Natürlich gibt es auch hin und wieder Menschen, die bis zum Letzten gehen und sich für eine Gruppe opfern. Aber das sind absolute Ausnahmen. Denn ein solches Verhalten konkurriert massiv mit unserem individualistischen Selbsterhaltungstrieb.

Eisbären oder Tiger dagegen sind ultimative Einzelgänger. Selbstzentrierte Narzissten, die nie auf die Idee kämen, auch nur das Geringste für ihre Artgenossen zu tun. Einmal im Jahr trifft man sich zur Paarung und das war's dann. Den Rest der Zeit verfolgen sie ausschließlich ihre eigenen Interessen. Eisbären und Tiger sind sozusagen die Immobilienmakler des Tierreichs.

Wir Menschen vereinen beide Extreme in uns. Kein Lebewesen auf der Welt ist gleichzeitig so egoistisch und so gruppenorientiert. Es ist genau diese duale Natur, die uns permanent zwischen Vernunft und Irrationalität hin- und herpendeln lässt.

Eines der ältesten Gruppenbildungsphänomene sind Religionen. Historisch gesehen ist wohl keine menschliche Gesellschaft bekannt, die ohne die Bindungskraft religiöser Überzeugungen auskam. Wahrscheinlich entstand die Idee einer höheren Macht aus der fürchterlichen Erkenntnis, dass wir sterblich sind. Was für sich genommen schon eine bodenlose Unverschämtheit ist.

Es wäre allerdings zu billig, den Glauben an sich als irrational abzutun. Denn ein wesentlicher Aspekt von Religionen ist das reale Bedürfnis von Menschen, sich in einer Gruppe aufgehoben zu fühlen. Religionen sind für Menschen attraktiv, weil sie soziale Bindungen, Trost und Gemeinschaft bieten. Es geht vielen nicht primär um irrationale Konstrukte wie Gott, sondern um das rationale Bedürfnis nach Zugehörigkeit.

Was nicht bedeutet, dass man aus diesem Bedürfnis heraus nicht irrationale Dinge tut.

Zum Beispiel ist es bei orthodoxen Juden den Frauen verboten, ihr Haar offen zu zeigen, weswegen viele von ihnen eine Perücke tragen. Absurderweise besteht diese Perücke oftmals aus dem echten eigenen Haar der Frau, was nach dem strengen Regelkodex der Orthodoxen anscheinend okay ist. Als ich 2019 in New York wohnte, erzählte mir mein jüdischer Vermieter Mr Glickstein von den vielen abstrusen Regeln und Einschränkungen, die er akribisch befolgen muss. Unter anderem ist es ihm am Sabbat verboten, Toilettenpapier abzureißen. Ungläubig blickte ich ihn an. »Das ist aber überhaupt kein Problem«, meinte er heiter. »Ich lege mir einfach jeden Freitag einen kleinen Vorrat an. Das macht sogar Spaß, haha …«

Bis zu jenem Tag, an dem er offenbar etwas Schlechtes gegessen hatte. Leicht panisch klopfte er bei mir an und bat mich sichtlich verlegen, ihm doch möglichst schnell zwanzig, dreißig weitere Blätter Klopapier abzureißen.

Ich weiß ehrlich gesagt nicht, ob es einen Gott gibt. Aber ich denke, wenn er tatsächlich für den Urknall, die Entwicklung des Universums sowie die Konstruktion der gesamten physikalischen Gesetze verantwortlich ist, dann hat er vermutlich Besseres zu tun, als sich um Mr Glicksteins Abreißverhalten beim Klopapier Sorgen zu machen. Aber ich bin natürlich kein Experte.

Wenn es um Gruppenzugehörigkeit geht, sind wir oftmals bereit, die Vernunft über Bord zu werfen. Weil wir im Gegenzug etwas anderes bekommen: soziale Bindung. So ist zum Beispiel der Diamantenhandel in Antwerpen fast vollständig in der Hand von orthodoxen Juden. Das gegenseitige Vertrauen innerhalb dieser Gemeinschaft ist so hoch, dass beim Kauf und Verkauf praktisch keinerlei Sicherheits- und Überwachungskosten anfallen, wodurch sie gegenüber allen anderen Marktteilnehmern einen deutlichen Kostenvorteil haben.[100]

Wir Menschen haben die seltsame Vorliebe, unsere Gruppenzugehörigkeit durch symbolische Zeichen nach außen zu demonstrieren. Bei den orthodoxen Juden zum Beispiel sind das die typischen Schläfenlocken, Pejot genannt. Fußballfans tragen stolz das Trikot ihres Lieblingsvereins, andere vollziehen mit Tätowierungen und Gesichtspiercings kostspielige und schmerzhafte Schritte, um ihre Gruppenzugehörigkeit zu verdeutlichen. All das schafft ein »Wir-Gefühl«.

Es mag banal klingen, aber wir vertrauen Menschen mehr, wenn sie so aussehen wie wir. Weil wir davon ausgehen, dass sie unsere Werte und Normen teilen. Das gilt für die Hells Angels genauso wie für die Mitarbeiter von McKinsey. Wenngleich Organisationen wie die Hells Angels deutlich humanere Arbeitsbedingungen haben.

Wenn wir es mit einem Mitglied »unserer« Gruppe zu tun haben, steigt unser Oxytocin-Spiegel an. Oxytocin wird auch als das »Bindungshormon« bezeichnet, weil es dafür sorgt, dass wir anderen mehr vertrauen. Vor einigen Jahren konnten Forscher sogar zeigen, dass Probanden, denen man Oxytocin in die Nase sprühte, in einem Spiel, bei dem es darum geht, einer Person Geld zu leihen, deutlich großzügiger und vertrauensseliger waren als die Kontrollgruppe.[101]

Da stellt sich die Frage: Warum reichern wir unser Trinkwasser nicht mit diesem Hormon an, um eine humanere Gesellschaft zu schaffen? Misstrauen, Egoismus und Rücksichtslosigkeiten wären damit augenblicklich passé. Tatsächlich hätte diese Maßnahme einen unliebsamen Nebeneffekt. Oxytocin stärkt nämlich nur den Zusammenhalt zu Menschen, denen wir uns sowieso zugehörig fühlen. Es würde uns also stärker an »unsere« Gruppe binden, damit wir gegenüber anderen Gruppen geschlossener auftreten können. Studien zeigen sogar, dass Teammitglieder »auf Oxytocin« den Mitgliedern eines anderen Teams mehr Schaden zufügen, als sie das normalerweise tun würden.[102]

Im Extremfall hat Gruppendenken also nicht nur eine harmonisch verbindende, sondern eine aggressiv abgrenzende Wirkung. »Wir« gegen »die«. Selbst der rationalste, aufgeklärteste Mensch bewertet und behandelt bewusst oder unbewusst die Mitglieder seiner eigenen Gruppe zuvorkommender.[103]

Unser Kopf sagt: Alle Menschen sind gleich, doch unser Bauch flüstert: Aber meine Gruppe ist besser! Und je größer die Identifizierung mit der eigenen Gruppe, desto stärker die Ressentiments gegenüber den anderen.

Als Individuum neigen wir eher dazu, Vernunft walten zu lassen. Als Herdentier geben wir uns stärker den Gefühlen hin. Und dabei ist uns oftmals das Gefühl, gemeinsam auf der vermeintlich richtigen Seite zu stehen, wichtiger, als tatsächlich etwas Richtiges zu tun.

Das liegt unter anderem daran, dass jede Gruppe einen gewissen Druck auf ihre Mitglieder ausübt. Dieser Druck ist eine Immunreaktion, um die Gemeinschaft vor den Zweiflern zu schützen. Wer einmal einer Gruppe, die sich einig war, als Einziger widersprochen hat, weiß: Dissens ist fürchterlich anstrengend. Und Anstrengung ist etwas, was unser Gehirn am liebsten vermeidet. Es beginnt, Stresshormone auszuschütten, der Herzschlag rast, Schweiß bricht aus, Angst! Genau genommen ist es also Angst, die uns zu Konformisten macht.

Die Kommunikationswissenschaftlerin Elisabeth Noelle-Neumann formulierte in den Siebzigerjahren die Theorie der »Schweigespirale«, die entsteht, wenn Menschen aus Angst vor sozialer Isolation nicht sagen, was sie denken. Wir glauben, ohne die Gruppe nicht überleben zu können, und deswegen tun wir oft das, was die Gruppe tut. Fast egal, ob es Sinn ergibt oder nicht. Und je öfter wir das tun, umso weniger hinterfragen wir die Sinnhaftigkeit unserer Entscheidungen. Bis wir irgendwann felsenfest davon überzeugt sind, dass das, was wir denken und tun, unserem eigenen freien Geist entsprungen ist.

Seit einigen Jahren wird davon gesprochen, dass unsere Gesellschaft immer mehr gespalten ist. Dieser Eindruck entsteht, wenn man die mediale Berichterstattung verfolgt und sieht, mit welcher Vehemenz sich Menschen bei aktuellen politischen Reizthemen die Birne einhauen und sich gegenseitig für komplett verrückt erklären.

Ist dieses Land also gespalten? Die Zahlen belegen ein klares und entschiedenes: Jein. Vor einiger Zeit hat ein Forscherteam untersucht, ob und wie stark sich in den vergangenen fünfzig Jahren die politischen Meinungen in Deutschland auseinanderentwickelt haben. Dazu haben die Wissenschaftler bei den befragten Personen die sogenannte affektive Polarisierung gemessen. Darunter versteht man, wie stark Menschen negative Gefühle wie Misstrauen oder Abneigung gegenüber politisch Andersdenkenden entwickeln. Man misst den Grad der Ablehnung. Die Untersuchung zeigte, dass in der politischen Mitte die Polarisierung auch heute recht moderat und gering ist. An den Rändern jedoch stieg die gegenseitige Abneigung in den vergangenen Jahren rapide an.[104] Die extremen Anhänger von linken, rechten oder grünen Bewegungen unterscheiden sich in ihrem Hass und in ihrer Radikalität praktisch nicht mehr.

Diese Gruppierungen befinden sich in einem Aufschaukelungsprozess der Erregung. Wer genau damit angefangen hat, wer wen radikalisierte, ist müßig zu fragen und wahrscheinlich auch unmöglich zu beantworten. Tatsache ist: Das Phänomen ist da und es bestimmt mehr und mehr die öffentliche Wahrnehmung.

Denn die Medien haben diese Entwicklung maßgeblich befeuert. Journalisten (auch manche seriöse) neigen leider dazu, sich auf die extremen Ränder zu fokussieren. Schauen Sie sich dazu eine beliebige Polit-Talkshow an. Egal, um welches Thema es sich handelt – sehr oft werden dazu nicht unbedingt die besonnenen, differenzierten und vernunftorientierten Experten eingeladen, sondern Gäste, bei denen die größtmöglichen Gegensätze aufeinandertreffen. Aus eigener Talkshow-Erfahrung weiß ich, dass viele Redaktionen überhaupt kein Interesse an einer ruhigen, sachlichen Diskussion der Gesprächsteilnehmer haben. Denn dabei könnte ja die Quote sinken! Stattdessen setzt das Fernsehen auf maximale Konfrontation.

Diese mediale Verzerrung trägt dazu bei, dass sich langsam auch die gemäßigte Mitte radikalisiert. Denn bei den Zuschauern entsteht der Eindruck, dass die wenigen extremen Minderheiten, die sich lautstark in den Medien tummeln, die Mehrheit repräsentieren. Oder anders gesagt: Mainstream ist nicht das, was die Mehrheit denkt, sondern das, wovon die Mehrheit denkt, dass es die Mehrheit denkt.

Für viele ist das mediale Dauerfeuer schon länger nicht mehr zu ertragen. Große Teile der Bevölkerung leiden zunehmend an einer Empörungserschöpfung, wie der Philosoph Philipp Hübl treffend bemerkt.[105]

Für eine aufgeklärte Gesellschaft ist das eine bedenkliche Entwicklung. Denn dadurch ziehen sich die Vernünftigen und Besonnenen mehr und mehr aus den Diskussionen zurück und überlassen den Narren das Feld. Bereits 2016 schrieb Nassim Nicholas Taleb einen provokanten Artikel, in dem er darlegte, dass in modernen Demokratien zunehmend medial gut organisierte, intolerante Minderheiten gegenüber der Mehrheit gesellschaftliche Standards bestimmen und durchsetzen.[106]

Experimente zeigen, dass in einer Gruppe bereits ein Anteil von 20 Prozent zu allem entschlossener Meinungsführer ausreicht, um eine Position durchzusetzen, die vom Rest der Gruppe eigentlich gar nicht geteilt wird.[107]

Wir sehen das beim Gendern, bei der Forderung nach Klimaneutralität oder in der Migrationsdebatte. Bei diesen und vielen anderen (gesellschaftspolitischen) Themen haben sich Positionen durchgesetzt, die seriösen Umfragen zufolge die Mehrheit der Bevölkerung entweder nicht interessiert oder die von der Mehrheit sogar abgelehnt werden.

Das bedeutet nicht, dass Minderheitenpositionen grundsätzlich falsch sind. Tatsächlich gingen viele große gesellschaftliche Verbesserungen meist von Minderheiten aus. Die Abschaffung der Sklaverei, das Frauenwahlrecht oder der Mauerfall.

Aber es bedeutet eben auch, dass die Idee der Demokratie, die ja gerade darauf basiert, dass Entscheidungen von der Mehrheit getroffen werden sollen, mit jeder weiteren Minderheitenentscheidung ein Glaubwürdigkeitsproblem hat.

Nicht wenige Bürger reagieren darauf mit Reaktanz. Darunter versteht man eine grundlegende psychische Reaktion von Widerwillen und Ablehnung auf eingeengte Freiheitsspielräume mit dem Drang, diese Freiheiten wiederherzustellen. Landläufig bezeichnet man so etwas auch als Trotz. Vielleicht mag Reaktanz kindisch sein. Aber sie ist nun mal nicht zu leugnen und tritt auch bei Erwachsenen auf, wenn sie sich bevormundet oder eingeengt fühlen. In der Coronazeit hat man das eindrücklich beobachten können. Manche politischen Maßnahmen waren so drastisch, restriktiv und überzogen, dass viele Bürger offen rebellierten und das Vertrauen in politische Entscheidungen nachhaltig verloren haben.

Wir alle sind Individuen, die sich im Laufe des Lebens den unterschiedlichsten Gruppen zuordnen. Doch wir streben innerhalb einer jeden Gruppe immer danach, einen gewissen Grad an Individualität aufrechtzuerhalten. Wenn man uns diese Möglichkeit verwehrt, fühlen wir uns hilflos und unfrei.

Unser Hang, uns in Gruppen zusammenzufinden, unterstützt menschliche Tugenden wie Solidarität, Mitgefühl und Selbstlosigkeit. Gruppen sind so attraktiv, weil sie unsere Sehnsucht nach Zugehörigkeit und Sinngebung befriedigen; und weil sie ein emotionales Herdfeuer entfachen, an dem wir uns wärmen können.

Gleichzeitig birgt dieser Hang auch die Gefahr, dass wir für dieses emotionale Wohlgefühl die Vernunft so stark zurückstellen, dass wir ins Irrational-Fanatische abgleiten und uns in ein geschlossenes Weltbild flüchten, in dem wir uns als die Guten und Allwissenden sehen und alle anderen als die Bösen und Dummen.

Davor sind wir alle nicht gefeit. Denn manchmal gaukelt uns unser Gehirn nur allzu gerne irrationales, unvernünftiges Verhalten als völlig logisch und vernünftig vor. Und doch sind wir in der Lage, über unsere eigene Irrationalität nachzudenken und sie einer rationalen Prüfung zu unterziehen.

Henry Ford hat gesagt: Wenn es so etwas wie ein menschliches Erfolgsgeheimnis gibt, dann ist es die Fähigkeit, den Standpunkt von einem anderen Menschen einnehmen zu können und sich in diesen wie in den eigenen hineinzufühlen.

Das erfordert Kraft und Demut. Denn man muss immer damit rechnen, dass sich durch diese andere Sichtweise die eigene vielleicht nicht als so toll erweist, wie man dachte. Im schlimmsten Fall muss man vielleicht sogar das eigene Weltbild korrigieren. Fürchterlich!

Wie steht es mit Ihnen? Wann haben Sie zum letzten Mal Ihre Ansichten geändert? Empfinden Sie Beharrlichkeit als Reife oder als Schwäche? Und was machen Sie, wenn das Kartenhaus Ihrer Überzeugungen in sich zusammenfällt? Mühsam alles wieder neu aufbauen? Andere Karten nehmen? Oder auf Schach wechseln?

Seit 25 Jahren werbe ich nun schon für Rationalität und Vernunft. Aber mein Realismus bringt auch die Erkenntnis mit sich, dass das Irrationale, Unvernünftige ein mächtiger Gegenspieler ist. Weil es ein Teil unserer neuronalen Hardware ist. Deswegen ist die Gefahr, von einer irrationalen Welle überrollt zu werden, immer vorhanden. Egal, wie aufgeklärt und vernünftig eine Gesellschaft ist. Schon deswegen müssen wir uns um eine gesunde Balance bemühen zwischen Vernunft und Gefühl.

Wer denken will, muss fühlen. Aber wer zu viel fühlt, kann nicht mehr denken.

WISSENSCHAFT ALS TROJANISCHES PFERD

Wir Deutschen sind davon fasziniert, zum Kern einer Sache zu gelangen. Das ist unsere Mentalität. Seit jeher wollen wir wissen, »was die Welt im Innersten zusammenhält«, wie es schon in Goethes *Faust* heißt. Diese Herangehensweise hat uns in den Naturwissenschaften sehr weit gebracht. Es waren zum Beispiel deutsche Physiker, die vor hundert Jahren herausgefunden haben, dass Licht sowohl eine Welle als auch ein Teilchen ist. Weil wir ganz genau wissen wollten, was »Licht« ist. Deswegen hat Max Planck die Quantenphysik entwickelt, Thomas Edison dagegen nur die Glühbirne. Zugegeben, ohne ihn müssten wir Netflix bei Kerzenlicht schauen.

In den Ingenieurs- und Naturwissenschaften führen uns die allermeisten Erkenntnisgewinne in keinerlei ethisches Dilemma. Wer nachweist, dass die Kontinentalplatten in der Vorzeit miteinander verbunden waren oder dass in bewegten Systemen die Zeit relativ zu einem ruhenden Beobachter langsamer vergeht, der greift zwar gängige Lehrmeinungen an und zieht sich vielleicht den Zorn des akademischen Establishments zu, aber er löst mit seiner Entdeckung in der Regel keinen großen gesellschaftspolitischen Konflikt aus.

Bei den Sozial- und Kulturwissenschaften ist das oft anders. In diesen Disziplinen geht es um die Erforschung von kulturellen und gesellschaftlichen Phänomenen, also um Menschen. Da liegt es auf der Hand, dass bestimmte Fragestellungen und Erkenntnisse hochkontrovers und auch emotional besetzt sind. »The truth will set you free. But first it will piss you off«, wusste schon die US-Schriftstellerin Gloria Steinem.[108]

Während ich dieses Kapitel schreibe, geht die Meldung durch die Medien, dass es 2023 in Nordrhein-Westfalen über zweihundert Gruppenvergewaltigungen gab. Bei einer genaueren Analyse zeigte sich, dass fast 80 Prozent der Täter einen Migrationshintergrund hatten.[109]

Die Veröffentlichung dieser Statistik führte in der Bevölkerung aus zwei unterschiedlichen Gründen zu großer Empörung. Für die einen war es die Zahl der Vergewaltigungen, die schockierte, die anderen waren entsetzt, dass eine solche Zahl überhaupt öffentlich gemacht wurde: Die genauere Beschreibung der Täter sei rassistisch und populistisch.

Wie also sollen wir als Gesellschaft mit kontroversen Daten umgehen? Sollen wir Zahlen verheimlichen, weil sie möglicherweise Rassisten und Populisten in die Hände spielen? Oder sollen wir uns auch solchen Fakten stellen, die eigentlich niemand wahrhaben möchte? Wovon geht eine größere Bedrohung aus, vom Hin- oder vom Wegschauen? Sollten wir immer und überall nach der ungeschönten Wahrheit suchen oder sollten bestimmte Fragen einem Tabu unterliegen?

Wie Sie sich sicherlich denken können, neige ich generell dazu, Wahrheiten auf den Grund zu gehen. Da bin ich total *Faust*. Auch, wenn die daraus gewonnenen Erkenntnisse unangenehm und kontrovers sind.

Das gilt für die Naturwissenschaften, aber es sollte ebenso für die Sozialwissenschaften gelten. Denn bei beiden geht es bekanntlich darum, Wahrheiten zu finden oder sich diesen bestmöglich anzunähern. Daran ist nichts Kontroverses oder gar Unethisches – weil Fakten nicht moralisch sind. Würde man beispielsweise herausfinden, dass Rothaarige im Schnitt einen niedrigeren Intelligenzquotienten haben als Blonde, wäre diese Erkenntnis nicht diskriminierend. Statistische Daten – so sie denn seriös erhoben werden – sind wertneutral.

Das gilt in gleicher Weise für die erwähnte Meldung. Es ist nicht rassistisch, Daten über Täter von Gewalttaten zu erheben, weil wir nur so verstehen können, wie erfolgreiche Prävention aussehen kann. Es ist auch nicht rassistisch, Zahlen zu veröffentlichen, die zeigen, dass bei bestimmten Delikten überproportional viele Migranten beteiligt waren. Rassistisch und diskriminierend wäre es zu behaupten, dass alle Migranten Verbrecher sind.

Einer der häufigsten Gründe, weshalb wir bei bestimmten Themen nicht weiterkommen, ist, dass wir zu oft objektive Zusammenhänge mit subjektiven Bewertungen vermischen.

Wir sehen in einer neutralen Fragestellung nicht das sachliche Erkenntnisinteresse, sondern vermuten bereits bei der Frage eine niederträchtige Absicht. Wer Daten über die ethnische Zusammensetzung von Straftätern erhebt, kann das nur aus rassistischen Gründen tun. Oder etwa nicht?

Vor diesen Fehlinterpretationen sind wir alle nicht gefeit. Ab und an beobachte ich das auch in meiner Ehe. Wenn ich zum Beispiel meine Frau absolut neutral frage, wie lange sie noch braucht, reagiert sie total aggressiv, weil sie davon überzeugt ist, dass ich ihr mit meiner Frage unterstelle, sie würde herumtrödeln. Womit sie übrigens vollkommen recht hat.

Es ist diese von gegenseitigem Misstrauen geprägte Kommunikationskultur, unter der unsere Gesellschaft leidet. Wir sprechen Dinge nicht mehr an, weil wir keine Gefühle verletzen wollen. Und weil wir zu allem Gefühle haben, sprechen wir kaum noch etwas an. Dass ein solcher rhetorischer Eiertanz keine konstruktiven Lösungen hervorbringt, kann niemanden verwundern.

So werden in unserer Gesellschaft Zusammenhänge und Fakten ignoriert, relativiert und mit einer klebrigen Gefühlssoße überkippt. In jüngster Zeit mit dem Argument, man wolle keinesfalls den Rechten in die Hände spielen. Und die Folge dieser Strategie ist, dass wir genau damit den Rechten in die Hände spielen. Denn Probleme verschwinden eben nicht, nur weil man sie unter den Tisch kehrt. In den Siebzigerjahren war es übrigens umgekehrt, da wurde jede Form von gesellschaftlicher Liberalisierung abgelehnt, weil die Forderung danach von links kam.

Mitunter ist es nicht nur entscheidend, was gesagt werden darf, sondern vor allem, was gefragt werden darf. In den Politikwissenschaften bezeichnet man dieses Phänomen als »Overton-Fenster«: die Existenz eines begrenzten Meinungskorridors, in dem bestimmte Gedanken nicht deswegen ausgeschlossen werden, weil sie sachlich falsch sind, sondern weil es inakzeptabel ist, dass man sie äußert. Womit wir nahe an George Orwells Roman *1984* sind, in dem das Konzept des Gedankenverbrechens eine zentrale Rolle spielt. Orwell beschreibt eine Welt, in der zuerst bestimmte Handlungen verboten werden. Dann wird das Sprechen über Handlungen verboten. Und als nicht mehr gesprochen und nicht mehr gefragt werden darf, ist schließlich auch niemand mehr in der Lage, einen kritischen Gedanken zu denken.

Für eine freie und offene Gesellschaft ist das fatal. Demokratie stirbt nicht dadurch, dass sich irgendein Wirrkopf in der Fußgängerzone auf eine Kiste stellt und etwas Radikales oder Inhumanes erzählt. Sondern dadurch, dass immer mehr Menschen ihren Kopf in eine Kiste stecken und sich selbst in ihrem eigenen Denken so einschränken, dass sie irgendwann nicht mehr fähig sind, einen Gedanken außerhalb der Kiste zuzulassen.

Uns allen fällt es schwer, unbequeme Gedanken zu akzeptieren, ganz besonders, wenn es nicht unsere eigenen sind. Wir können nicht in die Köpfe von anderen schauen und können daher nicht wissen, mit welcher Absicht jemand einen kontroversen Gedanken formuliert. Je besser wir jemanden kennen, desto eher unterstellen wir ihm eine neutrale oder gute Absicht; ist er uns unbekannt oder suspekt, gehen wir viel eher von einer böswilligen Absicht aus. Doch in beiden Fällen sind wir auf unsere Vermutung angewiesen.

Vor einigen Jahren schrieb ich in *Spektrum der Wissenschaft* einen Artikel über Elektromobilität. Dafür hatte ich berechnet, wie viel Strom wir benötigen würden, wenn alle Autos in Deutschland elektrisch fahren würden. Es war der zweitmeistgelesene Artikel auf *Spektrum online* im Jahr 2017. Neben der vielen positiven Resonanz gab es auch eine Menge Kritik. Was mich dabei am meisten verwunderte, war der oftmals beleidigte und beleidigende Unterton. Ich hatte weder geschrieben, dass ich E-Autos für Unsinn halte, noch, dass ich an Verbrennungsmotoren festhalten würde, wenn es eine realisierbare Alternative gäbe. Die Diskussion über die technische und logistische Umsetzung der Elektromobilität glitt schnell in eine quasireligiöse Debatte ab. Der Inhalt des Artikels wurde oftmals nicht fachlich kritisiert (was völlig in Ordnung ist), sondern man unterstellte mir, mir wäre die Umwelt egal, ich sei bestimmt ein bezahlter Fossil-Lobbyist, der kein Interesse an einer klimaneutralen Lösung habe, und das Schicksal unserer Kinder wäre mir offenbar sowieso schnuppe.

Wie wir alle wissen, werden viele Diskussionen in Deutschland unter moralischen und ideologischen Gesichtspunkten geführt. Sobald irgendeine Stimme aus dem Meinungskonsens ausschert, packt eine nicht geringe Zahl von Leuten die Moralkeule aus.

Das ist sehr deutlich an der Diskussion um den Klimawandel zu sehen. Der menschliche Einfluss am Klimawandel ist wissenschaftlich unbestritten. Doch wie genau er sich in der Zukunft auswirken wird, ob die derzeitigen politischen Klimaschutzmaßnahmen die richtigen sind oder ob vielleicht andere Herangehensweisen viel effektiver und klüger wären – all das ist wissenschaftlich nicht eindeutig zu beantworten.

Freilich sollten in der Wissenschaft fachliche Fehler oder Ungenauigkeiten aufgedeckt werden. Und selbstverständlich sollte man auch Leute, die pseudowissenschaftlichen Blödsinn in die Öffentlichkeit tragen, kritisieren. Das Problem an einer ausschließlich moralischen Argumentation ist die damit einhergehende Abkehr von einem sachlichen, wissenschaftlichen Diskurs.

Die gesellschaftliche Verantwortung der Wissenschaft war schon immer ein großes Thema. Prominentestes Beispiel ist Albert Einstein. Er hat mit seinen Erkenntnissen die physikalische Welt revolutioniert, ohne diese Erkenntnisse hätte aber auch die Atombombe nicht gebaut werden können. Trägt er dafür die Verantwortung? Auch wenn nicht er derjenige war, der über die Verwendung entschieden hat, sondern die Politik?

Die Methode der Wissenschaft ist deswegen so erfolgreich, weil sie nicht an moralische oder politische Autoritäten gebunden ist, weil sie unideologisch an Fragen herangeht, deren Antworten uns vielleicht verstören oder sogar ärgern könnten. Wer dagegen eine wie auch immer geartete Moral *vor* den wissenschaftlichen Erkenntnisprozess stellt, verhindert Erkenntnis. Denn er belegt die Erforschung von unliebsamen Hypothesen mit einem Tabu.

Auch sollte sich die Wissenschaft nicht um Konsensmeinungen scheren. Wären 99 Prozent aller Mediziner der Meinung, dass der Wirkmechanismus der Homöopathie funktioniert, änderte diese überwältigende Mehrheit nichts daran, dass die Aussage falsch ist. Über die Gesetze der Naturwissenschaft kann man nicht demokratisch abstimmen. Auch wenn das einige glauben. Als ich einmal im Rahmen eines öffentlichen Vortrages über die verkorkste Energiewende das Ohm'sche Gesetz erklärt habe, meinte danach eine anwesende Staatssekretärin tatsächlich: »Gesetze kann man ändern.« Anscheinend hielt sie Georg Ohm für einen Politiker.

Wer sich in der Wissenschaft auf die Moral beruft, um unliebsame Fragen zu verhindern, handelt unseriös. Denn eine unangenehme Erkenntnis ist immer besser als ein angenehmer Irrtum. Erkenntnis aus ideologischen Gründen totzuschweigen, nutzt dagegen keinem. Wer also Wissenschaft in »gewollte« und »ungewollte«, in »ethische« und »unethische« unterteilt, handelt im Kern wissenschaftsfeindlich und antiaufklärerisch. Wissenschaftler sollten herausfinden, was wirklich ist.

In den Naturwissenschaften ist das zugegebenermaßen einfacher als in den Geisteswissenschaften. Um die Masse eines Elektrons zu bestimmen oder die Größe einer Supernova zu messen, benötigt man zwar aufwendige und teure Apparaturen, aber am Ende ist das Messergebnis entweder richtig oder falsch. Bei gesellschaftlichen oder kulturellen Phänomenen ist das schwerer. Kein Messgerät kann entscheiden, ob Picasso der bessere Maler ist als van Gogh, ob man an Gott glauben sollte oder nicht oder ob Freiheit wichtiger ist als Gleichheit.

Dennoch lassen sich auch in den Sozial- und Geisteswissenschaften erstaunlich viele Fragen empirisch beantworten. Welches wirtschaftspolitische System holt mehr Menschen aus der Armut? Sorgt ein höheres Budget im Bildungssektor für bessere Abschlüsse? Reduzieren hohe Haftstrafen die Kriminalitätsraten?

Oftmals handelt es sich bei diesen Zusammenhängen um Korrelationen und nicht um Kausalitäten. Doch eine starke Korrelation kann auf eine Kausalität hinweisen. Zum Beispiel sind Intelligenz und Schulerfolg korreliert. Das lässt die Vermutung zu, dass Intelligenz eine Ursache für Schulerfolg ist und nicht umgekehrt. Genauso wie Zahnspangen auch keine Pubertät verursachen.

Vor längerer Zeit sprach ich mit einem renommierten Philosophieprofessor über das Phänomen des freien Willens. In unserem Gespräch erklärte er mir, dass dazu in der Philosophie vollkommen konträre Auffassungen existieren. Die eine Denkschule ist der Meinung, es gäbe ihn nicht, die andere dagegen behauptet, dass er existiert. »Aber wer hat nun recht?«, fragte ich ihn. Da lächelte er mich an und sagte: »Wie? Wer recht hat? Das ist eine vollkommen unphilosophische Frage.«

So amüsant diese Begebenheit auch war, so nachdenkenswert ist sie. Denn ein System, das Theorien über die Wirklichkeit aufstellt, sollte auch Wert darauf legen, diese Theorien an der Wirklichkeit zu überprüfen. Andernfalls läuft man Gefahr, falsche Theorien zu verbreiten.

Durch meine lange Tätigkeit als Wissenschaftskabarettist habe ich einen recht guten Einblick in den universitären Betrieb. Dabei fasziniert mich immer wieder das hohe Maß an Expertenwissen von Wissenschaftlern verschiedenster Fachbereiche. In ihren Forschungsprojekten beschäftigen sie sich meist jahrelang mit der Antwort auf eine konkrete Fragestellung. Dadurch entsteht im besten Fall Erkenntnis, die unsere Welt nach vorne bringt.

Es gibt aber auch Vertreter der universitären Elite, die fasziniert sind von abstrakten, theoretischen Gedankenkonstrukten. Mir fällt immer wieder auf, dass für erstaunlich viele erfolgreiche Forscherkarrieren die Konfrontation ihrer Konstrukte mit der Wirklichkeit nicht zwingend nötig war. So kommt es beispielsweise vor, dass zwei Professoren für Soziologie, die sich ihr Leben lang mit ökonomischen Theorien beschäftigen, zu vollkommen gegensätzlichen Auffassungen über die Organisation einer Volkswirtschaft kommen. Der eine ist ein Fan von sozialistischen Ideen, der andere präferiert freie Märkte.

Und wieder stellt sich die Frage: Welcher von beiden hat nun (eher) recht? In der akademischen Welt wird diese Frage nicht immer dadurch geklärt, dass man das jeweilige Denkmodell an der Wirklichkeit testet, denn dazu müsste man die Gesellschaft zum Experimentierfeld machen. Vielmehr wird auf einer theoretischen Ebene darüber diskutiert, welches Denkmodell in sich logischer ist. So können die tollsten Ideen unerhört klug, aber gleichzeitig unerhört falsch sein.

Universitäten stellen daher ein großes Paradoxon dar. Sie sind sowohl die Quelle wissenschaftlicher Wahrheiten als auch die Vermittler von gesellschaftspolitischen Ideologien. Meist ist es schwer, das eine vom anderen zu unterscheiden.

Selbst bei meiner eigenen Diplomarbeit weiß ich bis zum heutigen Tag nicht, ob es sich dabei um eine große Erkenntnis oder um eine große Fehleinschätzung handelt: »Infrarot- und Raman-spektroskopische Untersuchungen an ferroelektrischen Betain-Mischkristallen«. Zugegeben, das klingt einfacher als es ist. Und es war definitiv ein Thema, bei dem der kleine Mann auf der Straße gesagt hat: Wow! So habe ich das noch gar nicht gesehen …

Bei Religionen ist es für Außenstehende viel einfacher zu erkennen, dass es sich um ein Glaubenskonstrukt handelt. Viele religiöse Menschen sind sich sogar selbst bewusst, dass sie dabei glauben, nicht denken. Oder wie es der antike Theologe Tertullian formulierte: »Ich glaube, weil es unvernünftig ist.« Ideologen jedoch sind davon überzeugt, die Wahrheit zu kennen, weil sie sich in ihren Theoriekonstrukten auf Logik und Verstand berufen. Das ist viel gefährlicher. Denn Ideologen setzen an die Stelle des Glaubens eine angeblich wissenschaftliche Erkenntnis. Diese wird verabsolutiert und zum Zentrum des Weltbildes gemacht.

Wie also lässt sich eine Ideologie von einer wissenschaftlichen Wahrheit unterscheiden? Der schwedische Mediziner Hans Rosling hat dazu einen sehr eleganten Lackmustest formuliert: »Wenn Sie einer bestimmten Theorie anhängen, dann fragen Sie sich stets: Welche Art von Beweis könnte mich davon überzeugen, meine Theorie über den Haufen zu werfen?« Falls Ihre Antwort lautet: »Es ist kein Beweis denkbar, der mich vom Gegenteil überzeugen kann«, ist die Chance recht groß, dass Sie einer Ideologie anhängen. Denn es bedeutet, dass Ihnen Ihr mühsam zusammengebasteltes Weltbild wichtiger ist als faktengestützte Erkenntnisse. Das ist völlig okay. Aber dann sollten Sie bei Ihrer nächsten Operation dem Chirurgen fairerweise sagen, dass er sich das Händewaschen ruhig sparen kann.[110]

Es ist kein Geheimnis, dass neben der reinen Wissensvermittlung die Hochschulen schon immer auch Orte des politischen Aktivismus waren. Im Nachkriegsdeutschland war es die 68er-Generation, die die Nazivergangenheit in die Hörsäle geholt hat und von einem grundlegenden gesellschaftspolitischen Wandel träumte. In den USA waren der Vietnamkrieg und der Rassismus gegen Schwarze Auslöser, um die Universitäten zu wichtigen Debattenräumen der

Bürgerrechtsbewegung werden zu lassen. In Paris gingen die Studenten auf die Straße. Es war der Beginn einer Politisierung der westlichen Universitäten, die bis heute anhält.

Mark J. Perry, Professor für Wirtschaftswissenschaften an der University of Michigan-Flint, hat abgeschätzt, dass im Jahr 2018 an seiner Hochschule mehr als neunzig Angestellte damit beschäftigt waren, Gleichstellungs- und Diversity-Richtlinien aufrechtzuerhalten, was jährliche Gesamtkosten von über elf Millionen Dollar verursachte. Der oberste Administrator erhielt eine Jahresvergütung von fast 400 000 Dollar, viermal mehr als das Durchschnittsgehalt von Fakultätsmitgliedern der meisten amerikanischen Unis.[111]

Wie bereits erwähnt, werden an amerikanischen Bildungseinrichtungen viele dieser Programme wieder zurückgefahren.[112] Die Trump-Regierung führt einen regelrechten Krieg gegen die Universitäten, der ähnlich radikal-politisch motiviert ist wie das, was sie abschaffen möchte.

In Deutschland hat man sich für einen anderen Weg entschieden. Die Deutsche Forschungsgemeinschaft, die an deutschen Hochschulen maßgeblich wissenschaftliche Projekte finanziert und genehmigt, ist woke geworden und auf den »Diversity-Zug« aufgesprungen, wie es ein Artikel der *Frankfurter Allgemeinen Zeitung* provokant formuliert.[113]

Was genau hat das zu bedeuten? Wenn Sie zum Beispiel an Ihrer Hochschule einen Sonderforschungsbereich einrichten möchten, um die Ausdehnung des Universums nach dem Urknall zu erforschen, müssen Sie dafür eine zusätzliche Stelle (Kosten: zirka 80 000 Euro pro Jahr) für »forschungsorientierte Gleichstellungs- und Diversitätsstandards« schaffen, damit Ihr Projekt bewilligt wird.[114]

Fortan soll also die Gisela aus der Gleichstellungsabteilung sicherstellen, dass bei der Simulation eines Quark-Gluon-Plasmas vor 13,8 Milliarden Jahren auf jeden Fall

»Diversitätsdimensionen, geschlechtliche Identität, ethnische Herkunft, Intersektionalität, Migrationsgeschichte, Weltanschauung und chronische Erkrankungen« berücksichtigt werden.

Donnerwetter! Es ist völlig schleierhaft, dass früher reaktionäre Cis-Männer wie Newton, Einstein oder Faraday ohne eine solche Kontrollinstanz überhaupt etwas auf die Reihe gekriegt haben.

Vielleicht wurde deswegen im März 2024 an der Universität zu Lübeck der Sonderforschungsbereich »Sexdiversity« gegründet. Dort sollen 27 Wissenschaftler den Versuch unternehmen, die »Binarität des Geschlechtes in genetischen Studien zu überwinden«, was der Deutschen Forschungsgemeinschaft zwölf Millionen Euro an Fördergeldern wert ist. Ich jedenfalls wünsche an der Stelle schon mal viel Glück.[115]

Die Soziologin Ulrike Ackermann beschäftigt sich in ihren Arbeiten schon lange mit dem deutschen Wissenschaftsbetrieb und beklagt, dass in der Drittmittelförderung immer mehr forschungsfremde Vorgaben dazu führen, dass Wissenschaftler ihre Forschungsinhalte so umgestalten und anpassen müssen, dass sie den politisch-moralischen Leitbildern der Förderinstitutionen entsprechen.[116]

Zweifellos ist es begrüßenswert, wenn Universitäten danach streben, allen gesellschaftlichen Gruppen die gleichen Chancen zu bieten. Doch wenn die Vorgaben für Forschung immer weniger von der Suche nach Wahrheit getrieben sind, sondern in erster Linie eine gesellschaftspolitische Agenda verfolgen, dann ist das eine bedenkliche Entwicklung, die inzwischen auch messbar ist. So hat sich im Jahr 2024 die Lage der Wissenschaftsfreiheit an unseren Bildungseinrichtungen im Vergleich zu den Vorjahren deutlich verschlechtert. Laut Academic Freedom Index (AFI), der den Grad der Forschungsfreiheit in 179 Ländern misst, befindet sich Deutschland nur noch auf Platz 27, hinter Ländern wie Chile, Honduras oder Botswana.[117]

Zudem führt die zunehmende Politisierung der Wissenschaft zu falschen Belohnungsmechanismen. Forscher, die »auf Linie bleiben«, werden in einem solchen System belohnt, bekommen Fördergelder oder gut bezahlte Verwaltungsjobs, während unkonventionelle Zeitgenossen, die in nicht erwünschten Feldern tätig sind, durch das Raster fallen. So entsteht fast zwangsläufig eine Herdenmentalität und Gruppendruck. Gerade junge Wissenschaftler, die am Beginn ihrer Karriere stehen, wissen sehr genau, welche Forschungsfragen man in einem solchen Umfeld lieber meiden sollte, um sich die Chancen nicht zu verbauen. Am Ende könnte ja etwas »Falsches« herauskommen und deswegen ist es besser, sich damit gar nicht erst zu beschäftigen.

Gleichzeitig gedeihen in einer solchen Atmosphäre Fachgebiete, die eher politischen Bewegungen ähneln als einer wissenschaftlichen Disziplin.

Zum Beispiel die »Critical Studies«, die in den USA ihren Anfang genommen haben und mittlerweile auch flächendeckend an deutschen Hochschulen Einzug gehalten haben. Ein sehr weites thematisches Feld, angefangen von Gender-Studies, über Fat- und Disability-Studies zu Post-Colonial-Studies.

Die Basis all dieser Ansätze und Subdisziplinen bildet die Critical Race Theory (CRT), die sich in den Siebzigerjahren an amerikanischen Eliteuniversitäten wie Harvard, Columbia oder der UCLA herausbildete. Damals taten sich Hochschullehrer wie Bell Hooks, Derrick Bell oder Kimberlé Crenshaw zusammen und formulierten die Hypothese, dass nahezu alle Ungerechtigkeiten und Probleme in der (akademischen) Welt als Formen des Rassismus interpretiert werden können.

Im Laufe der Jahrzehnte hat sich die Critical Race Theory zu einer festen Größe in vielen geisteswissenschaftlichen Lehrplänen etabliert. Unzählige Forschungsarbeiten wurden dazu verfasst. Zahllose Soziologen, Kultur- und Politikwissenschaftler berufen sich darauf.

Die Ironie allerdings ist: Die oben genannten Vertreter dieser Disziplin haben von Anfang an keinen Zweifel daran gelassen, dass sie die Critical Race Theory nicht als eine wissenschaftlich basierte, gedankliche Schule begreifen, sondern als politische Bewegung, die nicht das Ziel hat, die Wahrheit zu erforschen, sondern die Gesellschaft umzuwandeln.[118]

Das mag ein durchaus legitimes Anliegen sein, aber warum soll es an Orten vorangetrieben werden, die sich der Wissenschaft verpflichtet haben? Wenn also heute an Universitäten die Critical Race Theory mit all ihren seltsamen Unterarten und Subdisziplinen als angeblich seriöse wissenschaftliche Disziplin gelehrt wird, warum nicht auch das Parteiprogramm der Linken? Oder die Philosophie der Zeugen Jehovas?

Ich gebe zu, ich übertreibe. Gewiss ist nicht alles, was in diesen Bereichen gelehrt wird, politisch. Und vielleicht wenden Sie, liebe Leserin, lieber Leser, jetzt ein: »Na ja, nur weil manche Bereiche des universitären Lebens inzwischen von politischem Aktivismus durchdrungen sind, müssen die Forderungen und Statements ja nicht falsch sein. Was spricht schon gegen Vielfalt, postkoloniale Aufarbeitung oder die Thematisierung von rassistischen Strukturen? Und überhaupt: Waren nicht auch die Väter der Aufklärung mit ihrem Appell für Vernunft und Rationalität so etwas wie politische Aktivisten?«

Das stimmt zweifellos. Die Beschäftigung mit Ethik, Humanismus und Menschenrechten sollte selbstverständlich Lehrinhalt an unseren Bildungseinrichtungen sein.

Die Frage ist auch nicht, ob es heutzutage an Universitäten Diskriminierung, Sexismus und Rassismus gibt. Natürlich gibt es das. Doch wenn man diese »Ismen« als einzigen und alleinigen Grund für buchstäblich jede Art von irgendwelchen Ungleichheiten ansieht, wird das der Sache nicht gerecht. Zu behaupten, Geschlecht, Sexualität oder Hautfarbe hätten keine Bedeutung, ist absurd. Zu behaupten, sie würden *alles* bedeuten, ist fatal.

Natürlich betrifft das nicht die gesamten Sozial- und Geisteswissenschaften. Sehr viele ihrer Vertreter sind unideologische Wissenschaftler, die die Suche nach Erkenntnis wichtiger nehmen als die Bestätigung der eigenen Weltbilder. Aber sie überlassen das politische Feld an den Universitäten zu oft den Ideologen und politischen Aktivisten.

Ich bin mir auch bewusst, dass es in diesen Disziplinen sehr viel komplizierter ist als in den Naturwissenschaften, eine gute von einer schlechten Idee unterscheiden zu können. Wenn sich ein Bauingenieur verrechnet, stürzt die Brücke ein. Ideologische Luftschlösser dagegen unterliegen nicht der Gravitationskraft. Die kann man bisweilen mit überzeugender Rhetorik oder auch, wie wir gesehen haben, unverständlicher Sprache vor einem drohenden Einsturz bewahren. Aber politischer Aktivismus basiert nicht zwangsläufig auf wissenschaftlichen Grundlagen, nur weil er von Akademikern betrieben wird.

Und darum soll es nun gehen: zu überprüfen, wie vernünftig oder wie ideologisch die aktuellen gesellschaftlichen Debatten, die ihren Ursprung größtenteils in den Universitäten haben und damit auch das Gütesiegel der Wissenschaft tragen, in Wirklichkeit sind.

Was vordergründig vernunftbasiert, weltoffen und progressiv daherkommt, ist bei näherer Betrachtung nämlich vergleichbar mit einem Trojanischen Pferd: Hinter vermeintlich aufklärerischen Werten verbirgt sich ein autoritärer, intoleranter und antiwissenschaftlicher Kern, wie auch der Philosoph und Skeptiker Nikil Mukerji treffend bemerkt.[119]

In den nächsten Kapiteln möchte ich daher ein paar der populärsten Behauptungen und gesellschaftlichen Diskurse einem wissenschaftlichen Faktencheck unterziehen. Wie kann die empirische Forschung uns helfen, jene Themen besser einzuordnen, die nicht nur große Bedeutung an unseren Universitäten und Bildungseinrichtungen haben, sondern die inzwischen auch flächendeckend in Politik, Wirtschaft und Gesellschaft angekommen sind und damit konkrete Auswirkungen auf unser Leben haben? Wie weit kann ein vernünftiger Blick auf die vielen Mythen und Halbwahrheiten, die mitverantwortlich dafür sind, dass wir uns in einer so großen gesellschaftlichen und wirtschaftlichen Verunsicherung befinden, für Klarheit sorgen?

Ich werde versuchen, einige dieser populären Weltbilder und Narrative kräftig durchzurütteln.

Also Vorsicht. Die nun folgenden Inhalte könnten auf einige Leser verstörend und belastend wirken. Sie decken sich nicht immer mit dem Mainstream. Offensichtlich haben Sie bis hierher durchgehalten, weil Sie möglicherweise den ersten Teil des Buches unterhaltsam fanden. Im zweiten Teil jedoch wird es einen Zacken härter, denn es geht ran an unsere politischen Haltungen, an unsere Intuitionen und Gefühle, die unser Weltbild prägen. Übrigens auch an meine eigenen. Deswegen an dieser Stelle:

TRIGGERWARNUNG!!!

Lesen Sie bitte nur weiter, wenn Sie emotional gefestigt sind oder einen guten Therapeuten zur Hand haben. Andernfalls können Sie auch gerne die nächsten Kapitel überblättern. Die Danksagung ist dann wieder sehr, sehr nett und absolut unverfänglich.

Allen anderen liefere ich auf den folgenden Seiten eine Art Betriebsanleitung, wie Sie auf der nächsten Party, dem nächsten Familientreffen oder dem nächsten Geschäftsessen gängige gesellschaftspolitische Behauptungen faktenbasiert, sachlich und fair hinterfragen und entkräften können.

Freuen Sie sich also auf ein paar evidenzbasierte Argumente, die hoffentlich jeden meinungsstarken Ideologen zur Weißglut treiben werden …

TEIL 2

WER BIN ICH UND WENN JA WIE VIELE?

Beginnen wir mit etwas Einfachem. Der Frage, wie viele verschiedene Geschlechter es gibt. Noch vor wenigen Jahren hätten die Leute auf diese Frage mit Belustigung reagiert. »Was meinst du …? Zwei natürlich. Männlich und weiblich.«

Heute runzelt man bedeutungsschwanger die Stirn und druckst herum. »Na ja … das kann man jetzt nicht sooo genau … also, man muss da schon differenzie… will sagen, ähh … Ach, lass' uns einfach das Thema wechseln …«

Das Sportgericht des Deutschen Fußball-Bundes kann uns zwar auch nichts über die exakte Zahl der Geschlechter sagen, weiß aber auf jeden Fall, dass es keinesfalls nur zwei sind. Bayer Leverkusen musste 2023 eine Strafe von 18 000 Euro zahlen, weil die Fans bei einem Auswärtsspiel ein Schild mit der skandalösen Hassbotschaft hochhielten: »Es gibt viele Musikrichtungen, aber nur zwei Geschlechter.« Und außerdem gibt es nur einen Rudi Völler. Aber da ist man sich beim DFB auch nicht mehr sicher. Wer ist nämlich bitte diese »Tante Käthe«?

Facebook ist in der Hinsicht schon konkreter und bietet seinen Nutzern die Möglichkeit an, unter 58 verschiedenen Geschlechtern zu wählen.

Aus der Psychologie ist das Überauswahl-Phänomen bekannt. Zu viele Möglichkeiten führen zu Stressreaktionen. Vor einiger Zeit wurde gemeldet, dass in Krefeld ein Iraner mit 27 verschiedenen Identitäten ein Kino anzünden wollte. Vermutlich war ihm der Kartenpreis für so viele Personen zu hoch.

Es ist beeindruckend, wie frei und liberal unsere Gesellschaft heutzutage ist. Wenn ich zum Beispiel eine Frau sein möchte, kann ich das sein. Sofort. Ich kann mich ab morgen als Frau identifizieren, und keiner darf etwas Blödes dazu sagen. Wenn ich einkaufen gehe, in meinen hochhackigen Pumps und einem fliederfarbenen Sommerkleid und ein kleines Kind schaut mich verstört an, wird es von seiner Mutter sofort gemaßregelt: »Guck' nicht so. Das könnte die Dame beleidigen.«

Das ist toll. Keiner in dem Laden wird es wagen, etwas Unpassendes zu sagen über die ruppige Dame mit Schuhgröße 46 und Bartschatten.

In der Generation meiner Eltern wäre so etwas nicht möglich gewesen. Wenn mein Vater mit einem schicken Sommerkleid bei der Arbeit aufgetaucht wäre, hätte ihn sein Chef gefeuert. Wenn sich heute ein Mann zur Arbeit einen Strass-besetzten Ledermini anzieht und die Kollegen sich weigern, ihn ab sofort »Hannelore« zu nennen, dann werden *die* gefeuert.

Der rasante mediale Aufstieg der Transbewegung begann im Jahr 2015. Auf dem Juli-Cover von *Vanity Fair* war das Bild der attraktiven Caitlyn Jenner zu sehen. Caitlyn hieß früher Bruce und war Olympiasieger im Zehnkampf. Für ihr mutiges Outing erhielt Caitlyn sogar den »Courage Award« bei den »ESPYS«, der wichtigsten Preisverleihung in der amerikanischen Sportwelt. Die Branche war begeistert, und doch war nicht alles eitel Sonnenschein. So kritisierte unter anderem die *New York Post*, dass der Quarterback Brett Favre bei der Preisverleihung nicht lange genug begeistert gejubelt hat.[120]

Vielleicht hätte er sich vorab YouTube-Clips vom chinesischen Volkskongress anschauen sollen, in denen sehr schön deutlich wird, wie lange man klatschen sollte, um nicht als Abweichler zu gelten.

Nichtsdestotrotz ist die Geschwindigkeit, mit der diese Bewegung Teil des Mainstreams wurde, atemberaubend. Vorläufiger Höhepunkt war der Fall Imane Khelif, einer transsexuellen Person, die bei den Olympischen Spielen 2024 in Paris beim Frauenboxen die Gegnerinnen nach Strich und Faden vermöbelte und ungefährdet die Goldmedaille gewann. Wie sich bei einem später aufgetauchten ärztlichen Gutachten herausstellte, besitzt die Transperson Khelif anscheinend wirklich ein Y-Chromosom, was sie von körperlicher Überlegenheit her zu einem Mann macht.[121]

Trotz Khelifs offensichtlicher Physiognomie weigerte sich das IOC, bei ihr einen Gentest durchzuführen, was wochenlange Diskussionen über den Schutz von Frauen im Boxsport und die Rolle von Transpersonen im Sport allgemein hervorrief. Die jedes Mal, wenn eine Sportlerin sich weigert, gegen eine Transfrau anzutreten, wieder geführt werden.[122]

Inzwischen hat der Box-Verband World Boxing als Reaktion auf den Fall verpflichtende Geschlechtertests angekündigt. Imane Khelif kann erst wieder nach einem genetischen Geschlechtstest bei Turnieren des Verbandes antreten.

Auch im alltäglichen Leben ist das Thema inzwischen angekommen. Erst vor Kurzem erzählte mir eine alte Bekannte, dass sich bei ihrem letzten Besuch in der städtischen Frauensauna ein Mann hineingeschmuggelt hatte. Als sie sich daraufhin zusammen mit ein paar anderen Besucherinnen beschwerte, zeigte der Mann dem Saunameister seelenruhig seinen Pass, in dem drinstand, dass er eine Frau ist. Ein Typ mit Bart und Penis! Für den Saunameister war damit alles paletti: »Wenn das im Pass so steht, dann ist das halt so«, sagte er in typischer Beamtenmanier. Worauf die Frauen – also die rückständigen, altmodischen Frauen mit Brüsten und Gebärmutter – erwiderten: »Ja, aber was ist, wenn der uns vergewaltigt …?« An der Stelle ihrer Erzählung stutzte ich kurz und dachte mir spontan: Bitte, meine Damen, es muss heißen: »Was ist, wenn *sie* uns vergewaltigt?«

Okay, ich gebe zu: Das gerade war ein Gag des britischen Komikers Ricky Gervais. Aber nicht, dass Sie mir jetzt etwas Böses unterstellen. Ich habe diesen Gag von Ricky Gervais nicht geklaut. Nein. Ich identifiziere mich in diesem Moment als Ricky Gervais und daher ist es jetzt mein eigener Gag. So einfach ist das heute.

In der Realität ist die Transdiskussion alles andere als lustig. Das Thema spaltet in erster Linie die Frauen. Die einen sehen in Transpersonen einen Teil der Frauenbewegung, andere befürchten, dass diese Gruppe die historischen Errungenschaften des Feminismus bedroht. Die Frauenrechtlerin Ayaan Hirsi Ali bezeichnet den Transgender-Aktivismus sogar als eine frauenfeindliche Ideologie.[123] Die *Harry Potter*-Autorin J. K. Rowling erhielt Morddrohungen, als sie sagte, dass Transfrauen aus ihrer Sicht keine Frauen sind. Genau das aber wurde im April 2025 in einem britischen Grundsatzurteil bestätigt.[124]

In deutschen Frauengefängnissen sind inzwischen mehrere Übergriffe von einsitzenden männlichen Transpersonen auf die weiblichen Häftlinge bekannt, da beide Gruppen gemeinsam untergebracht sind.[125]

Was also definiert eine Frau? Ist »Frau« ein geschützter Begriff oder kann das jeder?

Die Naturwissenschaft ist in dieser Frage recht konservativ, fast schon rechtspopulistisch. Aus Sicht der Biologie gibt es bei Säugetieren zwei Geschlechter, die zwei unterschiedliche Keimzellen produzieren. Das weibliche Geschlecht produziert Eizellen und hat zwei X-Chromosomen. Das männliche produziert Spermien und hat ein X- und ein Y-Chromosom.

Schnabeltiere dagegen haben fünf X- und fünf Y-Chromosomen, was fantastische Möglichkeiten eröffnet. Damit wäre es dem Tier theoretisch möglich, 25 verschiedene biologische Geschlechter zu entwickeln. Aus irgendeinem Grund nutzt dieses Tier sein unglaubliches Potenzial nicht und bleibt zweigeschlechtlich. Laaangweilig!

Der Schleimpilz Physarum polycephalum dagegen hat die Sache durchgezogen und besitzt neben einem weiblichen und einem männlichen Geschlecht elf andere. Ob sich diese jedoch unter den 58 anklickbaren Geschlechtern bei Facebook befinden, konnte ich nicht herausfinden, da Schleimpilze sich in den sozialen Medien sehr rar machen. Giftpilze sind dort wesentlich häufiger anzutreffen.

Auch Schnecken sind, was ihre Identität angeht, sehr kreativ. Schnecken sind Zwitterwesen, sogenannte Hermaphroditen. Die haben Spermien und Eizellen und sind demnach fähig, sich sowohl zu einem Männchen als auch zu einem Weibchen zu entwickeln. Bei der Paarung versuchen die zwei Parteien sich gegenseitig den Penis abzunagen, weil keiner den anstrengenden weiblichen Part übernehmen will. Man trifft sich, hat Spaß, und danach ist der eine Eunuch – und dazu noch schwanger. Na toll.

Fische zeigen ein ähnliches Verhalten. Bei Aalen bildet sich das Geschlecht erst sehr spät aus. Extrem faule, träge Tiere werden eher männlich, die Energiebündel werden weiblich. Doch den größten Vogel schießen Anglerfische ab.

Die Männchen führen ein Leben als Sexualparasit. Wenn ein Anglerfisch auf eine Partnerin trifft, wächst er an ihrem Körper fest und verbindet sich sogar mit dem Blutkreislauf der Gattin. Das Männchen verschmilzt also völlig mit dem weiblichen Organismus und verkümmert bis auf die Hoden. Was bei einer späteren Scheidung zu einem riesigen Problem werden kann. »Also, das Gehirn kannst du gerne behalten. Aber meine Hoden nehme ich auf jeden Fall mit …«

Zurück zum Säugetier – also zu uns. In den ersten Wochen als Embryo sind wir ähnlich wie Schnecken auch: Zwitterwesen. Ab der achten Woche schütten bei Föten mit einem Y-Chromosom die Hoden das Hormon Testosteron aus und geben damit das Signal zur Entwicklung als Junge. Unter anderem führt die Testosteronausschüttung zur Bildung des sogenannten Anti-Müller-Hormons, das seinerseits dazu führt, dass die Müllergänge, aus denen bei den Frauen später Eileiter, Gebärmutter und Vagina entstehen, zurückgebildet werden. Das anfängliche Zwitterwesen entwickelt sich zu einem männlichen Fötus. Bei Föten mit zwei X-Chromosomen bleibt die Testosteronausschüttung weitgehend aus, wodurch sich ein weiblicher Fötus entwickelt.

In dieser Phase der Geschlechtsentwicklung spielen eine Vielzahl von äußerst komplexen biologischen Abläufen ineinander. In den allermeisten Fällen läuft das reibungslos ab. In sehr wenigen Fällen allerdings kommt es zu kleineren Störungen, die eine nicht eindeutige geschlechtliche Entwicklung des Fötus zur Folge haben. Dann kommt es zu Phänomenen wie Intersexualität, bei der die betroffenen Personen weibliche und männliche Geschlechtsmerkmale entwickeln, oder zu anderen Abweichungen wie zum Beispiel dem Turner-Syndrom, bei dem ein Geschlechtschromosom fehlt oder stark verändert ist. Phänomene, die statistisch gesehen bei weniger als 0,2 Prozent aller Menschen auftreten. Im Jahr 2022 haben sich bei der Zensusdatenbank 969 der über 82 Millionen in Deutschland lebenden Einwohner als »divers« bezeichnet.[126]

Auch das ist allerdings, anders als von der Transbewegung gerne behauptet wird, kein Beweis dafür, dass es mehr als zwei Geschlechter gibt. Intersexualität ist kein eigenes Geschlecht, sondern eine Anomalie.

Und das sagt nicht der Physiker Vince Ebert, sondern die Biologin und Nobelpreisträgerin Christiane Nüsslein-Volhard: »Viele Geschlechter? Das ist Unfug. Intersexuelle Menschen haben zwar die Merkmale beider Geschlechter, sie sind aber kein drittes Geschlecht.«[127]

Aber hey, was weiß denn schon eine Nobelpreisträgerin, wenn im Gegenzug irgendwelche Faktenchecker mit einem Bachelor in feministischer Tanztherapie herausgefunden haben, dass das alles antiwissenschaftlicher Bullshit ist.

Selbstverständlich gibt es innerhalb eines biologischen Geschlechts eine große Bandbreite von Vorlieben und Verhaltensweisen. Es gibt feminine Männer und maskuline Frauen, es gibt Männer, die sich als Frau fühlen und umgekehrt. Aber das Gefühl, ein anderes Geschlecht zu haben, macht einen nicht zu einem anderen Geschlecht.

Wenn sich eine Frau wünscht, ein Mann zu sein (oder irgendetwas zwischen Mann und Frau), ist das vollkommen legitim und für die allermeisten ja auch überhaupt kein Problem. Aber sie ist dann immer noch eine Frau.

Sie können Ihr Geschlecht nicht wechseln, weil Ihr Geschlecht durch Ihre Chromosomen festgelegt ist. Daran kann auch ein Eintrag im Pass nichts ändern.

Wie sich jemand im Inneren fühlt, ist völlig irrelevant für sein biologisches Ich. Wenn Forscher in fünfhundert Jahren die Überreste einer Transperson finden und sie paläogenetisch untersuchen, geben die Messgeräte nicht darüber Auskunft, wie sich diese Person zeitlebens gefühlt hat, sondern sie zeigen an: Das sind die fünfhundert Jahre alten Überreste einer Frau oder eines Mannes.

Oder etwas salopper formuliert: Wenn ich mir wünsche, eine Topfpflanze zu sein, werde ich nicht zu einer Topfpflanze. Auch, wenn ich mir Blätter anklebe und versuche, mich von Photosynthese zu ernähren. Ich bleibe ein Mann, der sich für eine Topfpflanze hält. It's that simple.

Vor einiger Zeit habe ich auf meiner LinkedIn-Seite genau diese Erläuterung gepostet. Zwei Tage später rief mich ein guter Freund an, der Partner in einer großen Anwaltskanzlei ist. Bestürzt erzählte er mir, dass er meinen Beitrag geliked hat und daraufhin zur Gleichstellungsbeauftragten seiner Firma bestellt wurde. Dort ließ man ihn wissen, dass er in Zukunft auf solche Kommentare verzichten solle, da diese Inhalte gegen die interne Unternehmenspolitik verstoßen.

Sein Beispiel zeigt, wie schnell sich eine antiwissenschaftliche Atmosphäre in der Mitte der Gesellschaft ausbreiten kann und wie groß der Anpassungsdruck in modernen Gesellschaften geworden ist. (Von der Tatsache, die Meinungsäußerungen von Mitarbeitern zu bespitzeln und zu sanktionieren, gar nicht erst zu sprechen.)

Dabei sind es gar nicht so sehr die paar wenigen Ideologen, die den Diskurs verengen, sondern es ist der vorauseilende Gehorsam vieler Menschen aus der gemäßigten Mitte, die sich freiwillig an den woken Zeitgeist anpassen.

Neulich nach einer Show fragte mich ein junger Zuschauer: »Herr Ebert, was macht Ihnen eigentlich so viel Angst, dass es mehr als zwei Geschlechter gibt?« Meine Antwort: »Nichts.« Wenn die Wissenschaft evidenzbasiert herausfände, dass es zwölf oder 15 biologische Geschlechter gibt, warum sollte mir diese Erkenntnis Angst machen? Es macht mir auch keine Angst, wenn Menschen behaupten, dass die Erde eine Scheibe ist. Ich hätte allerdings große Bedenken, solche Leute als Fluglotsen arbeiten zu lassen.

Umgekehrt möchte ich fragen: Warum reagiert *ihr* eigentlich so panisch, dass es nur zwei biologische Geschlechter gibt? Diese Tatsache impliziert überhaupt nicht, dass es zwischen diesen zwei Kategorien keine fließenden Übergänge gibt. Man braucht kein drittes, kein viertes oder kein 17. Geschlecht, um zu sehen, dass Menschen verschieden sind.

Darüber hinaus ist mir auch nicht klar, wieso es in der Transbewegung so ein großes Bedürfnis gibt, das Geschlecht ändern zu wollen. Denn es heißt in diesen Kreisen ja, dass das Geschlecht lediglich sozial konstruiert und die Biologie irrelevant sei. Wenn es also angeblich kein Geschlecht gibt, warum kämpft man dann für die Anerkennung eines dritten? Und wenn die Biologie angeblich keine Rolle spielt, wieso drängen manche Vertreter dieser Bewegung so exzessiv darauf, dass es Menschen leichter gemacht werden sollte, ihre biologischen Merkmale wie Brüste oder Penis operativ zu entfernen, anzugleichen oder umzubauen?[128]

Es ist nicht meine Art, andere vor den Kopf zu stoßen oder ihre Gefühle zu verletzen. Wenn jemand in meinem Umfeld als Herr, als Dame, als Transgender oder als Ozean des Wissens angesprochen werden möchte, bin ich dazu gern bereit. Wenn es dem anderen wichtig ist und er sich so sieht, warum auch nicht? Das gebietet in meinen Augen die Höflichkeit und darüber hinaus erleichtert es das Zusammenleben ungemein. Und dass Höflichkeit manchmal in einem gewissen Spannungsverhältnis zur Wahrheit steht, ist ja bekannt.

Als liberaler, toleranter Mensch bin ich der festen Überzeugung, dass jeder nach seiner Fasson selig werden sollte, wie das schon der preußische König Friedrich der Große so schön sagte.

Wenn jedoch aus meiner Toleranz gegenüber einer aus biologischer Sicht sehr speziellen »Wahrheit« eine Verpflichtung werden soll, dann ist mit meiner Toleranz schlagartig Schluss. Ein Mann, der sich als Frau fühlt, kann mich bitten, ihn als Frau anzusprechen. Sobald er aber von mir verlangt, dass ich selbst glauben muss, es handele sich bei ihm tatsächlich um eine Frau, wird er übergriffig.

Erst recht will ich nicht per Gesetz dazu genötigt werden, die Fantasien von anderen ernst nehmen zu müssen oder unter der Androhung von Strafe sogar gezwungen werden, biologische Unwahrheiten zu sagen.

Genau das aber ist in Deutschland inzwischen Pflicht. Im November 2024 trat das Selbstbestimmungsgesetz in Kraft, nach dem jeder Bürger auf dem Standesamt seinen Geschlechtseintrag im Pass ändern lassen kann. Wer in Zukunft den früheren Namen einer Person, die ihr Geschlecht »geändert« hat, öffentlich macht, riskiert ein Bußgeld von bis zu 10 000 Euro.

Es gehört zu einer freien Gesellschaft, dass jeder so leben kann, wie er will. Aber es gehört genauso zu einer freien Gesellschaft, davon in Ruhe gelassen zu werden, es zu ignorieren oder sich darüber lustig zu machen. Wer möchte, dass der Staat bestimmt, was man sagen darf und was nicht, der sollte sich die Verhältnisse in Nordkorea oder Russland anschauen.

Etwas Ähnliches passiert leider gerade in der Geschlechterdebatte. Menschen, die grundsätzliche naturwissenschaftliche Fakten als Erfindungen oder Konstruktionen bezeichnen, sitzen an den Schaltstellen der Politik und machen Gesetze, die auf Voodoo und Esoterik beruhen.

Mittlerweile gibt es Broschüren vom Bundesfamilienministerium, die sich gezielt an Kinder und Jugendliche richten und darin behaupten, es gäbe mehr als zwei Geschlechter.[129]

In England stieg in den letzten Jahren die Zahl von Minderjährigen, die sich einer operativen Transgender-Behandlung unterzogen haben, um 700 Prozent.[130]

Die schottische Regierung rät Schulen sogar, die Eltern nicht zu informieren, wenn ein Kind äußert, sein Geschlecht ändern zu wollen. Wohlgemerkt, das ist eine Empfehlung für Schulen, in denen einem Kind ein Aspirin nur verabreicht werden darf, wenn eine elterliche Genehmigung vorliegt.[131]

In einer aufgeklärten Gesellschaft sollten politische Maßnahmen in erster Linie vernünftig sein – mit dem Ziel, möglichst viele Freiheiten zu ermöglichen. Keinesfalls sollte die Politik mit aktivistischen Gesetzen versuchen, bei den Bürgern ein erwünschtes Verhalten herbeizuführen. Wozu das nämlich führen kann, hat man in der Vergangenheit gesehen. Vor fünfzig Jahren hat man in der dunklen Zeit der Homophobie versucht, Homosexualität mit Elektroschocks und Medikamenten »wegzutherapieren«. In dem Film *The Imitation Game*, der auf wahren Begebenheiten basiert, spielt Benedict Cumberbatch den schwulen Mathematiker Alan Turing, der von der Regierung zu einer Hormontherapie gezwungen wurde und sich daraufhin das Leben nahm.

In der heutigen Trans-Diskussion werden solche Maßnahmen wieder salonfähig. So mancher Aktivist ist der Meinung, einen Identitätskonflikt durch chirurgische Eingriffe oder Medikamente korrigieren zu können. In Einzelfällen mag das möglicherweise funktionieren. Ich bin weder Arzt noch Psychologe.

Aus einem biologischen Ausnahmefall ist längst eine gesellschaftspolitische Glaubensfrage geworden, die mit Vernunft und wissenschaftlicher Erkenntnis nichts zu tun hat. Dass sich auch die Politik bei diesem Thema so unüberlegt auf die Seite des Glaubens und des Gefühls gestellt hat, ist erschreckend. Es hat meiner Meinung nach nichts mit Liberalität zu tun, eine gesetzliche Grundlage zu schaffen, die es jungen Menschen in einer Phase der Unsicherheit ermöglicht, einen unumkehrbaren operativen und medikamentösen Eingriff durchführen zu lassen.

FRAUEN SIND DIE BESSEREN MÄNNER

Und? Sind Sie gerüstet, um beim nächsten Familientreffen mit Ihrer zwanzigjährigen Nichte über nonbinäre Geschlechtsidentitäten zu diskutieren? Ich jedenfalls wünsche viel Spaß dabei.

In diesem Kapitel geht es um das wohl komplexeste System im Universum: das Verhältnis zwischen Frauen und Männern.

Vor einiger Zeit sagte Barack Obama in einer viel beachteten Rede: »Wenn jede Nation auf der Erde von Frauen geführt würde, würde sich auf ganzer Linie nahezu alles deutlich verbessern.«[132]

Damit sprach der ehemalige US-Präsident vielen modernen Menschen aus der Seele. Eigentlich sind Frauen die besseren Männer. Aber leider dominieren an den Schaltstellen der Macht immer noch männliche Alphatiere, wie man gut an Ursula von der Leyen sehen kann.

1971 zog die indische Premierministerin Indira Gandhi gegen Pakistan in den Krieg. Auch Kleopatra, Elisabeth I., Queen Victoria, Isabella von Kastilien oder Katharina die Große sind Frauen, die Kriege geführt haben. Und da sind zwei meiner Ex-Freundinnen noch gar nicht mitgezählt.

Politikwissenschaftler fanden bei einer Analyse von 193 Regierungen über fünf Jahrhunderte hinweg heraus: Reiche, die von Königinnen geführt wurden, nahmen signifikant häufiger an Kriegen teil.[133]

Gudrun Ensslin und Ulrike Meinhof waren führende Köpfe der RAF, die EU-Parlamentsvizepräsidentin Eva Kaili wurde 2023 wegen Korruptionsvorwürfen und Geldwäsche suspendiert, Marine Le Pen wurde wegen Veruntreuung von EU-Geldern verurteilt, die Volksbildungsministerin Margot Honecker galt vielen DDR-Bürgern als geistige Strippenzieherin des sozialistischen Unrechtsstaates, Jiang Qing, die Ehefrau von Mao Zedong, war die treibende Kraft der mörderischen Kulturrevolution in China und Angela Merkel pulverisierte in ihrer 16-jährigen Amtszeit die deutsche Wirtschaft. Das zeigt: Wenn man sie lässt, können Frauen alles, was Männer auch können. Oft gehen sie dabei sogar gründlicher vor.

Die allermeisten Posten sind zwar weiterhin in der Hand von Männern, doch in vielen westlichen Ländern drängen mehr und mehr Frauen an die politische Macht. Mit feministischer Außenpolitik, kreativem Englisch und einer Styling- und Social-Media-Entourage, die man sonst nur von amerikanischen Hip-Hop-Stars kennt.

Seit einigen Jahren ist besonders in der deutschen Politik erkennbar: Dinge wie Inkompetenz und Selbstüberschätzung sind viel diverser geworden. Noch vor dreißig Jahren war das eine klassische Männerdomäne. Aber wenn Sie heute jemanden suchen, der den Karren so richtig gegen die Wand fährt, muss das nicht unbedingt ein Mann sein. Und das ist doch eine tolle Entwicklung, oder?

Zweifellos ist bei der Gleichberechtigung noch lange nicht alles gleich. 28 Prozent der deutschen Chefposten sind mit Frauen besetzt, auf der zweiten Führungsebene liegt der Anteil bei 41 Prozent und bei den 160 größten deutschen Börsenunternehmen sind knapp 20 Prozent der Vorstände Frauen.[134]

Woher kommt es, dass im Vergleich zu Männern deutlich

weniger Frauen in Spitzenpositionen tätig sind? Klassische Antwort: Wir leben in einer männerdominierten Gesellschaft, in der eine gläserne Decke den Aufstieg von Frauen verhindert. Die Überzeugung, dass wir in einem Patriarchat leben, ist fest in unseren Köpfen verankert, nicht zuletzt, weil das die Erklärung ist, die die Geschlechterforschung seit Jahren liefert: Die Ungleichverteilung von Männern und Frauen in beruflichen Bereichen resultiert im Wesentlichen aus geschlechtsspezifischen Vorurteilen und aus einem männlich orientierten System, lautet die Analyse einer der meistzitierten wissenschaftlichen Publikationen über die Gleichstellung von Geschlechtern.[135]

Und aus der Psychologie wissen wir: Je öfter man etwas liest oder hört, umso glaubwürdiger erscheint es uns. Das sollte Sie als kritischer Geist nicht davon abhalten, skeptisch zu sein.

Tatsächlich ist das Interessante an dieser Publikation, dass an keinem Punkt der Forschungsarbeit die Kernhypothese überprüft wird. Es geht ausschließlich darum, wie sich das patriarchalische System auf den Arbeitsmarkt auswirkt, aber kein einziges Mal wird die Frage gestellt, ob dieses System existiert beziehungsweise ob nicht vielleicht auch andere Faktoren für diese Ungleichheiten verantwortlich sein könnten.

Man behauptet etwas und weil man etwas behauptet, muss es richtig sein. Doch, wie Sie bereits hier mehrfach gelesen haben: So funktioniert Wissenschaft nicht. Johannes Kepler hat nicht einfach so behauptet, dass sich die Erde um die Sonne dreht. Genauso wenig wie Einstein einfach so behauptet hat, dass Energie Masse mal Lichtgeschwindigkeit zum Quadrat ist. Beide haben auf der Basis von nachprüfbaren und reproduzierbaren Fakten gezeigt, dass es so ist. Und sie haben gleichzeitig der Nachfolgegeneration von

Forschern ein Werkzeug mit auf den Weg gegeben, mit dem sie diese Thesen überprüfen und gegebenenfalls korrigieren oder widerlegen können: das nachvollziehbare Experiment.

Zurück zum Thema: Gibt es andere, evidenzbasierte Untersuchungen, die belegen, dass männliche Vorurteile und Diskriminierung die Ursachen dafür sind, dass weniger Frauen in Führungspositionen kommen?

Für den Hochschulbetrieb scheint sich diese These nicht zu bestätigen. Zum Beispiel zeigt eine repräsentative Studie, dass bei identischen Lebensläufen Frauen bei einer Bewerbung für eine Professur heute im Verhältnis 2:1 gegenüber Männern bevorzugt werden.[136]

Eine Untersuchung des Max-Planck-Instituts für Gesellschaftsforschung zeigt, dass in geisteswissenschaftlichen Fakultäten Forscherinnen deutlich weniger publizieren müssen als Männer, um eine Professur zu erhalten.[137]

Ähnliches trifft auf die Naturwissenschaften zu, wie eine detaillierte Analyse von Hochschulen in 18 untersuchten Ländern ergab.[138]

Ebenso konnte bei der Auswahl wissenschaftlicher Publikationen kein Anzeichen dafür festgestellt werden, dass Forscherinnen gegenüber männlichen Kollegen benachteiligt werden.[139]

Wie sieht es mit dem Patriarchat auf dem übrigen Arbeitsmarkt aus? Der empirische Sozialforscher Martin Schröder fand auf der Basis von 700 000 Befragungen und Datensätzen heraus, dass in Deutschland bei Bewerbungsverfahren keine statistisch signifikante Benachteiligung von Frauen zu erkennen war.[140]

Langzeitstudien aus zwanzig verschiedenen westlichen Ländern belegen sogar einen umgekehrten Trend: Bis zum Jahr 2009 wurden auf dem Arbeitsmarkt Frauen im Mittel diskriminiert. Danach drehte sich der Zeitgeist. Inzwischen haben es Männer bei vergleichbaren Lebensläufen etwas schwerer, zu Vorstellungsgesprächen eingeladen zu werden und die Stelle zu bekommen.[141]

Dieses Phänomen spiegelt sich auch in dem subjektiven Empfinden der Berufsanfänger wider. 60 Prozent der männlichen und sogar 40 Prozent der weiblichen Berufsanfänger sind der Meinung, dass zurzeit eher die Männer auf dem Arbeitsmarkt benachteiligt werden.[142]

Ab und an werfe ich in meinem Bekanntenkreis ein paar dieser Studienergebnisse in den Raum und sorge damit für ziemliche Irritation. Nicht nur viele Frauen, auch die meisten Männer können das nicht glauben. Manche reagieren sogar aggressiv.

Eigentlich merkwürdig. Ist es nicht eine großartige Errungenschaft unserer aufgeklärten westlichen Kultur, dass Frauen bei der Berufswahl heute offenbar nicht mehr systematisch benachteiligt werden?

Möglicherweise hinkt bei vielen das Gefühl der Empirie hinterher und ihre eigenen Erfahrungen sind noch geprägt von der Zeit, als Frauen auf dem Arbeitsmarkt eher benachteiligt wurden.

Aber vielleicht liegt ein Grund für die Weigerung, diese erfreulichen Fakten anzuerkennen, auch darin, dass eine Opferrolle bequemer ist, als sich mit der Realität auseinanderzusetzen. Wenn es im Arbeitsleben empirisch inzwischen keine eindeutige Diskriminierung mehr gibt, heißt das im Umkehrschluss: Wenn ich als Frau einen bestimmten Posten nicht bekomme, bin ich vielleicht ja nicht qualifiziert, kompetent oder fleißig genug. Einmal davon abgesehen, dass bei der Vergabe von hohen Positionen neben den echten Qualifikationen auch immer persönliche Beziehungen und Sympathien eine gewisse Rolle spielen. Da kann es schon frustrierend sein, wenn man es als ehrgeizige Frau nicht in den Vorstand schafft. Der Trost: 99 Prozent der ehrgeizigen Männer schaffen es auch nicht.

Als ich nach meinem Studium versuchte, in der freien Wirtschaft Karriere zu machen, habe ich oft genug gesehen, wie andere Kollegen (beiderlei Geschlechts) an mir vorbeigezogen sind. Aus Trotz habe ich mich dann als Comedian selbstständig gemacht und bin seit Anbeginn bei einem weiblichen Management unter Vertrag. Und die Damen behandeln mich wirklich sehr, sehr gut. Ab und an darf ich sogar selbst ein paar kleinere Entscheidungen treffen. Kleiner Scherz.

Da es also anscheinend nicht Diskriminierung ist, weshalb Frauen in vielen beruflichen Toppositionen weiterhin unterrepräsentiert sind, woran könnte es stattdessen liegen?

Dazu ein Ausflug in die Evolutionsbiologie. Lange war es populär zu behaupten, dass Jungs deswegen Jungs werden, weil sie mit Bauklötzen und Spielzeugautos aufwachsen und dass Mädchen deswegen Mädchen werden, weil man ihnen sofort Puppen in die Hand drückt. Aber jeder, der Kinder hat, weiß, dass das so nicht stimmt. Als mein Neffe vier Jahre alt war, habe ich ihm nicht deswegen einen Bagger gekauft, um ihn in eine bestimmte Rolle zu drängen, sondern weil er das gesamte Kaufhaus zusammengebrüllt hat, als ich ihm das Barbie-Einhorn in die Hand drückte. Kinder wissen sehr früh, was sie wollen. Ich hatte zum Beispiel schon immer einen Hang zu physikalischen Experimenten. Mit sechs Jahren habe ich meinem Vater beim Mittagsschlaf mit einer Lupe einen glühend heißen Sonnenstrahl an den Hinterkopf gehalten. Ein Team von Fachärzten hat wochenlang herumgerätselt, was das sein könnte.

Was sagt die Forschung über das Entstehen von männlichen und weiblichen Rollenbildern? Im Jahr 1992 entwarfen zwei Psychologinnen der University of California in Los

Angeles ein Experiment mit weiblichen und männlichen Affen. Sie brachten sie in einen Raum mit Spielsachen und beobachteten, für welche Dinge sich die Tiere interessierten. Das Ergebnis war erstaunlich: Die Männchen gingen schnurstracks zu Autos und Bällen, die Weibchen interessierten sich für Puppen und Plüschtiere.[143] Gendermäßig vollkommen unkorrekt!

Ein Verhalten, das der englische klinische Psychologe Simon Baron-Cohen ebenso bei neugeborenen Kindern beobachten konnte. Männliche Säuglinge schauen signifikant länger auf ein Mobile als auf ein Gesicht. Bei weiblichen Säuglingen ist es umgekehrt.[144]

Die große Frage ist: Wie sehr sind diese Rollenbilder veränderbar? Oder anders gesagt: Ist es eher unsere biologische Grundausstattung, die zu typisch männlichem oder typisch weiblichem Verhalten führt, oder liegt es an unserer Sozialisation?

Im Tierreich ist das oft einfacher zu beantworten. Wenn man zum Beispiel dem weiblichen Borstenwurm das Gehirn entfernt, wird es automatisch zu einem Männchen. Muss man mögen.

Bei Clownfisch-Familien geht es noch extremer zu. Wenn das Clownfisch-Weibchen stirbt, wechselt das dominante Männchen einfach das Geschlecht. Deswegen ist auch der Film *Findet Nemo* wissenschaftlich gesehen ziemlicher Blödsinn. Nach dem Tod von Nemos Mutter hätte sich sein Vater Marlin nicht aufgemacht, um ihn zu suchen. Nein! Er hätte sich einfach in Nemos Mutter verwandelt. Und wenn Nemo zurückgekommen wäre, hätten sich die beiden ganz selbstverständlich gepaart. Und von diesem Nachwuchs wäre Nemo dann Vater und Halbbruder, Marlin dagegen wäre gleichzeitig Opa, Stiefoma und Mutter. Bewohner ländlicher Regionen kennen solche Konstellationen.

Dennoch lassen die oben erwähnten Experimente bei Säuglingen und Affen vermuten, dass die Biologie einen sehr dominanten Einfluss auf geschlechtsspezifische Verhaltensweisen im Erwachsenenalter hat. Denn in praktisch jeder Kultur interessieren sich Männer tendenziell eher für technische Dinge: Physik, Informatik, Elektrotechnik. Frauen präferieren eher Zwischenmenschliches: Psychologie, Sozialpädagogik oder auch Archäologie. Weil sie es lieben, im Leben von anderen Menschen herumzustochern.

Wir Männer interessieren uns nicht besonders für Zwischenmenschliches. Ich war vergangenes Jahr drei Tage mit einem alten Studienkollegen wandern. Als ich zurückgekommen bin, hat mich meine Frau gefragt: »Und, wie geht's ihm?« Ich war irritiert. »Was …? Wie soll's ihm gehen? Wir waren wandern …« Meine Frau ließ nicht locker: »Ja, aber die Brigitte hat sich doch von ihm getrennt.«

»Echt?«

»Ja. Nach dreißig Jahren!«

»Also, darüber haben wir gar nicht geredet … Brigitte hieß die …?«

Männer und Frauen sind nicht gleich. Und das liegt – wie wir alle wissen – an einem ganz bestimmten Körperteil. Dem … Gehirn. Männliche und weibliche Gehirne unterscheiden sich tatsächlich in mehr als einem Dutzend anatomischer Merkmale.[145]

Allein der Bereich, der für sexuelle Erregung zuständig ist, ist bei Männern mehr als doppelt so groß. Was zur Folge hat, dass Männer auch doppelt so schnell erregt sind. Deswegen muss der Mann beim Sex oft den Orgasmus hinauszögern, indem er sich zum Beispiel ein total verdrecktes Badezimmer vorstellt. Die Frau braucht wesentlich länger, weil sie erst mal dieses fürchterliche Bild von seinem total verdreckten Badezimmer aus dem Kopf kriegen muss.

Nichtsdestotrotz bestreitet kein seriöser Wissenschaftler, dass Geschlechterrollen auch gesellschaftlich-sozial geprägt sind. Wo, glauben Sie, gibt es prozentual mehr Ingenieurinnen: in Schweden oder in Saudi-Arabien? Verblüffende Antwort: In Saudi-Arabien ist der Anteil der Frauen in technischen Berufen fast doppelt so hoch wie in Schweden. In der Sozialforschung bezeichnet man das als »Gender-Equality-Paradox«.[146]

Eine Analyse von 67 Nationen ergab, dass der Anteil weiblicher MINT-Studenten umso höher ist, je schlechter es um die Gleichstellung der Frauen im jeweiligen Land bestellt ist. In Algerien etwa liegt die Frauenquote in den MINT-Fächern bei 40 Prozent, in den Arabischen Emiraten bei 37 Prozent. Bei gleichberechtigten Vorzeigeländern wie Finnland oder Norwegen dagegen schrumpft die Quote auf 20 Prozent. Auch das emanzipierte Deutschland dümpelt bei 25 Prozent.

Je männerdominierter und frauenfeindlicher eine Gesellschaft ist, desto stärker nutzen Frauen offenbar die Chance, aus ihrem traditionellen Lebensentwurf auszubrechen, indem sie Berufe ergreifen, die eine gute Bezahlung und eine erfolgreiche Karriere versprechen. Wenn Sie als Frau in Saudi-Arabien die Gelegenheit bekommen aufzusteigen, studieren Sie nicht Genderwissenschaften mit Nebenfach Glutenunverträglichkeit – dann studieren Sie Maschinenbau.

Im Gegenzug enthält das eine unbequeme Wahrheit für die Gleichstellungsaktivisten in unseren modernen westlichen Gesellschaften: Frauen, die machen können, was sie wollen, die eben nicht mehr um fundamentale Grundrechte kämpfen müssen, ergreifen im Schnitt viel lieber Berufe, die üblicherweise als »typisch weiblich« bezeichnet werden: Sie arbeiten eher in sozialen und geisteswissenschaftlich geprägten Bereichen.

Diese Beobachtungen erklären viel plausibler, warum Frauen in Führungspositionen unterrepräsentiert sind, als die Behauptung, es läge an einer systematischen Diskriminierung.

Für die meisten Toppositionen in der Wirtschaft sind nun mal Fähigkeiten gefragt, die eher im technisch-analytischen Bereich liegen als im geisteswissenschaftlich-sozialen. Und das Interesse, diese Fähigkeiten zu erwerben, ist bei Frauen geringer als bei Männern.

Aus diesem Grund ist auch die Sinnhaftigkeit einer Frauenquote, die ja gerade auf der Prämisse einer Diskriminierung basiert, fragwürdig. Quotenregelungen führen nämlich oftmals sogar zum Gegenteil dessen, was sie eigentlich bewirken wollen.

Ein plakatives Beispiel: Angenommen, eine Fluglinie sucht hundert Flugschüler. Dazu lädt sie junge Leute zu einem Assessment-Center ein, für das sich vierhundert Männer und hundert Frauen bewerben (ein Bewerberverhältnis, das in etwa für technisch orientierte Berufe in Deutschland gilt).

Nach dem Test erhalten die hundert besten Kandidaten ein Angebot. Angenommen, die Kompetenzverteilung von den vierhundert Männern und den hundert Frauen ist gleich, so werden sich die hundert besten Kandidaten aus achtzig Männern und zwanzig Frauen zusammensetzen.

Nun aber schaltet sich der Betriebsrat ein und pocht auf eine 50:50-Quotenregelung. Die Geschäftsleitung fügt sich, streicht dreißig Männer aus dem Programm und lässt dafür dreißig Frauen nachrücken. Diese dreißig Frauen haben im Test schlechter abgeschnitten als die dreißig gestrichenen Männer (denn sonst wären sie ja schon vorher unter den hundert besten gewesen). Die Vorgabe der Quote führt in dem Fall also dazu, dass Personen mit geringerer Eignung bevorzugt werden.

Durch eine solche Quotenpolitik verlieren alle. Die dreißig nachgerückten Frauen sind beruflich überfordert; die dreißig gestrichenen Männer können ihr Talent nicht ausschöpfen; und die Fluggäste müssen mit der Tatsache leben, dass bei dieser Fluglinie nicht die besten Leute im Cockpit sitzen. All das verstärkt sogar das Vorurteil, Frauen seien schlechtere Piloten, obwohl das prozentual gar nicht stimmt.

Wer Quoten befürwortet, dem geht es oft weniger um Chancengleichheit als um Gleichmacherei, losgelöst von individueller Leistung. Und natürlich geht es gerade auf dem Arbeitsmarkt für Frauen auch darum, sich durchzusetzen und selbst in eine Machtposition zu kommen. Genauso wie das früher auch die Männer gemacht haben. Jahrhundertelang mussten fähige und ambitionierte Frauen mitansehen, wie inkompetente Typen die Posten unter sich aufgeteilt haben: »Geschlecht vor Qualifikation« lautete lange Zeit das ungeschriebene Gesetz in den Führungsetagen.

Diese Dynamik umzudrehen und die historische Ungerechtigkeit auszugleichen – vielleicht sind ja deswegen viele Frauen der Meinung, Quoten seien gerecht. Das Gefühl ist nachvollziehbar. Rational betrachtet klingt dieses Argument eher nach Vergeltung. Und damit argumentierten die Befürworterinnen der Quote wie früher die Männer: »Geschlecht vor Qualifikation.« Das kann man natürlich machen. Aber es hat nichts mit gesellschaftlichem Fortschritt zu tun.

Eine der größten Errungenschaften unserer abendländischen Kultur ist die Anerkennung der Gleichheit aller Menschen vor dem Gesetz. Die Gleichberechtigung von Mann und Frau, die in den Verfassungen westlich geprägter, aufgeklärter Nationen verankert ist, wurde hart erkämpft.

Die Quotenregelung dagegen ist ein zivilisatorischer Rückschritt. Denn sie ignoriert empirische Erkenntnisse und ersetzt sie durch das pure Gefühl einer strukturellen Diskriminierung.

Was bei der Diskussion über Emanzipation, Gerechtigkeit und Gleichstellung meist untergeht, ist die Tatsache, dass weibliche Lebensentwürfe oft fundamental anders aussehen als männliche. So zeigen viele Untersuchungen, dass Männer in Bewerbungsgesprächen härter um Geld verhandeln, Frauen verhandeln eher um Zeit.

Männer streben nach Jobs, die ein hohes Einkommen garantieren, Frauen streben nach Berufen, die sie als sinnstiftend ansehen.[147]

Jeder erfahrene Headhunter kann bestätigen, dass im Gegensatz zu vielen männlichen Kollegen nur ein Bruchteil der Frauen wirklich bereit ist, eine dreijährige Vertriebsleiterposition mit einer Achtzigstundenwoche im neu gegründeten Werk in Litauen anzunehmen.

Der Personalberater Dieter Rickert, der seit vierzig Jahren Führungskräfte vermittelt, berichtet, dass inzwischen die allermeisten Unternehmen viel mehr Toppositionen mit Frauen besetzen würden, wenn es denn genug gäbe. Auf der Basis von mehreren Tausend Telefoninterviews kommt er zu dem Ergebnis, dass acht von zehn angesprochenen weiblichen Führungskräften angeben, nicht wechseln zu wollen, egal wie attraktiv die angebotene Position ist. Ein Vorstandsposten ist für die allermeisten Frauen kein Karriereziel. Bei den angesprochenen Männern sind diese Zahlen genau umgekehrt.[148]

Eine große Umfrage des Beratungsunternehmens Accenture liefert ein ähnliches Ergebnis. Rund viermal mehr Männer als Frauen wollen Karriere machen und in ihrem Bereich möglichst weit aufsteigen.[149]

Männer und Frauen sind nicht gleich. Und das liegt eben nicht nur an der Erziehung, sondern auch an grundsätzlichen genetischen Unterschieden. Wenn Sie ein Y-Chromosom haben, dann sorgt das nicht nur für mehr Muskelmasse und eine tiefere Stimme, es beeinflusst auch Wesenszüge wie Risikobereitschaft, Statusdenken oder Dominanzverhalten – Eigenschaften, die heutzutage etwas abfällig als »toxische Männlichkeit« bezeichnet werden. Aber ein junger Mann, der vor 100 000 Jahren auf der Jagd todesmutig sein Leben riskiert hat, um das Rudel mit Fleisch zu versorgen, galt bei den Damen als der attraktivste Typ. Das funktioniert sogar heute noch. Ein Schulfreund von mir hat seine zukünftige Frau rumgekriegt, als er ihr zum ersten Date ein von ihm überfahrenes Wildschwein mitgebracht hat. Die Odenwälder Version von Fastfood.

Und diese Wesenszüge des Jägers haben wir Männer immer noch an der Backe. Weil sie sich in unserer Entwicklungsgeschichte als Vorteil erwiesen haben. In praktisch jedem Land der Welt beurteilen Frauen die Attraktivität von Männern nach Charaktereigenschaften wie Zuverlässigkeit, Verantwortungsgefühl und Ehrgeiz. Auswertungen von Datingportalen zeigen: Haben Frauen die Gelegenheit, frei unter mehreren Bewerbern zu wählen, entscheiden sie sich signifikant häufiger für denjenigen mit dem höheren Status. Frauen mit hohen Gehältern, Uni-Examen und prestigeträchtigen Berufen bewerten bei potenziellen Partnern den Status sogar höher als weniger vermögende Frauen.

Das ist übrigens auch der Grund, weshalb sich Glatzenbildung bei Männern evolutionär durchgesetzt hat. Dadurch können junge Männer mit schütterem Haupthaar den Damen ein höheres Alter und damit einen höheren Status vorgaukeln. Vor einiger Zeit habe ich mir meinen Haaransatz weglasern lassen, um bei meinem weiblichen Publikum ein wenig seriöser rüberzukommen. In Wahrheit bin ich nämlich erst 34.

Und auch Frauen stehen im Berufsleben unter Druck. Sie sind oftmals in schlechter bezahlten Jobs tätig, von ihnen wird erwartet, dass sie ihre Karriere zugunsten von Kindern zurückstellen, und das Thema sexuelle Belästigung am Arbeitsplatz ist auch real.

Aber als Träger eines Y-Chromosoms kann ich sagen: So wahnsinnig lustig, in einer Leistungsgesellschaft ein Mann zu sein, ist es auch nicht. Wir alle wissen: Die tollen Frauen können sich den Typen aussuchen. Und sie suchen sich nicht den Loser aus. Ich jedenfalls habe noch nie eine Frau gehört, die gesagt hat: »Also, seit de Günther auf Hartz IV is, hat uns des viel enger zusammegebracht …«

In den vergangenen fünfzig Jahren hat die Emanzipationsbewegung Großes erreicht. Als Mann will ich mir keinesfalls anmaßen zu sagen: »So, jetzt ist es gut.« Eine absolute Gleichheit zwischen den Geschlechtern wird es wohl niemals geben, eben auch, weil sich Männer und Frauen aufgrund ihrer biologischen Grundausstattung unterscheiden. Und die hat einen großen Einfluss auf unsere Wünsche, Ziele und Interessen. Ob es uns gefällt oder nicht.

In der feministischen Literatur wird oft von Privilegien gesprochen, die Männer haben. Doch Privilegien sind unfassbar schwer zu definieren oder gar zu quantifizieren. Ist ein Mann, der seine Kinder kaum sieht, weil er alles der Karriere unterordnet, privilegierter als eine Frau, die zugunsten der Familie in Teilzeit geht? Ist eine weibliche Führungskraft, die über die Quotenregelung in ihre Position gekommen ist, zufriedener als ein männlicher Abteilungsleiter, der sich aus eigener Kraft nach oben gearbeitet hat? Sind Frauen, die niedrigere Renten als Männer bekommen, schlechter dran als Männer, die im Schnitt sechs Jahre früher sterben?

Wer das Ziel der absoluten Gleichheit verfolgt, missachtet nicht nur die Biologie, sondern auch die Idee des Individualismus und der freien Entfaltung der Persönlichkeit, die unser westliches Gesellschaftsmodell ausmacht.

Vielleicht sollten wir akzeptieren, dass beide Geschlechter unterschiedliche Päckchen zu tragen haben. Frauen sind nicht die besseren Männer. Genauso wenig wie Männer die besseren Frauen sind. Wir sind anders und trotzdem gleichwertig.

WIR SIND BUNT

Anfang der 2000er Jahre trat ich regelmäßig in der Mitternachtsshow des berühmten »Schmidt«-Theaters in Hamburg auf. Immer samstags um 23:59 Uhr startete dort eine skurrile Mischung aus Comedy, Travestie und Akrobatik. Mit großem Vergnügen erinnere ich mich an die vielen durchgeknallten Auftritte mit Paradiesvögeln aller sexuellen Neigungen, unterschiedlicher Hautfarben, Herkünfte und sozialen Schichten. Im »Schmidts« stand ich mit Dragqueens auf der Bühne, habe mir im Backstage von einem homosexuellen iranischen Schwertschlucker die fiesesten Schwulenwitze erzählen lassen und musste lauthals über Martin Fromme lachen, einen einarmigen Comedy-Kollegen, der sagte: »Lieber Arm ab als arm dran, haha …«

Begeistert von dieser wilden Mischung habe ich ein paar Jahre später in Frankfurt zusammen mit zwei Freunden in der »Pik-Dame«, einem legendären Stripklub mitten im Bahnhofsviertel, einmal im Monat eine ähnliche Show mit den unterschiedlichsten Künstlern auf die Beine gestellt. Es war lustig, bunt und unbeschwert. »Divers und inklusiv« würde man wohl heute sagen.

Irgendwann haben auch Unternehmen erkannt, dass die Sache mit der Diversität gut geeignet sein könnte, um ein positives Image zu transportieren. In Werbespots bestanden Familien plötzlich aus einem asiatischen Vater und einer afroamerikanischen Mutter, die seltsamerweise zwei weiße Kinder hatten. In der Unterwäschereklame gab es einen neuen Trend: *Body Positivity.* Was im Wesentlichen bedeutete, dass man als Model nicht mehr groß auf seine Kalorienzufuhr achten musste, um es trotzdem auf das Cover der *Cosmopolitan* zu schaffen.

Seit 2011 feiert ProSieben den Tolerance Day, bei dem die Moderatoren in kurzen Spots für Vielfalt und Toleranz werben. Wer nicht mitmacht, steht blöd da. Da fährt der Sender nämlich eine ganz klare Null-Toleranz-Politik.

Vielfalt, Buntheit und Antidiskriminierung sind zu einem festen Bestandteil im Marketing geworden. Inzwischen produziert das Unternehmen Ben & Jerry's seine Eiscreme offenbar nur noch, um Rassismus zu bekämpfen, Landmaschinenhersteller wollen Minderheiten schützen, und Zahnpasta-Produzenten setzen sich für die LGBTQ+-Community ein.

Es gibt praktisch keinen Brotaufstrich, keinen Immobilienfonds und keine Fußcreme mehr, die nicht irgendwie inklusiv, divers und antirassistisch daherkommt. Versicherungskonzerne prangern Homophobie an, und im »Pride-Monat« tauchen viele Topmarken ihre Logos selbstbewusst in Regenbogenfarben. Natürlich nicht in der Türkei oder in anderen muslimischen Ländern. Denn diese Kulturen möchte man schließlich nicht mit seiner Toleranz und Weltoffenheit vor den Kopf stoßen. Das wäre ja diskriminierend.

Ging es früher den Unternehmen um so rationale Dinge wie Shareholder-Value, Kostensenkungen oder Expansionsstrategien, so hört sich heutzutage ein Konzernchef an, als hätte er sich auf den Christopher Street Day verirrt. Nach und nach wurde auch der Kapitalismus woke, wie es 2018 ein großer *New York Times*-Artikel beschrieb.[150]

In Deutschland kürte man drei Jahre später den Begriff sogar zum Wirtschaftswort des Jahres.[151]

Selbst im öffentlichen Dienst kommt man an dem Thema nicht mehr vorbei: 2019 fand eine Arbeitsgruppe der Uni Paderborn heraus, dass bei Feuerwehrleuten der Anteil von nicht binären Personen mit Migrationshintergrund deutlich unterrepräsentiert ist. »Weiße, heterosexuelle Männer aus der Arbeiterschicht stellen dort die Mehrheit dar und prägen das Bild des typischen Feuerwehrmannes«, klagt Ilona Horwath, Inhaberin der Professur für Technik und Diversität.[152]

Ich weiß nicht, wie es Ihnen geht, aber wenn bei mir ein Feuer ausbricht: Ohne eine transsexuelle syrische Rollstuhlfahrerin kommt mir die Feuerwehr nicht ins brennende Haus …

Diskriminierung lauert eben überall. Besonders dort, wo man es kaum vermutet. Neulich erst beobachtete ich auf einem Spielplatz eine Gruppe von Kindern, wie sie eine beeindruckend große Sandburg errichteten. Stolz wie Oskar präsentierten sie ihr Werk. Aber dann sah ich es: Keiner hatte es offenbar für nötig gehalten, einen behindertenfreundlichen Zugang zu bauen. Was ist nur mit unseren Kids passiert?

In der Filmindustrie ist die bunte Vielfalt ebenfalls zu einem unverzichtbaren Kriterium geworden. Bei der deutschen Filmförderung gibt es mittlerweile einen Katalog von Regeln und Richtlinien, nach denen Fördergelder nur bewilligt werden, wenn die Produktion divers, inklusiv und nachhaltig genug ist. Wie viele Frauen sind in leitenden Positionen? Gibt es im Team Menschen mit Behinderung und Migrationshintergrund? Wird der Müll ordentlich getrennt? Und wie hoch ist der Altfaseranteil im Klopapier? Nicht auszudenken, wenn beim nächsten *Tatort* die palästinensische Kamerafrau ihre Hafermilch mit einem Plastikstrohhalm trinken muss.[153]

In Hollywood gelten ähnliche Bedingungen. So soll seit 2024 kein Oscar mehr an einen Film vergeben werden, bei dessen Produktion nicht mindestens eine Frau, eine Person of Color oder ein Mitglied einer sexuellen Minderheit involviert ist. Weswegen sich kein Filmproduzent an den rasanten Action-Stoff *Warten auf Godot* rantraut.[154]

Bei immer mehr Filmproduktionen soll die Identität des Schauspielers möglichst mit der seiner Rolle übereinstimmen. Da Tom Hanks weder homosexuell ist noch AIDS hat, hätte er 1993 in *Philadelphia* eigentlich gar nicht den schwulen Anwalt Andrew Beckett spielen dürfen. Auch der Oscar für Jack Nicholson in *Einer flog über das Kuckucksnest* ist im Grunde genommen nicht okay, da Nicholson zum Zeitpunkt seiner Rolle nicht lobotomiert war. Catherine Deneuve war nie, wie in *Belle de Jour*, eine Prostituierte. Anthony Hopkins hat im realen Leben niemals als Serienmörder gearbeitet und doch im *Schweigen der Lämmer* einen gespielt. Und jetzt schnallen Sie sich an: Johnny Depp war nie eine Schere.

In dem Bemühen um Vielfalt, Antidiskriminierung und Fairness haben in den vergangenen Jahren viele große Institutionen der westlichen Welt ihre Strukturen komplett umgekrempelt und unzählige Diversitätsprogramme etabliert. Das *Handelsblatt* schätzt, dass Konzerne im Jahr 2022 für »DEI«-Beratungen weltweit etwa 7,5 Milliarden Dollar ausgegeben haben.[155]

In aufwendigen Workshops, Audits und Trainings werden die Mitarbeiter zu mehr Vielfalt »empowert«. Sie werden geschult, sensibel gegenüber Minderheiten zu sein und rassistische Vorurteile abzubauen. Der Handlungsbedarf ist anscheinend riesig. Denn oft entlarven diese Schulungen auch Mitarbeiter, die von sich glauben, offen und tolerant zu sein, als vorurteilsbesetzt.

Ja, auch Sie, liebe Leserin, lieber Leser, könnten unbewusste Vorurteile gegenüber Minderheiten haben. Vielleicht sind Sie sogar ein Rassist und wissen es nicht einmal. Um das herauszufinden, empfehle ich den »Harvard Implicit Association Test«, den Sie auf www.projectimplicit.net schnell und unbürokratisch durchführen können. In dem Test wird gemessen, wie schnell Ihr Unterbewusstsein optische Eindrücke mit bestimmten Begriffen assoziiert. Wenn Sie zum Beispiel bei einer positiv besetzten Eigenschaft wie Ehrlichkeit, Klugheit oder Zuverlässigkeit mit verlangsamter Reaktionszeit auf das Bild einer schwarzen, dicken oder weiblichen Person klicken, ist das ein Hinweis darauf, dass Sie gegenüber dieser Personengruppe Vorurteile haben.

Und? Wie ging der Test bei Ihnen aus? Sind Sie ein schlechter Mensch? Ich kann Sie beruhigen, bei dem Test schaut jeder blöd aus. Es ist nämlich völlig unmöglich, politisch korrekt zu reagieren, wie die Forschung mittlerweile weiß. Es ist wissenschaftlich hochgradig unseriös, aus den verlangsamten Reaktionszeiten auf eine unmoralische Gesinnung zu schließen. Was genau beweist es, wenn jemand sechshundert statt dreihundert Millisekunden benötigt, um schwarz mit positiven Begriffen zu kombinieren?[156] [157]

Zudem konnte man beobachten, dass Personen, die den Test wiederholt durchführten, sehr unterschiedliche Ergebnisse erzielten. In der Wissenschaft bezeichnet man dieses Phänomen als mangelnde Retest-Reliabilität – ein starkes Indiz, dass ein Testverfahren keine verlässliche Aussagekraft hat.

Die fehlende Aussagekraft des Harvard Implicit Association Test hielt in der Vergangenheit viele Konzerne nicht davon ab, bei ihren Diversity-Schulungen auf diese oder ähnliche Methoden zurückzugreifen. Immer mit dem Ziel, »unbewusste« Diskriminierung aufzudecken und zu bekämpfen, verbunden mit enormen wirtschaftlichen und personellen Kosten.

Sollten Sie als Mitarbeiter eines Konzerns in einem Diversity-Workshop mit solchen oder ähnlichen Methoden konfrontiert werden, erwähnen Sie einfach die mangelnde Evidenz dieser Verfahren. Sie können sich dazu gerne auf die Quellen am Ende des Buches berufen.

Ob wir wollen oder nicht: Vorurteile sind nicht zu vermeiden. Jeder hat sie. Unser Gehirn ist nämlich darauf ausgelegt, anhand einer unvollständigen Datenlage eine schnelle Einschätzung der Gesamtsituation vorzunehmen. Die Tatsache, dass sich Menschen unbehaglicher fühlen, wenn in der U-Bahn-Station drei junge Männer mit Undercut auf sie zukommen und nicht drei ältere Damen mit Rollator, beruht nicht auf Diskriminierung, sondern auf einer einfachen statistischen Überschlagsrechnung. Und die sagt uns: Omis mit Hüftschäden sind bei Raub- und Gewaltdelikten deutlich unterrepräsentiert.

Wir alle ertappen uns dabei, dass wir anderen Personengruppen gegenüber Vorurteile haben. Umgekehrt ist es nicht anders. Mein schwarzer Nachbar hat neulich zu mir gesagt: »Ihr Weißen seid immer so fürchterlich großkotzig und außerdem habt ihr null Rhythmusgefühl.« Das ist ein klassisches Vorurteil. Andererseits, wer braucht schon Rhythmusgefühl, wenn einem die Plattenfirma gehört? Und mit seiner Einschätzung hat er sogar recht. Ich habe wirklich kein Rhythmusgefühl. Wenn ich tanze, denken Waldorfschüler, mein Name ist Renate.

Interessant an all den Maßnahmen und Initiativen rund um Buntheit, Vielfalt und Diversität ist wieder einmal die Frage, ob diese überhaupt etwas bewirken. Führen Diversitätsprogramme dazu, dass benachteiligte Personen die gleichen Chancen im Berufsleben haben? Tragen sie dazu bei, dass Führungskräfte bei der Auswahl und Beförderung ihre bewussten und unbewussten Vorurteile gegenüber Minderheiten ablegen?

Auch hier ist die Faktenlage recht ernüchternd. So ergab beispielsweise eine groß angelegte Metastudie mit fast 90 000 Teilnehmern, dass diese Trainings keinen messbaren Effekt haben.[158]

Eine andere Untersuchung, bei der weltweit mehrere Hundert Experimente durchgeführt wurden und die das Ziel hatte, Vorurteile zu reduzieren, kam zu dem gleichen Ergebnis.[159]

Warum also geben Unternehmen so viel Geld für anscheinend wirkungslose Maßnahmen aus? Banale Antwort: weil sie ein schickes PR-Instrument sind. All das dient der moralischen Selbstdarstellung. Bilder von der neu gegründeten kunterbunten Diversity-Abteilung machen sich super auf der Firmenwebsite. Dadurch signalisiert man nach außen, wie modern und weltoffen die Firma ist: »Ja, auch wir von *Schäfer-Betonpumpen* gehen mit der Zeit. Zusammen mit unserer neuen Chief Diversity Officer*in Janina Büchsenschütz-Motombo möchten wir auch queere Menschen für unsere Produkte begeistern …«

Die Soziologen Frank Dobbin und Alexandra Kalev, die seit Jahrzehnten Diversitätsmaßnahmen von Unternehmen untersuchen, kamen zu dem Ergebnis, dass solche Initiativen mitunter sogar kontraproduktiv wirken.[160]

Das könnte daran liegen, dass es im Diversity-Management stets darum geht, sichtbare Merkmale wie Hautfarbe, Alter, Geschlecht oder ethnische Zugehörigkeit als Grund für Benachteiligung und Diskriminierung auszumachen. Die gesamte Aufmerksamkeit richtet sich also auf die äußeren Erkennungszeichen einer Person und nicht auf Dinge wie Kompetenz, Leistungsbereitschaft oder Verlässlichkeit.

Dadurch unterstellt man – böse gesagt – den Führungskräften: »Wenn du einen Mitarbeiter nicht beförderst, dann tust du das nicht, weil es ihm vielleicht an Kompetenz mangelt, sondern weil er die falsche Hautfarbe hat.«

Diversitätsfans gewichten also – ähnlich wie die Verfechter der Frauenquote – ein äußeres Merkmal höher als die Qualifikation und machen damit im Grunde genau das, was sie den anderen vorwerfen: Sie diskriminieren.

Es spricht überhaupt nichts gegen das Ausprobieren von Maßnahmen und gegen Experimente, die das Ziel haben, gesellschaftliche Zustände zu verbessern. Wenn man jedoch irgendwann einmal erkennt, dass diese Maßnahmen nicht das gewünschte Ergebnis erzielen, sollte man sich von ihnen verabschieden oder sie so verändern, dass sie wirklich etwas Positives bewirken.

Genau diesem Anpassungsprozess an die Realität werden viele woken Ideen leider nicht unterzogen.

Im Zweifel führt diese Vorgehensweise zu grotesken Entwicklungen. Ein Beispiel: Seit Jahren ist es bei Bewerbungsprozessen von Orchestern Usus, »Blind Auditions« durchzuführen. Der Bewerber spielt hinter einem Vorhang, damit sich das Entscheidungsgremium nur auf die musikalische Leistung konzentriert und nicht von dem Geschlecht, dem Alter oder der Hautfarbe der Musiker beeinflusst wird. Im Jahr 2020 forderte die *New York Times* wiederum in einem großen Artikel, man müsse solche Vorspiele abschaffen, weil dadurch nicht die erwünschte Vielfalt bei »Rasse und Geschlecht« garantiert würde.[161]

Auch der übliche Bewerbungsprozess der amerikanischen Eliteunis wird von der Diversity-Bewegung kritisch gesehen. Um das Leistungspotenzial der Bewerber für die begehrten Studienplätze vergleichbar zu machen, mussten alle Bewerber bisher den Scholastic Aptitude Test (SAT) absolvieren. Ein standardisierter Test, der mathematische und kognitive Fähigkeiten ermittelt. Nach der Auswertung erhält jeder Teilnehmer – ähnlich wie beim IQ-Test – einen persönlichen Wert, der maximal 800 Punkte beträgt.

Traditionell schneiden bei dem SAT-Test Asiaten überdurchschnittlich gut ab, was dazu führt, dass 15 Prozent aller Harvard-Studenten asiatischer Herkunft sind, in Stanford sogar über 17 Prozent. Der asiatische Anteil an der US-Gesamtbevölkerung liegt nur bei rund 5 Prozent. Und dieses Ungleichgewicht, Sie können es sich denken, hat natürlich die Diversity-Aktivisten auf den Plan gerufen.

Afroamerikanische Bewerber und Hispanics haben im Vergleich zu Asiaten im Schnitt deutlich geringere SAT-Werte und sind dadurch an den Eliteunis im Verhältnis zu ihrem Bevölkerungsanteil deutlich unterrepräsentiert.

Was also tun? Wie könnte der Anteil von Afroamerikanern und Hispanics an diesen Hochschulen so vergrößert werden, dass eine bestmögliche Diversität geschaffen wird?

Nun, man könnte für unterschiedliche Ethnien einen unterschiedlich hohen SAT-Wert als Bewerbungsvoraussetzung festlegen. Dann müssten Asiaten mehr Punkte erreichen, bei Schwarzen und Hispanics dagegen würden weniger Punkte für einen Studienplatz reichen.

Hier merkt selbst der größte Gleichheitsfanatiker: So ein Prozedere wäre nicht gerecht. Das wäre wie ein 100-Meter-Lauf, bei dem die Startblöcke für deutsche Läufer fünf Meter weiter in Richtung Ziellinie angebracht wären als die der Jamaikaner.

Eine andere Möglichkeit bestünde darin, die Bedeutung des SAT-Tests für die Aufnahmeentscheidung abzuwerten und neben dem objektiv messbaren Testergebnis noch andere, »weiche« Kriterien in den Auswahlprozess einfließen zu lassen. Wenn zum Beispiel ein Bewerber im Gespräch besonders aufgeweckt und neugierig rüberkommt, könnte das einen schlechten Testwert ausgleichen.

Es liegt auf der Hand, dass auch eine solche Auswahlmethode hochgradig subjektiv und willkürlich ist. Wie »aufgeweckt« muss ein Bewerber sein, um 100 SAT-Punkte auszugleichen? Und nach welchem Kriterium wird »aufgeweckt« bewertet?

Doch so intransparent sind in den vergangenen Jahren die Auswahlverfahren an mehreren US-Elite-Colleges offenbar abgelaufen. Im Jahr 2014 reichte eine Gruppe asiatischstämmiger Studenten eine Klage gegen die Zulassungspolitik der Harvard University ein.[162]

Die Studenten warfen der Universitätsleitung vor, Testergebnisse von asiatischen Bewerbern im Auswahlverfahren herunterzustufen, mit dem Ziel, den Anteil von afroamerikanischen Studenten zu erhöhen. In dem Gerichtsverfahren konnte nachgewiesen werden, dass Harvard asiatische Bewerber beim Bewerbungsgespräch systematisch schlechter bewertete als die anderer Ethnien. Es kam sogar heraus, dass einige asiatische Bewerber charakterlich eingeschätzt wurden, ohne dass ein persönliches Gespräch oder ein Treffen mit ihnen stattgefunden hat. 2023 entschied der Oberste Gerichtshof, dass dieses Zulassungssystem nicht mit der Gleichheitsklausel des amerikanischen Bürgerrechtsgesetzes vereinbar ist. Allerdings ließen die Richter ein Schlupfloch offen, das es den Hochschulen auch in Zukunft erlaubt, bei ihren Zulassungsentscheidungen die Ethnie eines Bewerbers gesondert zu berücksichtigen.[163]

Vielleicht fragen Sie sich, was das alles mit der Situation bei uns in Deutschland zu tun hat. Was kümmern uns schon die Gepflogenheiten und Methoden, mit der die Amerikaner ihre Studenten auswählen?

Viele dieser Entwicklungen sind in den vergangenen Jahren auch nach Deutschland herübergeschwappt. Zahllose Antidiskriminierungsmaßnahmen, Diversity-Trainings und Inklusionsworkshops sollen in unserer Gesellschaft zu gerechteren, sozialeren und humaneren Verhältnissen führen. Dabei tappt man oftmals in die gleiche Falle wie bei den Frauenquoten: Wenn Sie der Meinung sind, dass Menschen aufgrund ihrer speziellen Herkunft oder Ethnie besonders berücksichtigt werden sollten, müssen Sie im Gegenzug andere Menschen aufgrund ihres Fleißes, ihrer Intelligenz oder ihres Könnens diskriminieren. Es geht gar nicht anders. Das ist die unbequeme Wahrheit der Diversitätspolitik. Man bewertet Menschen nicht nach ihren individuellen Fähigkeiten, sondern nach Ethnie und Hautfarbe und nennt das dann lustigerweise »Anti«-Rassismus.

Während sich die Diversity-Welle in vielen deutschen Konzernen und Institutionen fortsetzt, flacht sie international bereits wieder ab. Kürzlich erst haben Microsoft und Amazon ihre gesamte Diversitätsabteilung aufgelöst, weil das Thema »nicht mehr geschäftsrelevant« ist. Auch Toyota hat seine Mitarbeiter darüber informiert, sich vom Regenbogenkurs zu verabschieden. Harley-Davidson und John Deere stoppten ebenfalls ihre Diversity-Programme.

Die Firmen beendeten ihre Maßnahmen, weil sie realisierten, dass der Großteil der Konsumenten anscheinend keine Lust darauf hat, sich von Brauereien oder Traktorenherstellern über die richtige politische Gesinnung belehren zu lassen. Die Handelskette Target verlor wegen der negativen Reaktion auf ihre »Pride-Kollektion« in kurzer Zeit mehrere Milliarden US-Dollar ihrer Marktkapitalisierung. Auch der Aktienkurs von Budweiser ging in den Keller, nachdem die Brauerei 2023 für eine »Bud Light«-Werbung ein Transgender-Model engagiert hatte.

Laut Schätzungen beträgt der Anteil der Leute, die sich als Teil einer diversen, bunten Regenbogenfamilie begreifen, bei etwa 8 Prozent. Im Gegenzug heißt das: 92 Prozent der Menschen in westlichen Ländern können mit diesem Lifestyle wenig anfangen.[164]

Die allermeisten davon lehnen Vielfalt nicht ab. Sie sind nur genervt, von einer pseudoliberalen Minderheit missioniert zu werden.

Bemerkenswert ist, worum es bei dem ganzen Hype um Vielfalt und Buntheit *nicht* geht: um die Vielfalt von Meinungen und Ansichten. Die richtige »Haltung« ist viel wichtiger. Ein Begriff, der ein wenig an die Viehzucht erinnert. Man gibt Tieren einen begrenzten Raum, damit sie nicht auf dumme Gedanken kommen. So gesehen bedeutet Diversity: Alle denken das Gleiche, aber sehen dabei möglichst unterschiedlich aus.

Eine bunte und vielfältige Gesellschaft, in der die unterschiedlichsten Menschen zusammenarbeiten und mithelfen, eine lebenswerte Zukunft zu gestalten, ist ein wunderbarer Gedanke, den die allermeisten von uns teilen. Doch das funktioniert nicht mit Zwang oder starren bürokratischen Checklisten, in denen stumpf abgearbeitet wird, was irgendwelche Bürokraten als »Vielfalt« definieren. Weil echte Vielfalt auf vielfältigste Art und Weise auftreten kann. Was ist diverser: zehn weiße, heterosexuelle Männer, die in einem Projekt zehn unterschiedliche Sichtweisen einbringen, oder zehn Personen, die sich in Geschlecht, Hautfarbe, Religion und sexueller Orientierung unterscheiden, aber alle in die gleiche Richtung denken?

Deshalb bin ich eben froh, dass mein Bekanntenkreis meinungsmäßig ziemlich bunt ist. Da gibt es Leute, die stramm links sind, andere finden die Grünen toll und wieder andere sympathisieren mit der CDU. Ich kenne sogar

Leute, die die AfD gut finden. Und jetzt kommt das wirklich Skandalöse: Ich bin mit all diesen Menschen befreundet. Weil sie mein Leben bereichern. Sie haben mir beim Umzug geholfen, mit mir gefeiert und mich getröstet, wenn es mir schlecht ging. Mit manchen stimme ich politisch in nichts überein, aber wir schätzen und verstehen uns trotzdem.

Wo genau Menschen alle vier Jahre ihr Kreuz machen oder was sie auf ihrer Facebook-Seite posten, sagt recht wenig darüber aus, wer sie wirklich sind und wie sie sich in ihrem alltäglichen Leben verhalten.

Ich habe Menschen erlebt, die ihre eigene Mutter im Heim verrotten ließen und gleichzeitig bei jeder Friedens-Demo in der ersten Reihe standen. Genauso kenne ich Leute, die einen konsequenten Einwanderungsstopp fordern und sich in ihrem Betrieb dafür einsetzen, Flüchtlinge auszubilden.

Ich glaube, wir alle haben in den vergangenen Jahren vergessen, Menschen daran zu messen, was sie tatsächlich tun. Unabhängig von dem, was sie wählen oder welche Ansichten sie vertreten.

Wir haben verlernt, den anderen so sein zu lassen, wie er ist. Stattdessen verfrachten wir jeden, der eine andere Meinung hat, sofort in die tiefsten Abgründe der Menschheitsgeschichte.

Wenn wir es nicht schaffen, eine gesellschaftliche Gelassenheit zurückzugewinnen, dann sind sämtliche Hochglanzbroschüren, PR-Kampagnen und Initiativen über Buntheit und Diversität vergebens.

BURN CAPITALISM BURN!

Vor einiger Zeit habe ich mir ein Peloton gekauft. Sagt Ihnen das etwas? Das ist ein Fahrradergometer. Ein absolutes High-End-Teil für 2500 Euro. Eine völlig bekloppte Investition. Manchmal denke ich, was dazu wohl jemand aus Bangladesch sagen würde, der gerade mal zwei, drei Dollar am Tag verdient.

»Wow! Du hast dir ein Fahrrad für 2500 Euro gekauft. Das muss ja richtig schnell sein …«

»Nein, das fährt nicht. Das steht bei mir im Wohnzimmer. Und ab und an setze ich mich drauf und trete …«

»In deinem Wohnzimmer …? Ah, ich verstehe: Du trittst in die Pedale, um den Strom für deine Wohnung zu produzieren …«

»Nein. Eigentlich verbraucht das Ding irrsinnig viel Strom, weil es diesen riesigen Flatscreen auf dem Lenker hat.«

»Einen Flatscreen …? Ah, und damit schaust du dann spannende Filme, während du in die Pedale trittst …«

»Nein. Ich schaue einem Typen zu, der mich die ganze Zeit anbrüllt, dass ich schneller treten soll.«

»Das klingt ja fürchterlich. Was ist der Sinn des Ganzen …?«

»Na ja, weil ich so viel bei Foodora bestelle, muss ich meine Kalorien wieder loswerden.«

»Foodora? Was bitte ist Foodora …?«

»Foodora ist ein Billiglohnunternehmen, bei dem dir ein Typ auf einem Fahrrad Essen nach Hause liefert.«

»Wie jetzt? Dieser Foodora-Typ hat ein *echtes* Fahrrad? Und du bezahlst ihn dafür, damit er dir Essen bringt, während du auf einem *falschen* Fahrrad für 2500 Euro sitzt …?«

Wie ich schon sagte, eine völlig bekloppte Investition.

Doch diese Geschichte wirft eine weitreichende gesellschaftliche Frage auf: Sollten wir ein schlechtes Gewissen haben, weil wir mehr besitzen als andere? Und worauf basiert eigentlich die ungleiche Verteilung von Geld?

Standardantwort: Das kapitalistische System beutet die Menschen aus und führt dazu, dass die Reichen immer reicher und die Armen immer ärmer werden.

Stimmt das wirklich? Hat nicht die Geschichte der Aufklärung gezeigt, dass gerade das freie Unternehmertum der Motor war, der Europa sich zu einer so humanistisch geprägten und sozial gerechten Gesellschaft entwickeln ließ?

Wenn wir über unsere liberalen westlichen Werte sprechen, betonen wir meist Errungenschaften wie Meinungs-, Presse- und Religionsfreiheit. Auch die Freiheit, so zu leben, wie man möchte, ist bei uns ein hohes Gut. Beim Recht, freien Handel zu betreiben, sind wir jedoch skeptisch geworden. Die freie Marktwirtschaft wird von Teilen unserer Gesellschaft nicht mehr als eine begrüßenswerte Errungenschaft begriffen, die unsere Welt besser macht, sondern als das Gegenteil: als ein System, das Gier, Egoismus und Ungerechtigkeit erzeugt. Deswegen, und davon sind heute wirklich viele überzeugt, muss der Kapitalismus überwunden werden.

Die Idee ist nicht neu. Schon vor 150 Jahren hat Karl Marx den Kapitalismus als das größte Übel der modernen Zeit beschrieben, weil er für die Verelendung der Massen verantwortlich sei. Als Lösung forderte er die Abschaffung des Privateigentums und die Überführung aller Güter in ein staatliches Kollektiv. Zum Schluss winkt der Sieg des Proletariats in einer großen Weltrevolution.

Die Faszination, die der Marxismus auf unzählige Intellektuelle ausgeübt hat, lag in der romantischen Welterklärung, die er liefert: Er teilt die Welt sorgfältig in Gut (die Arbeiter) und Böse (die Kapitalisten) ein. Die Bösen werden bestraft, indem man sie ihrer Macht, des Kapitals, beraubt. Dadurch werden die Guten, die Unterdrückten, befreit und erhöht. Am Ende ist die Welt neu geordnet und eine ideale, perfekte Gesellschaft ist entstanden. Und wenn sie nicht gestorben sind, dann leben sie noch heute.

Die bittere Ironie der Marx'schen Verelendungstheorie durch den Kapitalismus liegt darin, dass Armut, Unterdrückung, Verelendung und Hungersnöte nicht in kapitalistischen, sondern in marxistischen Systemen auftraten. Allein im 20. Jahrhundert haben die sozialistischen und kommunistischen Experimente in China, Venezuela oder der Sowjetunion laut Schätzungen etwa 100 Millionen Todesopfer gefordert. In den letzten verbliebenen kommunistischen Regimen wie Nordkorea sind die Proletarier, die laut Marx »nichts als ihre Ketten zu verlieren haben«, völlig geknechtet.

Wer dennoch der Meinung ist, dass Sozialismus besser ist als Kapitalismus, sollte sich fragen, wer nach dem Mauerfall wohin gelaufen ist.

Nach dem Zusammenbruch der UdSSR und dem Wegfall der deutsch-deutschen Grenze wurde das desaströse Ausmaß einer sozialistischen Wirtschaftspolitik sichtbar. Wohnsiedlungen in erbärmlichem Zustand, katastrophale Umweltbedingungen, vorsintflutliche Industriebetriebe, Korruption und Misswirtschaft.

1992 vertrat der Historiker Francis Fukuyama in seinem monumentalen Werk *Das Ende der Geschichte* die These, dass sich durch den Zusammenbruch des kommunistischen Ostens auch die Sache mit dem Marxismus endgültig erledigt habe. Fukuyama war davon überzeugt, dass sich das Ideal der Aufklärung mit seinen herausragenden Grundprinzipien von Liberalismus und Demokratie – und eben auch der freien Marktwirtschaft – überall auf der Welt durchsetzen würde.

Wie wir heute schmerzlich feststellen müssen, ist das leider nicht der Fall. Nach einer kurzen Phase der weltweiten Entspannung flammten nach und nach neue antidemokratische, antikapitalistische, antiliberale Ideologien auf: der Islamismus in der muslimischen Welt, Chinas autoritär gesteuerte Planwirtschaft oder Putins neues Russland.

Doch auch im individualistisch geprägten, marktwirtschaftlich orientierten Westen ist in den vergangenen Jahrzehnten etwas Seltsames passiert. Das kollektivistische, antiaufklärerische Denken des Marxismus ist in vielen neuen Varianten und Spielarten zurückgekehrt.

Black Lives Matter zum Beispiel entstand eigentlich als Bewegung gegen rassistisch motivierte Polizeigewalt in den USA. Seit 2020 positioniert sie sich als antikapitalistische Organisation. Das Gleiche gilt für Refugees-Welcome-Organisationen, die den postkolonialen, kapitalistischen Westen als Grund für das Elend in der Welt sehen. Neuerdings kommen die woken Pro-Palästina-Aktivisten dazu, die in dem wirtschaftlich erfolgreichen Israel den eigentlichen Übeltäter sehen – und die mit dieser Haltung eine verstörende Nähe zu Neonazis und radikalen Moslems aufweisen, die schon immer den globalen »Finanzjuden« alle Schuld gegeben haben.

Auch Klimaaktivisten wie die Letzte Generation begreifen sich immer stärker als antikapitalistische Bewegung. »Burn Capitalism, not Coal«, rufen sie, und der Direktor vom Potsdam-Institut für Klimafolgenforschung, Ottmar Edenhofer, sagt dazu: »Wir verteilen durch die Klimapolitik de facto das Weltvermögen um.«[165]

Antikapitalismus kommt in allen politischen Erscheinungsformen daher. Ob aus der sozialistischen Ecke einer Sahra Wagenknecht, als grüner Ökosozialismus unter dem Deckmantel von Reduktion und Verzicht oder völkisch-nationalistisch in Form eines Björn Höcke: Der Hass auf die Kräfte des freien Marktes verbindet Rechte, Linke und Grüne. Selbst die FDP (die Älteren können sich noch an diese Partei erinnern) hat dabei mitgemacht.

Wussten Sie, dass im *Tatort* die häufigste Tätergruppe der Kapitalist ist? Unternehmer und Manager morden sonntagabends um 20 Uhr 15 Uhr inzwischen öfter als Berufskriminelle. Das muss einen doch stutzig machen![166]

Antikapitalismus ist *der* große Megatrend. Sogar bei vielen reichen, privilegierten Menschen. Im Hamburger Schanzenviertel schwärmt man von Ackerbau und Viehzucht, in Lagos oder Kinshasa dagegen träumt man von Maschinenbau und Softwareentwicklung. Früher hat man abfällig gesagt: »Der ist auf Hartz IV.« Heute heißt es: »Du, der ist jetzt Modeblogger in Berlin.«

Auch die Künstlerszene, in der ich mich seit über 25 Jahren bewege, hat traditionell nicht viel mit dem Kapitalismus am Hut. Obwohl wir Kabarettisten so was wie die Zahnärzte der Unterhaltungsbranche sind: Wir sind selbstständig, Besserverdiener und machen unser Geld mit dem Mundwerk. Mit radikaler Kapitalismuskritik kann man in diesem Land ziemlich viel Geld verdienen.

In Talkshows sitzen Soziologen, die vom bedingungslosen Grundeinkommen schwärmen, der hart erkämpfte Achtstundentag gilt fast schon als ein Anschlag auf die Menschenwürde. Verdi hat in einer Studie herausgefunden, dass

Arbeit die Hauptursache aller Betriebsunfälle ist, und eine Bestsellerautorin, die vom Ende des Kapitalismus schwärmt, füllt Hallen mit bizarren Vorträgen über die Notwendigkeit, aus Gründen des Klimaschutzes Mobilität, Lebensmittel und Wohnraum per Gesetz einzuschränken. Und im Publikum sitzen gut situierte Menschen mit einem intakten Gehirn und klatschen Beifall. Verstörend.

Statistisch gesehen ist belegbar, dass fast überall auf der Welt die Idee der freien Marktwirtschaft im Rückzug begriffen ist. Laut Freedom Index der Heritage Foundation ist die wirtschaftliche Freiheit gerade auf den tiefsten Stand seit 23 Jahren gefallen.[167] Sogar in den urkapitalistischen USA greift der Staat mit Zöllen regulierend in den Markt ein.

Besonders Europa sucht derzeit sein Heil in einer konsequenten Rückverstaatlichung. Die Bürokraten in Brüssel und Berlin sind davon überzeugt, besser als Unternehmer zu wissen, wie man wirtschaftlich erfolgreich handelt. Wie damals die Apparatschiks in der Sowjetunion. Um etwa die Energieversorgung zu sichern, baute man im alten Russland gigantische Maschinen, die Kohle und Erz förderten. Dann verbrannte man die Kohle, um das Erz zu schmelzen, das man zum Bau von gigantischen Maschinen benutzte, die Kohle und Erz förderten. Ein Perpetuum mobile der Ineffizienz. Inzwischen zeigt Deutschland, dass dasselbe Prinzip auch hervorragend mit erneuerbaren Energien funktioniert.

Es ist erstaunlich, wie weit verbreitet der Eindruck ist, dass der Kapitalismus für die Zunahme von Armut, Ausbeutung und Ungerechtigkeit in der Welt verantwortlich sei, während praktisch alle ökonomischen Fakten das genaue Gegenteil zeigen. So lebten vor Beginn des Kapitalismus etwa 90 Prozent der Menschen in extremer Armut. Heute sind es 8,5 Prozent. Der größte Rückgang erfolgte in den vergangenen fünfzig Jahren im Zuge der Globalisierung.

1954 kostete der erste Schwarz-Weiß-Fernseher in Deutschland den Gegenwert von tausend Friseurbesuchen. Heute kostet ein Smart-TV den Gegenwert von zehn Friseurbesuchen. Bei dem Friseur meiner Frau sogar nur ein einziger. Plus Dolby-Surround-Anlage, einer großen Tüte Popcorn und einem Netflix-Abo für fünf Jahre.

Alle Länder, die in den vergangenen Jahrzehnten den marxistischen Experimenten abschworen und sich dem Kapitalismus öffneten, erfuhren eine dramatische Verbesserung von Wohlstand, Durchschnittseinkommen, Schulbildung, Lebenserwartung und Umweltstandards.[168]

Es gibt wohl keinen Einflussfaktor, der sich positiver auf die Lebensqualität in einer Volkswirtschaft auswirkt als der Grad an wirtschaftlicher Freiheit.

Auch die friedensstiftende Funktion des Kapitalismus wird selten erwähnt. Wer miteinander Handel treibt, wird zwangsläufig kriegsavers. Jedem profitorientierten Unternehmer ist es egal, welcher Nationalität, Religion oder Ethnie die Kunden angehören. Hauptsache, man kommt ins Geschäft. Tatsächlich waren Kaufleute schon immer die Ersten, die zwischen unterschiedlichen Völkern vermittelt haben. Kapitalismus macht die Menschen friedlicher. Einzige Ausnahme: die erbitterten Kämpfe am Wühltisch beim Sommerschlussverkauf.

Länderübergreifende Studien zeigen: Je kapitalistischer eine Gesellschaft aufgebaut ist, umso fairer verhalten sich die getesteten Personen in unterschiedlichen Spielsituationen.[169]

Warum also haben so viele das Gefühl, dass der Kapitalismus an allem schuld ist? Noch dazu vornehmlich Menschen, die sich dem linken politischen Spektrum zugehörig fühlen. Einer Gruppe also, die ja immer wieder betont, dass ihr der Kampf gegen Armut und Ungerechtigkeit besonders am Herzen liegt. Wieso hängen sie stattdessen an wirtschaftspolitischen Utopien aus längst vergangenen, voraufklärerischen Zeiten?

Zum einen liegt es an einem katastrophalen wirtschaftswissenschaftlichen Grundwissen. Das Einzige, was viele Deutsche über Ökonomie wissen, ist, dass ein billiges Kondom mehr kosten kann als ein teures.

Eine Analyse von 2024 ergab: Aus deutschen Schulbüchern erfahren Kinder praktisch nichts über grundsätzliche ökonomische Mechanismen. Wenn überhaupt, werden unternehmerische Aktivitäten und Dynamiken negativ dargestellt, der Staat als Lösung wirtschaftlicher Probleme wird teilweise grotesk überbetont, Globalisierung und Freihandel werden entgegen allen ökonomischen Fakten als tendenziell problematisch beschrieben.[170]

An den Universitäten geht es munter weiter. Die in den vergangenen Kapiteln erwähnten »Studies«, die an zahlreichen Universitäten als Fach angeboten werden, lehren ebenfalls einen grotesk verzerrten Blick auf den Kapitalismus, der praktisch allen Evidenzen widerspricht und stattdessen die jungen Menschen politisch indoktriniert.

Vor einiger Zeit postete die Vorsitzende der Grünen Jugend Jette Nietzard auf ihrem X-Account, dass sie ihre Bachelorarbeit als »valide Expertin für kapitalismuskritische frühkindliche Bildung« an der Alice Salomon Hochschule in Berlin mit 1.0 abgeschlossen habe.[171]

Die zunehmende Faszination, die der Antikapitalismus auf junge Deutsche hat, ist beunruhigend. 27 Prozent der deutschen Erstwähler haben bei der vergangenen Bundestagswahl »Die Linke« gewählt. Eine Partei, deren Idee von Wirtschaft praktisch baugleich mit der der ehemaligen DDR ist und deren Vorgängerorganisation Menschen von hinten erschießen ließ, wenn sie versuchten, in den freien, kapitalistischen Westen zu flüchten.

Im europäischen Ausland sieht es nicht viel besser aus. 50 Prozent der jungen Briten haben rundweg positive Gefühle dem Sozialismus gegenüber. Von den negativen Auswüchsen dieser zerstörerischen Ideologie haben sie noch nie etwas gehört. So haben 70 Prozent keine Ahnung, wer Mao war, dessen marxistische Umerziehungsversuche 45 Millionen Menschenleben gekostet haben.[172]

Selbst im kapitalistischen Amerika herrscht in vielen Bildungseinrichtungen nach wie vor ein antikapitalistischer Zeitgeist. 37 Prozent der Harvard-Professoren bezeichnen sich als »extrem links«. 18 Prozent sehen sich als Marxisten.[173]

Für deutsche Hochschulen gibt es dazu leider keine Zahlen, die Tendenz ist vermutlich recht ähnlich.

Warum mögen so viele Intellektuelle den Kapitalismus nicht? Vielleicht, weil auf dem freien Markt eine 300-seitige Abhandlung über die zweite Lautverschiebung im Mittelhochdeutschen weniger einbringt als *Cheri Cheri Lady*.

Das Subtile am Kapitalismus ist ja, dass er nicht die Gebildeten belohnt, sondern diejenigen, die es schaffen, ein bestimmtes Bedürfnis zu befriedigen. Wem es gelingt, ein Produkt zu entwickeln oder eine Dienstleistung anzubieten, auf die die Leute abfahren, der kann zum Milliardär werden, egal ob er einen akademischen Titel besitzt oder mit 15 Jahren die Schule abgebrochen hat. Für promovierte Philosophen und Ethnologen, die sich als Taxifahrer durchschlagen müssen, ist das ein Affront.

Auch in meinem direkten Umfeld habe ich diese Erfahrung gemacht. Zwei Schulkollegen von mir haben beide ihr Studium mit Auszeichnung abgeschlossen. Der eine, nette, war ein philosophisch interessierter Visionär mit einem starken Gerechtigkeitssinn. Der andere war schon in der Schule ein oberflächlicher und rücksichtsloser Materialist, der unbedingt Karriere machen wollte. Nach dem Studium schloss sich der Idealist Greenpeace an, kettete sich an einen Mammutbaum, zerstörte Genmaisfelder und hielt Walfangboote mit dem Schlauchboot auf. Der Yuppie hingegen wurde Investmentbanker, verkaufte Derivate und kassierte 500 000 Euro pro Jahr. Davon versteuerte er nur 300 000 – den Rest hinterzog er.

Die Ironie an der Geschichte ist: Während der intellektuelle Weltverbesserer einen Baum gerettet hat, der drei Monate später gerodet wurde, und außerdem ein paar Bauern und Walfängern gehörig auf den Geist gegangen ist, hat der Großkotz im Designeranzug der Gesellschaft 150 000 Euro Steuern für Schulen, Straßen und Kultureinrichtungen eingebracht. Von den unterschlagenen 200 000 Euro kauft er Autos, Schmuck und teures Essen, bezahlt seine Putzfrau, seinen Golflehrer und seinen Koksdealer. Der engagierte Gerechtigkeitsfanatiker kostet, der egozentrische Schnösel gibt – ohne, dass er das will – der Gesellschaft etwas zurück.

Das ist das Raffinierte am Kapitalismus: Du musst kein guter Mensch sein, damit andere trotzdem von dir profitieren. Kapitalismus dient nicht einem höheren Zweck. Er ist das einzige Wirtschaftssystem, das keine Ideologie darstellt. Wahrscheinlich ist es deswegen auch so unbeliebt.

Anders als der Marxismus ist der Kapitalismus kein theoretisches Gedankenkonstrukt, das man der Wirklichkeit überstülpt, sondern er ist – ähnlich wie die Evolution auch – ein spontanes, aus sich selbst heraus entwickelndes Ordnungsprinzip. Wenn etwas funktioniert, wächst und gedeiht es, wenn nicht, geht es eben wieder ein.

Es ist paradox, dass viele Linke einerseits Charles Darwin bewundern und die Idee eines intelligenten Designers in der Evolution für Unsinn halten (was es natürlich ist); andererseits halten sie Adam Smith, der in der Ökonomie ein ähnlich evolutionäres Prinzip erkannt hat, für einen Wirrkopf. In der Ökonomie verhalten sie sich wie Kreationisten, die den Staat als intelligenten Designer anbeten, der alles regelt und steuert.

Der Wirtschaftsnobelpreisträger Friedrich von Hayek sagte einmal: »Ökonomie besteht darin, dem Menschen vor Augen zu führen, wie wenig er wirklich über das weiß, was er planen zu können glaubt.« Das gehört zum Intelligentesten, was je über Ökonomie gesagt wurde. Und das von einem Österreicher.

Das könnte auch der Grund sein, warum so viele Bürokraten und Politiker eine Skepsis gegenüber freien Märkten hegen. Weil ihnen der freie Markt zeigt, dass viele Dinge ohne sie besser laufen würden. Und niemand geht schließlich in die Politik, weil er überflüssig erscheinen möchte.

Wenn man ein höheres politisches Amt anstrebt, sollte man nach außen hin Betriebsamkeit vorgaukeln. Andernfalls fragen sich die Leute ja, warum man den Typen überhaupt gewählt hat. Das kennen wir vom Fußball: Eine Statistik hat erwiesen, dass deutlich mehr Elfmeter gehalten würden, wenn der Torwart einfach in der Mitte verharren würde. Fünf Millionen Euro Jahresgehalt, und der Typ bleibt einfach stehen? Ein Torhüter, der vor dem Schuss hektisch herumzappelt und sich dann spektakulär in die falsche Ecke wirft, hat einfach Pech. Einer, der stehen bleibt, während der Ball in die Ecke geht, ist ein Arbeitsverweigerer.

Zurück zur Politik. Natürlich gibt es in einer freien und marktwirtschaftlich orientierten Gesellschaft Phänomene, deren Ausprägungen politisch geregelt werden sollten, wie zum Beispiel die übergroße Macht der Silicon-Valley-Konzerne und ihre psychischen Manipulationen von Kindern und Jugendlichen, die ich weiter oben thematisiert habe. Auch die enorme Kapitalanhäufung einiger weniger Big

Player und Monopolisten ist fraglos ein Thema, das politisch behandelt werden sollte.

Neulich fragte ich meinen Zahnarzt: Was würdest du tun, wenn du im Jahr 200 000 Euro zur Verfügung hättest? Seine Antwort: Ich müsste mich schon sehr einschränken.

In Deutschland besitzen rund 20 Prozent der Bevölkerung über 85 Prozent des Gesamtvermögens. Diese Tendenz zeigt sich in fast allen Ländern. Mal besitzen die reichsten 10 Prozent 90 Prozent des Vermögens, ein anderes Mal sind es 5 Prozent, denen 80 Prozent gehören. Ein paar Länder, wie zum Beispiel Venezuela oder Nigeria, fallen aus dem Raster. Dort besitzen durch jahrzehntelange Misswirtschaft alle Bevölkerungsschichten gleichermaßen nichts.

Das Grundprinzip scheint nahezu überall und immer das Gleiche zu sein: Reichtum fließt auf magische Art und Weise einem kleinen Bruchteil der Bevölkerung zu, während in den meisten Ländern etwa ein Fünftel der Gesellschaft arm oder arbeitslos ist. In Europa gibt es aufgrund der sozialen Absicherungssysteme mehr Arbeitslose und weniger *Working Poor*, in den USA ist es umgekehrt. Auch hier scheint es sich um ein merkwürdiges Grundprinzip zu handeln. Natürlich gibt es Ausnahmen. Letztes Jahr auf Sylt sah ich einen Bettler, der hatte ein Kreditkartenlesegerät dabei.

Den Linken war eine ungleiche Vermögensverteilung schon immer ein Dorn im Auge. Denn Fairness bedeutet für sie in der Regel Gleichheit. Für Konservative dagegen bedeutet Fairness eher Verhältnismäßigkeit. Ihrer Auffassung nach ist eine Gesellschaft gerecht, wenn Menschen im Verhältnis zu ihrem Beitrag zu der Gesellschaft belohnt werden, auch wenn das ungleiche Ergebnisse zur Folge hat. Welche Definition von Fairness die bessere ist, überlasse ich Ihnen, liebe Leser.

Was aber ist die Ursache für die ungleiche Vermögensverteilung? Für viele ist die Antwort klar: Frei nach Marx erlaubt es das kapitalistische System einer Handvoll mächtiger Großkapitalisten, willkürlich über die breite Masse der Besitzlosen zu herrschen. Dadurch werden die Reichen immer reicher und die Armen immer ärmer. Das entspricht unserem Gefühl: Der Teufel scheißt immer auf den größten Haufen.

Oder gibt es vielleicht eine andere Erklärung für die ungleiche Vermögensverteilung? Dazu haben im Jahr 2000 zwei französische Physiker eine Computersimulation durchgeführt. Sie erzeugten ein künstliches Netzwerk von mehreren Hundert Personen, die beliebig miteinander Geschäfte machen konnten.[174]

Dabei legten sie folgende, einfache Regeln fest: Alle starteten mit demselben Geldbetrag. Außerdem waren zwei Arten von Geschäften erlaubt, erstens: Alltagstransaktionen, bei denen einer etwas vom anderen kauft beziehungsweise ihm verkauft. Hier vermehrt sich das Geld des einen um denselben Betrag, um den sich das Geld des anderen vermindert.

Zweitens: Investitionen, wie zum Beispiel Aktiengeschäfte, bei denen man seinen eingesetzten Betrag entweder vermehren oder vermindern kann. Die Gewinn- und Verlustrate statteten die Wissenschaftler mit einem idealen Zufallsgenerator aus. Dadurch wurde jeder Aktiendeal zu einem Glücksspiel mit 50 Prozent Erfolgsquote.

Auf Grundlage dieser simplen Regeln ließen die Forscher ihre Simulation loslaufen und beobachteten eine erstaunliche Entwicklung: Schon nach kurzer Zeit verteilte sich das Geld immer ungleicher. Und zwar in dem Verhältnis, wie es in den meisten realen Volkswirtschaften zu beobachten ist.

Ziemlich verrückt, oder? Die schiefe Verteilung zwischen Reich und Arm liegt anscheinend nicht daran, dass das kapitalistische Wirtschaftssystem die Reichen bevorzugt und die Armen benachteiligt. Sie tritt selbst dann auf, wenn alle handelnden Personen vollkommen gleich sind und der Gewinn und Verlust sämtlicher Transaktionen nur durch puren Zufall gesteuert wird.

Die übergreifende Frage ist, ob diese Form der Ungleichheit überhaupt etwas Schlechtes ist. Oder anders gesagt: Welchen konkreten Nachteil habe ich, wenn mein Nachbar reicher wird?

Man könnte meinen, dass Reichtum auf der einen Seite automatisch zu Armut auf der anderen Seite führen muss. Diese sogenannte Nullsummentheorie ist die Quelle jedes antikapitalistischen Denkens. Ihre Anhänger glauben zum Beispiel, dass es den Menschen in Afrika so schlecht geht, weil wir im reichen Westen auf ihre Kosten leben.

Ich bin mir sicher, viele von Ihnen wurden schon mal in einer hitzigen Diskussion über die Ungleichheiten in der Welt mit diesem pauschalen Vorwurf konfrontiert. Deswegen an dieser Stelle ein sehr schlüssiges Gegenargument: Wie bereits erwähnt, ging der Anteil der weltweiten Armut in den vergangenen 150 Jahren von 90 Prozent auf unter 9 Prozent zurück. Im selben Zeitraum stieg weltweit aber auch die Zahl der Millionäre und Milliardäre erheblich. Warum also gibt es immer weniger Arme und immer mehr Reiche, wenn doch die Reichen angeblich nur auf Kosten der Armen reich werden können? Die Antwort ist simpel: weil die Nullsummentheorie Quatsch ist.

Im Kapitalismus ist der starke Rückgang von Armut und der ebenso starke Anstieg von Reichtum direkt verknüpft. Die meisten Menschen werden nicht reich, weil sie anderen etwas wegnehmen, sondern weil sie etwas schaffen, das einen Nutzen für viele andere bringt. Bill Gates wurde mit Computertechnologie zu einem der reichsten Männer der Welt und gleichzeitig ermöglichte er damit unzähligen kleinen Geschäftsleuten, ihr eigenes Business besser und effektiver zu gestalten.

Genau das zeigt auch eine aufwendige Langzeitstudie zweier Wirtschaftsexperten der Weltbank. David Dollar und Aart Kraay studierten über vierzig Jahre hinweg die Einkommensstatistiken in über achtzig Ländern. Dabei ergab sich, dass Arme einen ebenso hohen Nutzen von ökonomischem Wachstum haben wie Reiche.[175]

All das bedeutet nicht, dass es in einem kapitalistischen Land keine staatlichen Eingriffe und Regelungen geben sollte. Selbst die größten Neoliberalen sind für ein Sozialsystem, das Menschen, die unverschuldet in Not geraten, auffängt und unterstützt. Ebenso plädieren sie dafür, dass der Staat Monopolbildungen von Großkonzernen unterbinden muss, um Chancengleichheit für kleinere Marktteilnehmer zu gewährleisten.

Es gibt kein ernst zu nehmendes liberales Wirtschaftssystem, das komplett ohne staatliche Regelungen auskommt. Die Frage ist also nicht, *ob*, sondern in welchem Ausmaß staatlicher Einfluss auf wirtschaftliche Vorgänge stattfinden sollte. Das ist in der Tat nicht einfach zu beantworten. Greift man zu wenig ein, riskiert man – ähnlich wie in freier Wildbahn –, dass die Schwächsten von den Stärksten gefressen werden. Regelt man zu viel, unterdrückt man Eigeninitiative und Leistungsbereitschaft.

Letzteres ist genau das Problem von antikapitalistischen Ideologien. Sozialistische oder kommunistische Systeme scheitern nicht deshalb, weil die Menschen dort fauler oder weniger intelligent sind, sondern weil das System massive Fehlanreize setzt.

Zum Beispiel argumentieren die Verfechter des bedingungslosen Grundeinkommens ungefähr so: Wenn wir allen Bürgern ohne jede Gegenleistung 1200 Euro pro Monat überweisen, geben wir ihnen die Freiheit, sich ohne jeden finanziellen Druck mit sinnvollen Dingen wie sozialen Projekten zu beschäftigen. Andere werden diese Freiheit nutzen, um sich weiterzubilden oder endlich ihr lang ersehntes Start-up zu gründen. Kurzum: Durch das Grundeinkommen werden die Menschen gestärkt und die Gesellschaft wird insgesamt produktiver werden.

Manche Politiker finden diese Idee so verführerisch, dass sie den monatlichen Betrag sogar höher ansetzen würden. Bei 12 000 Euro zum Beispiel wäre Altersarmut rein rechnerisch nicht mehr möglich, und außerdem könnte sich der Staat über eine gleichzeitige Vermögenssteuer den Großteil des Geldes sogar wieder zurückholen. Faszinierend.

Scherz beiseite. Vor einiger Zeit haben amerikanische Ökonomen in einer ausgeklügelten Studie überprüft, wie Menschen wirklich auf ein bedingungsloses Grundeinkommen reagieren.[176] Sie überwiesen tausend zufällig ausgewählten Amerikanern mit einem durchschnittlichen Jahreseinkommen von 29 000 Dollar über drei Jahre lang 1000 Dollar pro Monat. Eine Kontrollgruppe erhielt im selben Zeitraum monatlich 50 Dollar.

Die Ergebnisse waren ziemlich ernüchternd. Im Vergleich zur Kontrollgruppe arbeitete die Testgruppe signifikant weniger, sogar ihre Familienmitglieder ließen sich davon anstecken und reduzierten ihre Arbeitszeit, wodurch die Familien trotz der zusätzlichen 1000 Dollar unter dem Strich weniger Geld zur Verfügung hatten. Praktisch keine der alimentierten Personen nutzte die freie Zeit für Tätigkeiten wie Sozialarbeit oder Weiterbildungsmaßnahmen. Im Gegenteil. Die Probanden wurden über die Zeit immer passiver und unzufriedener.

Eines der fundamentalsten Prinzipien in der Ökonomie lautet: Menschen reagieren auf Anreize. Aber aus der Motivationsforschung ist schon lange bekannt, dass sich gerade finanzielle Anreize oft negativ auf das gewünschte Ergebnis auswirken. Wenn Sie den Jungs von der Freiwilligen Feuerwehr für jeden gelöschten Brand einen fetten Bonus zahlen, muss es schon mit dem Teufel zugehen, wenn nicht ein paar von ihnen auf die Idee kommen, das Geschäftsmodell ein wenig anzukurbeln.

Im Fachjargon wird das als »Kobra-Effekt« bezeichnet. Der Begriff entstand während der britischen Kolonialherrschaft in Indien zur Zeit einer Schlangenplage. Der britische Gouverneur setzte daraufhin ein Kopfgeld auf jede erlegte Kobra aus. Mit dem Ergebnis, dass die Menschen begannen, in ihren Hinterhöfen fleißig Schlangen zu züchten, um sie anschließend zu töten und die Prämie zu kassieren.

Wie jeder weiß, gibt es im Leben eine Menge nicht monetärer Anreize, die wesentlich besser funktionieren als Geld. So ist zum Beispiel die effektivste Methode, sich an den Geburtstag seiner Frau zu erinnern, ihn einmal zu vergessen.

Wenn man der Meinung ist, dass Menschen grundsätzlich gut sind, ist das naiv. Menschen sind auch nicht grundsätzlich schlecht. Menschen sind anpassungsfähige Opportunisten. Sie reagieren auf Anreize.

Ein etwas brisantes Beispiel: Für viele Menschen ist es völlig undenkbar, dass manche Immigranten aus Nordafrika, Syrien oder Afghanistan nicht deswegen zu uns kommen, weil sie vor Krieg fliehen oder in ihrem Heimatland verfolgt werden, sondern weil das deutsche Sozialsystem so aufgebaut ist, dass sie mit Bürgergeld und anderen Transferleistungen ein wesentlich besseres Leben führen können als in ihrer Heimat. 2024 lag das durchschnittliche Haushaltsbudget von Bürgergeld-Empfängern mit Kindern in Deutschland inklusive Mietkosten bei rund 3000 Euro pro Monat.

Was ich damit sagen will: Wenn man versucht, mit politischen Maßnahmen eine Gesellschaft zu verändern, und dabei die Auswirkungen dieser Maßnahmen nicht mitberücksichtigt, führt das nicht selten zu kontraproduktiven Ergebnissen. Das ist der grundlegende blinde Fleck von Antikapitalisten. Es erklärt, warum deren Ideen oft gut gemeint sind, aber gerne mal nach hinten losgehen und die Situation verschlechtern. Und das kann nicht im Sinne einer fortschrittlichen und gleichzeitig sozialen Gesellschaft sein.

Ein weiteres Beispiel ist die Forderung nach hohen Mindestlöhnen. Für Menschen im Niedriglohnsektor klingt das im ersten Moment einleuchtend. Empirisch jedoch zeigen viele Studien, dass dadurch die Arbeitgeber mit allen Mitteln versuchen, ebendiese Arbeitsplätze gar nicht zu besetzen, weil sie sich ökonomisch nicht rechnen. Dadurch führen hohe Mindestlöhne fast automatisch zu Stellenabbau und einem Anstieg von Arbeitslosigkeit.[177]

Einem Menschen im Niedriglohnsektor ist damit erst recht nicht geholfen. Denn für ihn heißt die Alternative zu schlecht bezahlter Arbeit nicht gut bezahlte Arbeit, sondern: überhaupt keine Arbeit. Und das ist nicht nur aus ökonomischer, sondern auch aus wirtschaftsethischer Sicht ein großes Dilemma.[178]

Tatsache ist: Viele wirklich effektive ökonomische Maßnahmen wirken zunächst mitleidslos und brutal. Als vor einigen Jahren die Regierung die Fortzahlung im Krankheitsfall kürzte, erlebte unser Land einen dramatischen Rückgang von Montags- und Freitagskrankheiten – nach Lourdes das vielleicht größte medizinische Wunder unserer Zeit.

Dazu kommt, dass der staatliche Umverteilungsapparat enorm ineffizient ist. Im Jahr 2023 verbrauchte der Staat 5,25 Milliarden Euro Verwaltungskosten, um 23,76 Milliarden Euro Bürgergeld auszuzahlen. Noch schlechter ist die Bilanz in den Jobcentern. Eine Untersuchung des Medienunternehmens Media Pioneer ergab, dass nur ein Bruchteil der Steuergelder, die deutsche Jobcenter für Arbeitssuchende erhalten, wirklich bei den Bedürftigen ankommen. In manchen Fällen sickern bis zu 88 Prozent des Budgets in die eigene Verwaltung.[179]

Das ifo-Institut kommt zu dem Ergebnis, dass die überbordende Bürokratie in Deutschland pro Jahr einen wirtschaftlichen Totalverlust von 146 Milliarden Euro erzeugt.[180]

Auf den ersten Blick ist der Antikapitalismus eine schöne Idee. Aber das ist die freie Liebe auch. Und jeder, der das in seiner Ehe schon einmal ausprobiert hat, weiß, was es für Probleme verursacht.

Politische Utopien wie der Marxismus gehen davon aus, dass man eine Gesellschaft beliebig formen und umbauen und so eine ideale Welt erschaffen kann. Aber Gesellschaften lassen sich nicht einfach so »machen« oder wie Knetmasse gestalten. Jeder Versuch, das zu tun, ist gnadenlos gescheitert. Utopien sind nicht deswegen problematisch, weil sie keine ehrbaren Ziele haben, sondern weil sie von einem unrealistischen Menschenbild ausgehen. Die Sozialisten sind davon überzeugt, dass Menschen eigentlich kein Interesse daran haben, reicher zu werden als andere. Die Kommunisten denken, die Leute sind dann am glücklichsten, wenn sie ausschließlich der Gemeinschaft dienen und selbst überhaupt nichts besitzen. Die Letzte Generation ist davon überzeugt, dass den Menschen die zukünftige Globaltemperatur wichtiger sein muss als ihre persönlichen Vorlieben.

Aber Menschen sind nicht so. Einige vielleicht schon. Aber offenbar nicht die Mehrheit. Oder wie der Ameisenexperte Edward O. Wilson einmal über die Menschheit und den Marxismus sagte: wunderbare Idee, falsche Spezies.

In der ehemaligen DDR gab es dazu einen schönen Witz: Was ist der Unterschied zwischen der kapitalistischen und der kommunistischen Hölle? In der kapitalistischen Hölle wirst du in kochendes Wasser geworfen, in Öl herausgebraten und dann mit einem Messer in Stücke geschnitten. In der kommunistischen Hölle passiert das Gleiche. Nur manchmal geht denen das Wasser aus; oder das Öl; oder die Messer …

Die Ideale der Aufklärung, der Freiheit und des Humanismus sind ohne freie Marktwirtschaft nicht zu realisieren. Kein anderes Wirtschaftssystem hat mit diesen Idealen eine höhere Schnittmenge als der Kapitalismus. Und ja, der Kapitalismus fördert auch Tendenzen zu Ungleichheit, Konkurrenzdenken, Unpersönlichkeit und zu oberflächlichen Beziehungen, die auf rein materieller Ebene existieren. Aber was ist daran so schlimm? Gerade Geld bietet die phänomenale Möglichkeit, Handel mit vollkommen fremden Personen zu betreiben. Wenn ich in einen Elektronikladen gehe, kann ich fast hundertprozentig sicher sein, dass ich ein Gerät kaufe, das auch funktioniert. Noch besser bei der Deutschen Bahn: Da kaufe ich ein Ticket für zwei Stunden und bekomme eine Stunde gratis dazu.

Mit dem Kapitalismus verhält es sich so ähnlich wie mit der Demokratie. Und die ist ja bekanntlich – frei nach Churchill – die schlechteste Regierungsform, abgesehen von allen anderen.

Daher wird der Markt auch nie perfekt funktionieren, aber er funktioniert immer noch besser als die meisten Formen staatlicher Regulierung. Wem vertrauen Sie mehr?

eBay oder unserem Rentensystem? Wo ist es sicherer? In Ihrem Garten oder im Stadtpark? Was ist sauberer? Öffentliche Toiletten oder Ihr Badezimmer? Sollten Sie ein männlicher Single sein, vergessen Sie die letzte Frage.

Wenn wir den zahlreichen antikapitalistischen Strömungen nachgeben und zulassen, dass deren Protagonisten immer stärker die Geschicke unseres Landes bestimmen, werden wir zum Schluss nicht nur unseren Wohlstand verloren haben, sondern auch vieles andere, was unsere freie, westliche Gesellschaft ausmacht.

WIR SCHAFFEN DAS …?

Mit zwölf Jahren wurde die russische Sportgymnastin Darja Varfolomeev vom staatlichen Gymnastikverband aussortiert. Daraufhin beschloss sie, ihrem Land den Rücken zu kehren und nach Deutschland zu emigrieren, um bei uns ihren sportlichen Traum zu leben. Alleine, ohne ihre Eltern und ohne jegliche Deutschkenntnisse. Fortan lebte und trainierte sie im Bundesleistungszentrum des deutschen Turner-Bundes in Fellbach-Schmiden. Fünf Jahre später holt sie bei den Olympischen Spielen 2024 in Paris für Deutschland die Goldmedaille. Bei der Siegerehrung singt sie stolz und aus vollem Herzen die Nationalhymne mit. Die nachfolgenden Interviews gibt sie in perfektem Deutsch. In den sozialen Netzwerken reagieren die Deutschen überwältigt. Sie sind gerührt und begeistert von Darjas Leistung, ihrem Lebensweg und ihrem Integrationswillen.

Wie passt diese Geschichte zu den unzähligen Meldungen und Kommentaren, dass in Deutschland Fremdenfeindlichkeit allgegenwärtig ist und immer mehr zunimmt? Zeigen nicht die kontinuierlich steigenden Umfragewerte für rechte Parteien, dass unsere Gesellschaft immer rassistischer und ausgrenzender wird?

Ich habe dazu eine Gegenthese. Bis auf die wirklich rechtsradikalen Fremdenfeinde haben wenige in diesem Land ein grundsätzliches Problem mit Zuwanderung. Quer durch alle politischen Richtungen ist den allermeisten Deutschen inzwischen klar, dass eine Industrienation mit einer so geringen Geburtenrate qualifizierte und motivierte Leute aus der ganzen Welt braucht, um auch nur halbwegs unser Wohlstandslevel halten zu können.

Daher zeigt auch die Geschichte von Darja: Für den überwiegenden Teil der Bundesbürger kommt es überhaupt nicht darauf an, wo jemand geboren wird, wie er aussieht oder wann er nach Deutschland gekommen ist, sondern was er aus dieser Chance macht. Wer mithilft, dieses Land zu gestalten, wer bereit ist, sich einzubringen und sich hier etwas aufbauen möchte, den nehmen die Deutschen gerne und mit offenen Armen auf.

Auch die Zahlen bestätigen dies. Der Sozialbericht des Wissenschaftszentrums für die Bundesrepublik belegt, dass in den letzten dreißig Jahren der Anteil der Deutschen, die fordern, jegliche Form von Zuwanderung komplett zu unterbinden, von 25 Prozent auf unter 10 Prozent gesunken ist.[181]

Laut World Values Survey, der größten weltweiten Untersuchung von Werten, sind die Deutschen so offen, liberal und tolerant wie kaum ein anderes Land.[182]

Selbst in den AfD-Hochburgen im Osten haben die Leute wenig Probleme damit, wenn ihnen ein Inder den Computer repariert, ein Brasilianer die Fliesen verlegt oder sie ein persischer Arzt behandelt. Es gibt keinen wirklichen Beleg dafür, dass die Deutschen heute »strukturell« fremdenfeindlich sind.

Warum aber ist dieses Thema trotzdem so oft in den Schlagzeilen? Das Tool »Google Ngram Viewer«, das die Häufigkeit von bestimmen Wörtern in diversen Veröffentlichungen zählt, weist einen signifikant starken Anstieg des Begriffs »Rassismus« seit dem Jahr 2010 auf.[183]

Ist das ein Beweis, dass unsere Gesellschaft rassistischer wird? Paradoxerweise nicht. Schon vor 120 Jahren erkannte der viktorianische Soziologe Herbert Spencer, dass die öffentliche Aufmerksamkeit hinsichtlich eines bestimmten gesellschaftlichen Problems indirekt proportional zu seinem tatsächlichen Ausmaß ist. Im Klartext heißt das: Ist ein Phänomen wie zum Beispiel Armut, Umweltverschmutzung oder Gewalt wirklich weitverbreitet und schwerwiegend, hält sich die allgemeine Empörung darüber oftmals in Grenzen. »So sind die Dinge nun mal«, sagen dann viele. Ausnahmen ziehen immer stärkere Aufmerksamkeit auf sich. Jeder Journalist weiß: Seltene Ereignisse oder exotische Nachrichten generieren mehr Klicks. »Hund beißt Mann« ist eine lahme Schlagzeile. »Mann beißt Hund« ist da schon wesentlich interessanter. Die gleiche Beobachtung machte der Historiker Alexis de Tocqueville, als er erkannte, dass sich mit dem Abbau sozialer Ungerechtigkeiten gleichzeitig die Sensibilität gegenüber den verbleibenden Ungleichheiten erhöht.

So wird zum Beispiel seit einigen Jahren bei der Oscar-Verleihung immer wieder struktureller Rassismus vermutet, da bei der Preisvergabe vermeintlich viel zu wenige schwarze Schauspieler berücksichtigt werden. Der schwarze Comedian Chris Rock, der die Oscars zweimal moderierte, äußerte sich dazu folgendermaßen: »Ja, es stimmt. In der Vergangenheit gab es 71-mal keine Oscars für Schwarze. Und die Schwarzen haben nicht protestiert. Warum? Weil sie damals viel zu beschäftigt waren, nicht gelyncht und vergewaltigt zu werden, statt sich darum zu sorgen, wer den Oscar für die beste Kamera erhält.«

Nur nebenbei: Analysiert man die ethnische Verteilung aller prämierten Haupt- und Nebendarsteller der vergangenen 25 Jahre, ergibt sich, dass 13 Prozent aller Oscar-Preisträger schwarz waren. Eine Quote, die ziemlich genau dem schwarzen Bevölkerungsanteil in den USA entspricht.

Auch bei uns in Deutschland scheint es sich bei vielen Rassismus-Debatten eher um ein sogenanntes Tocqueville-Paradoxon zu handeln. Gerade *weil* die westliche Gesellschaft so wenig rassistisch ist, gerät jede einzelne rassistische Tat in den Fokus und suggeriert damit, dass es sich um ein weitreichendes, allgemeines Problem handelt. Das Gefühl, rassistisch zu sein, ist in Deutschland stärker als der real existierende Rassismus.

In anderen Ländern ist die Lage anders: In 73 Ländern ist Homosexualität gesetzlich verboten,[184] in 13 droht die Todesstrafe für Atheismus.[185] In Afrika herrscht Rassismus unter Schwarzen. In Indien existiert nach wie vor ein strenges Kastensystem. Höhere Klassen leiten dort die Gesellschaft und schauen auf die anderen herab wie auf Insekten. Wenn ein Nicht-Chinese nach China zieht, können weder er noch die nächste Generation noch die danach folgende ein politisches Amt bekleiden.

Es gibt keinen Deutschen aus der LGBTQ+-Community, der nach Somalia oder nach Pakistan flüchten möchte, weil es dort so tolerant und offen zugeht. Für einen Muslim ist es wesentlich angenehmer nach Deutschland zu gehen als für einen Christen nach Saudi-Arabien. Es ist sogar für einen muslimischen Flüchtling aus Syrien wesentlich einfacher nach Deutschland zu gehen als nach Saudi-Arabien. Nirgendwo auf der Welt werden Rechte von Minderheiten so geschützt wie bei uns. All das könnte als Errungenschaft gefeiert werden. Stattdessen tun nicht wenige Journalisten, Aktivisten und Influencer so, als befänden wir uns in Deutschland hinsichtlich Toleranz und Weltoffenheit weiter im tiefsten Mittelalter.

Vor hundert Jahren sah das bei uns freilich noch anders aus. Da war halb Europa ein Kontinent von Rassisten. Ein Großteil unserer Vorfahren war der festen Überzeugung, dass sie einer Herrenrasse angehören. Dass also ein genetischer Wesenszug dafür verantwortlich ist, dass sie Schwarzen oder Juden überlegen sind. Es ist nicht lange her, dass bei uns Afrikaner herablassend als »Neger« und Türken verächtlich als »Kümmelfresser« bezeichnet wurden. Inzwischen bekommen muslimische Arbeitnehmer in Deutschland sogar Weihnachtsgeld. Wobei ich nicht weiß, ob sie sich dadurch in ihren religiösen Gefühlen beleidigt fühlen.

Ich bin in einer sehr konservativen Region aufgewachsen, dem bayerischen Odenwald. Doch zum Glück habe ich dort keinerlei Fremdenfeindlichkeit erlebt. Was eventuell damit zusammenhing, dass es bei uns in Amorbach praktisch keine Ausländer gab. Wenn Sie damals einen Amorbacher gefragt hätten: »Sind Sie Rassist?«, dann hätte der wahrscheinlich geantwortet: »Keine Ahnung, ich hatte noch keine Gelegenheit dazu …«

Den einzigen Ausländer, den ich in meiner Kindheit zu Gesicht bekam, war Giovanni, der Besitzer der Eisdiele »Dolomiti«. Aber der war praktisch Amorbacher. Im Winter fuhr er zwar für ein paar Monate nach Sizilien (keine Ahnung, was er dort machte), aber wenn er im Frühling zurückkam, war es so, als ob ein altes Familienmitglied nach Hause kommt.

Unlängst meinte meine Frau: »Aber ihr macht euch doch in Amorbach ständig darüber lustig, dass die Kirchzeller aus dem Nachbardorf von Haus aus ein bisschen dämlich sind. Ist das etwa kein Rassismus?« Nein, ist es nicht. Weil's ja stimmt.

Evolutionsbiologen glauben sogar, dass der Kirchzeller das »Missing Link« zwischen einem Menschen und einem Odenwälder ist. Der einzige Quastenflosser, der sprechen kann. Wenigstens halbwegs. Und das ist überhaupt nicht rassistisch gemeint. Quastenflosser sind nämlich faszinierende Lebewesen. Zum Beispiel besitzen die ein Gelenk im Schädel, mit dem sie den dem hinteren Schädelteil gegenüberliegenden Oberkiefer komplett ausklinken können, was dem Kirchzeller in der Grillsaison einen irrsinnigen Vorteil verschafft.

Inzwischen leben wir in einer globalisierten Welt. Mittelalter und Moderne liegen heute gerade mal drei Flugstunden voneinander entfernt. In Berlin sogar oft nur drei Querstraßen. Wenn auf dem Ku'damm eine voll verschleierte Muslima zu Louis Vuitton geht und sich dabei auf ihrem iPhone 16 Pro Max eine öffentliche Auspeitschung in Kabul anschaut, dann liegt darin der gesamte Irrsinn unserer Zeit.

Und wir im aufgeklärten Westen sind damit komplett überfordert. Insgeheim haben wir gehofft, dass Menschen, die zu uns kommen, auch automatisch unsere Werte teilen. In meiner Wahlheimat Österreich ist man etwas skeptischer. Deswegen finden Sie beim dortigen Einbürgerungstest auch Fragen wie: »Was halten Sie davon, wenn ein Mann mit drei Frauen verheiratet ist?« Da denke ich mir: Puh, arme Sau.

Kulturelle Vielfalt ist wunderbar, wenn es um Malerei, um Architektur oder ums Essen geht. Aber eben nicht bei Menschenrechten. Die zugegebenermaßen bei uns noch nicht so alt sind. Meine Mutter ist in einer Zeit aufgewachsen, in der Homosexualität in Deutschland strafbar war. Das hat sich zum Glück geändert. Neulich meinte sie sogar: »Du, ich find's eigentlich ganz okay, dass ein lesbisches Paar ein Kind adoptieren darf.« »Echt?« »Ja. Weißt du, ich habe mir überlegt, dein Vater hat eigentlich null zu deiner Erziehung beigetragen. Da kann das Geschlecht des Vaters ja nicht so eine große Rolle spielen …«

Wir Deutschen haben uns innerhalb von nur wenigen Jahrzehnten aus einem Volk von verblendeten Nationalsozialisten zu einem weltoffenen, toleranten Land entwickelt. Ich finde, auf diese Entwicklung können wir stolz sein. Aber stolz zu sein hat bei uns einen bitteren Nachgeschmack. Weil wir uns immer noch für die Taten unserer Großväter und Großmütter schämen.

Wie wenig fremdenfeindlich dieses Land ist, zeigte sich während der Flüchtlingskrise 2015. Damals verteilten am Münchner Hauptbahnhof Deutsche an ankommende Flüchtlinge Schokolade und laut einer Umfrage erwarteten damals 37 Prozent der Bevölkerung »eher Vorteile« von der Entscheidung, Millionen Flüchtlinge ins Land zu lassen.[186]

Natürlich stimmt es, dass sich mittlerweile viele Bundesbürger vermehrt um die abnehmende innere Sicherheit und zunehmende Kriminalitätsraten sorgen. Wenn aber mit dem oft genannten Rechtsruck in Deutschland der Erfolg der AfD gemeint ist, dann bedeutet das nicht gleichzeitig, dass die Deutschen parallel dazu fremdenfeindlicher geworden sind. Eine detaillierte Datenanalyse zeigt, dass sogar das Gegenteil der Fall ist.[187] Demnach sympathisieren die allermeisten Deutschen nicht deswegen mit rechten Strömungen, weil sie Migranten per se ablehnen, sondern weil sie sich eine *andere* Migrationspolitik wünschen.

Vor zehn Jahren hat Angela Merkel eigenmächtig die Grenzen geöffnet, indem sie das in Artikel 16a des Grundgesetzes festgelegte Verfahren zur Erlangung von Asyl in Deutschland außer Kraft gesetzt hat und zudem europäisches Recht missachtete, das durch das Dublin-Abkommen geregelt ist. »Wir sind gefordert, aber nicht überfordert«, hieß es damals von Regierungsseite. Und ich habe mir in dem Moment gedacht: Hey, es sind die gleichen Leute, die auch den Berliner Flughafen bauen …

Zehn Jahre lang gab es in der Causa Grenzöffnung weder einen entsprechenden Beschluss des Kabinetts noch des

Bundestages. Beide Verfassungsorgane tolerierten mehr oder weniger die geschaffene Situation durch aktive Untätigkeit. Renommierte Experten wie der frühere Präsident des Bundesverfassungsgerichtes Hans-Jürgen Papier oder der Ex-Verfassungsrichter Udo Di Fabio sahen in der geschaffenen Situation einen klaren Rechtsbruch.[188] [189]

Als Friedrich Merz kurz vor der Bundestagswahl einen konsequenten Fünf-Punkte-Plan zum Stopp der illegalen Masseneinwanderung zur Abstimmung stellte, erhielt er im Bundestag keine Mehrheit. Auch im Koalitionsvertrag der neuen Regierung fällt das Thema weitgehend unter den Tisch und es bleibt abzuwarten, ob die Politik in dieser Frage eine grundsätzliche Kehrtwende schafft.

Seit Merkels Grenzöffnung hat sich Deutschland verändert. »Und zwar drastisch«, wie es damals Katrin Göring-Eckardt von den Grünen formulierte. Dazu ein paar nüchterne Zahlen: In den vergangenen zehn Jahren sind über 3,5 Millionen Menschen nach Deutschland eingewandert. In dieser Zeit stiegen die Sozialausgaben des Bundes um 48 Prozent. Mit fast 1,3 Billionen Euro ist der Sozialetat der mit Abstand größte Posten im Bundeshaushalt.[190]

Ein großer Teil dieses Anstieges hängt ursächlich mit der Migration zusammen. Vor der Flüchtlingskrise betrug der Anteil nicht deutscher Staatsbürger, die von Bürgergeld (früher Hartz IV) lebten, etwa 20 Prozent. Heute haben fast die Hälfte der Bürgergeldempfänger keinen deutschen Pass.[191] 63,5 Prozent der Bürgergeld-Bezieher haben einen Migrationshintergrund.[192]

Die offizielle Kriminalstatistik des BKA aus dem Jahr 2024 ergab, dass die Gewaltkriminalität den höchsten Stand seit 2010 erreichte. Dabei sind Nichtdeutsche mit einem Anteil von 43 Prozent vertreten, einem Plus von 7,5 Prozent gegenüber dem Vorjahr.[193]

Seit Jahren schon zeigen die Zahlen, dass bei Sexualstraftaten, Tötungsdelikten und gefährlicher Körperverletzung zugewanderte Tatverdächtige signifikant überrepräsentiert sind. Dafür ist die Zahl der Fahrraddiebstähle deutlich zurückgegangen. Immerhin.

Kein Wunder, dass in den vergangenen Jahren ein großes Gefühl der Unzufriedenheit entstanden ist, wie Zuwanderung sich in Deutschland vollzieht. Von offizieller Seite bemüht man sich ständig, Migrationsprobleme herunterzuspielen, doch viele Menschen spüren, dass etwas aus dem Ruder gelaufen ist. 2015 befürwortete knapp die Hälfte der Deutschen Merkels Grenzöffnung. 2024 stimmten nur noch 23 Prozent unserer Migrationspolitik zu.[194]

Im September 2024 sprach Cem Özdemir von den Grünen in einem FAZ-Gastbeitrag über die massiven Fehlentwicklungen der Migrationspolitik und berichtete unter anderem, dass seine Tochter in Berlin von jungen Arabern sexuell belästigt wurde.[195]

Auch der ehemalige Generalsekretär der SPD Kevin Kühnert äußerte sich über offene Anfeindungen »aus muslimisch gelesenen Männergruppen«, wenn er mit seinem Partner in der Öffentlichkeit Hand in Hand geht.[196]

Obwohl man beiden Politikern wohl kaum eine rechte oder gar eine rassistische Gesinnung unterstellen kann, erregten ihre Äußerungen in Teilen des linksgrünen Milieus Missfallen. Beide mussten sich Sexismus und Rassismus vorwerfen lassen.[197]

Dass es eine Verbindung von Religionszughörigkeit und Integrationsproblemen geben könnte, ist in Deutschland ein Tabu, doch es gibt sie: Laut einer Untersuchung des Bundesamtes für Verfassungsschutz von 2022 geben 80 Prozent der Marokkaner, 85 Prozent der Tunesier und 92 Prozent der Menschen im Gaza-Streifen zu, Antisemiten zu sein.[198] [199]

67 Prozent der Deutschtürken wählten 2023 Erdoğan. Einen Autokraten, der seine politischen Gegner verhaften lässt, von einem Groß-Osmanischen Reich träumt und das Existenzrecht Israels infrage stellt. 70 Prozent der Palästinenser befürworten das Massaker am 7. Oktober. Nur 17 Prozent halten die Entscheidung, unschuldige Jugendliche zu töten für falsch.[200] [201]

Zwei Drittel der muslimischen Schüler in Deutschland sagen, dass der Koran über dem Grundgesetz steht.[202]

97 Prozent der Jordanier, 95 Prozent der Ägypter und 87 Prozent der Syrer lehnen Homosexualität ab. Im Jemen, in Iran, Katar, Saudi-Arabien, Afghanistan, Somalia, im Sudan und in den Vereinigten Arabischen Emiraten droht dafür die Todesstrafe.[203]

Im Nahen Osten und in vielen Teilen Afrikas werden Frauen grundlegende Rechte verweigert. Ein Drittel aller Frauen in Afrika findet es gerechtfertigt, dass ein Mann seine Frau schlägt, wenn sie ihm widerspricht.[204]

In Katar und Saudi-Arabien werden ausländische Gastarbeiter nahezu rechtefrei und schutzlos wie Sklaven behandelt. In praktisch keinem Land der Welt, in dem Muslime in der Mehrheit sind, besitzen Nichtmuslime volle Gleichberechtigung.

Ich weiß, das sind verstörende Fakten, die viele nicht hören wollen. Gleichzeitig hilft es nicht, die Augen vor diesen Zahlen zu verschließen. Wenn Sie, wie ich, der Meinung sind, dass man Rassismus und Homophobie bekämpfen sollte, müssen wir uns auch mit dieser Art von Rassismus und Homophobie befassen. Wer aus politischer Korrektheit hier lieber nicht genau hinschauen will, dem ist die Sache mit den Menschenrechten doch wohl nicht so wichtig.

Für die historische Linke ist Religionskritik seit jeher ein zentrales Thema. Viele ihrer Protagonisten, von Ludwig

Feuerbach bis Jean-Paul Sartre, wiesen in ihren Schriften auf die Irrationalität und die Gefährlichkeit von religiösem Fundamentalismus hin und propagierten ein aufgeklärtes, rationales Weltbild. Heute wird dieses politische Lager, wenn es um eine bestimmte Religion geht, plötzlich still. Der Islam ist von linker Religionskritik nahezu komplett ausgenommen. Einige Ikonen romantisieren und verklären sogar dessen Ausprägungen. So schwärmt Judith Butler von der Burka: Sie »symbolisiert, dass eine Frau bescheiden ist und ihrer Familie verbunden; aber auch, dass sie nicht von der Massenkultur ausgebeutet wird und stolz auf ihre Familie und Gemeinschaft ist«.[205]

Falls der aufgeklärte Westen irgendwann untergehen sollte, dann vermutlich nicht wegen der Radikalität seiner Feinde, sondern aufgrund seiner eigenen Naivität.

So gilt es in Deutschland als Asylgrund, wenn man aus seinem Heimatland vor der Scharia flüchtet, gleichzeitig aber fördert die Bundesregierung im eigenen Land Islamverbände, die sich für die Einführung der Scharia aussprechen.

Nach dem monströsen Hamas-Überfall auf Israel, an dem nachweislich auch Mitarbeiter des Palästinenserhilfswerks der Vereinten Nationen (UNRWA) beteiligt waren, überwies das deutsche Außenministerium weiterhin praktisch ohne weitere Überprüfung dreistellige Millionenbeträge an Institutionen in den palästinensischen Gebieten.[206]

Überhaupt ist die deutsche Doppelmoral bei diesem Thema weitverbreitet. Dieselben Leute, die sich über das fehlende Gendersternchen in der Magisterarbeit aufregen, zucken teilnahmslos mit den Schultern, wenn der libanesische Gemüsehändler seine fünfzehnjährige Tochter zwangsverheiratet. Da werden Ehrenmorde als Familientragödien uminterpretiert und Zweitfrauen als kulturelle Tradition verharmlost. Und wer es wagt, das öffentlich zu kritisieren, wird dann schnell als »islamophob« bezeichnet.

Prominente säkulare Muslime wie Ahmad Mansour, Necla Kelek oder Seyran Ateş warnen seit Jahren vor den Gefahren des politischen Islams. Sie und einige andere liberale und weltoffene Moslems gehen mit ihrer eigenen Religion hart ins Gericht und halten die Werte der Aufklärung hoch. Dafür wurden sie von gutmenschigen Deutschen nicht selten als Unruhestifter und Rechtspopulisten verunglimpft.

Mittlerweise sind die Probleme nicht mehr zu übersehen. Und noch immer tun viele so, als gäbe es nichts zu sehen.

Sobald irgendwo eine Lurchart gefährdet ist, kann man es in Deutschland nicht erwarten, eine Bürgerinitiative zu gründen. Doch wenn in deutschen Innenstädten ein paar Tausend Islamisten auf die Straße gehen und das Kalifat fordern, duckt man sich weg und faselt irgendetwas von Toleranz und Vielfalt.

Ist das alles noch zu korrigieren? Kann es gelingen, dass der Großteil der hier lebenden Muslime die Werte unserer westlichen, aufgeklärten Gesellschaft wirklich verinnerlicht und aus vollem Herzen lebt?

Wenn man alte Fotos von Afghanistan oder dem Iran aus den Siebzigerjahren sieht, haben die Frauen dort keine Burkas getragen, sondern Miniröcke. Und das könnte dort in 15 oder 20 Jahren wieder so sein. Warum sollten wir also hier, aus vermeintlicher Toleranz, einen weniger offenen Islam akzeptieren?

Wir Menschen sind die einzige Spezies, die sich bewusst für ethisches Handeln entscheiden kann. Einander fremde Schimpansen würden sich niemals ordentlich in eine Schlange stellen, um ein Flugzeug zu besteigen. Oder sich in einem ICE-Bordrestaurant neben eine schwäbische Reisegruppe setzen, ohne sie nach fünf Minuten mit ihren Nordic-Walking-Stöcken zu erschlagen. Salopp gesagt bedeutet Kultur, den Faustkeil durch einen Selfiestick zu ersetzen.

Aber wir müssen diese Werte eben auch einfordern. Doch damit tun wir uns wahnsinnig schwer.

Während der Fußball-Europameisterschaft 2024 warnte der österreichische Bundestrainer Ralf Rangnick eindringlich vor der »Gefahr von rechts«. Er präsentierte sein Team als Paradebeispiel für Diversität und Zusammenhalt verschiedenster Biografien, insbesondere der österreichische Topstar David Alaba wurde von ihm als Vorbild hervorgehoben.

Völlig zu Recht. Was mich bei diesen Appellen dennoch ratlos zurücklässt, ist die Frage, an wen diese Botschaften adressiert werden. Vordergründig wohl an die Wähler, die aufgrund der für sie gescheiterten Migrationspolitik eine Tendenz zu FPÖ oder AfD haben.

Warum aber – und das halte ich für einen entscheidenden Punkt – adressieren prominente Vorbilder wie Rangnick diese Botschaften niemals direkt an Menschen mit Migrationshintergrund? An die zweite Generation von Einwanderern oder, noch besser, direkt an neu angekommene Asylbewerber: »Glaubt an euch, integriert euch, werdet Teil dieser Gesellschaft und versucht so erfolgreich zu sein wie die David Alabas, die İlkay Gündoğans oder die Darja Varfolomeevs. Arbeitet so hart wie diese Leute, nehmt Deutschland oder Österreich als eure Heimat an und gebt dieser Gesellschaft, die euch ein besseres Leben ermöglicht, etwas zurück.« *Das* hielte ich für ein außergewöhnliches Statement.

Gelungene Migration ist nie leicht. Jedes Einwanderungsland tut sich auf unterschiedliche Art und Weise schwer. Auch während meiner Zeit in den USA habe ich das erfahren müssen.

Wer nach Amerika einwandert, muss Zutrauen in die eigenen Fähigkeiten haben, denn dort erhalten, anders als in Deutschland, Neuankömmlinge kaum Unterstützung. Interessanterweise aber erzeugt gerade die harte Einwanderungskultur bei den Migranten eine hohe Identifikation mit dem Land. Bereits nach fünf Jahren geben 77 Prozent der amerikanischen Migranten an, dass sie sich als Teil der amerikanischen Gemeinschaft fühlen.[207]

In der Verhaltensökonomie bezeichnet man das als »IKEA-Effekt«. Der Aufwand, den das Zusammenbauen der Möbel erfordert, führt zu einem Zuwachs an Wertschätzung – anders als bei fertig gekauften Produkten, in die man keinerlei Energie hineinstecken muss.

Es ist ein bestimmter Typus von Menschen, der nach Amerika einwandert. Viele von ihnen sind gut ausgebildet. Noch entscheidender ist die spezielle Mentalität, die sie verbindet: Sie sind risikobereit, freiheitsliebend und kreativ. Also genau die Klientel, die mit revolutionären, umwälzenden Ideen ein Land entscheidend voranbringen kann. Wer die richtigen Einwanderer hat, dem gehört die Zukunft. Die USA profitieren von einigen besonders leistungs- und anpassungsfähigen Ethnien wie beispielsweise der indischen. Herausragende Vertreter sind der Microsoft-Chef Satya Nadella, der Google-Boss Sundar Pichai, der neue FBI-Chef Kash Patel und der NIH-Boss Jay Bhattacharya.

Wenn es einem Einwanderer in die USA gelingt, die amerikanische Staatsbürgerschaft zu ergattern, dann schwört er auf die Verfassung, zeigt stolz seinen neuen Pass und sagt: Jetzt bin ich Amerikaner! So etwas passiert auf den deutschen Einwanderungsämtern selten.

Vor einigen Jahren haben Psychologen der Universität Köln das Nationalgefühl der Deutschen untersucht. Unter anderem fanden sie heraus, dass uns viele Länder sympathisch finden, während wir uns selbst nicht richtig leiden können. Positive historische Ereignisse wie etwa die Nachkriegszeit, das Wirtschaftswunder oder die friedliche Revolution 1989 spielen in unserer Wahrnehmung keine große Rolle.

Wahrscheinlich bringen wir daher unseren Nationalfeiertag auch immer etwas hölzern und verklemmt über die Bühne. Für die meisten Deutschen ist die Eröffnung der Spargelzeit wichtiger als das Gedenken an die Deutsche Einheit. Kein Wunder, denn jedes Jahr am 3. Oktober werden immer wieder aufs Neue die grausamen Bilder von David Hasselhoff ausgestrahlt, der beim Mauerfall *I've been looking for freedom* singt.

Und als 2005 die Sängerin Sarah Connor in der Münchner Allianz-Arena den Text der Nationalhymne in »Brüh im Lichte dieses Glückes …« kreativ uminterpretierte, verlor auch der letzte deutsche Patriot seinen Nationalstolz.

Vor einiger Zeit unterhielt ich mich mit einem Deutschtürken der dritten Generation. »Im Herzen fühle ich mich nicht als Deutscher, sondern immer noch als Türke«, verriet er mir. Das hat mich gewundert. »Aber Deutschland ist doch deine Heimat«, entgegnete ich. »Du bist hier geboren und zur Schule gegangen, sprichst akzentfrei Deutsch und hast einen guten Job. Warum fühlst du dich nicht als Deutscher?« Daraufhin entgegnete er: »Ihr Deutschen redet ständig von Integration. Aber in was genau sollen sich die Menschen denn hier integrieren? In ein Land, das sich eigentlich selbst nicht leiden kann? In eine Gesellschaft, die jegliche Form von Patriotismus sofort mit Nationalismus gleichsetzt? Ein Land, das seine Identität aus einem tief verwurzelten Schuldkomplex zieht, ist nicht sexy. Wenn ihr Deutschen nicht einmal stolz auf eure Errungenschaften seid, wie könnt ihr dann hoffen, dass wir Einwanderer es sein wollen?«

Wir Deutschen sind keine stolze Nation. Der Grund ist offensichtlich. Wir hatten eben dieses dunkle Kapitel in unserer Geschichte. Die Zeit, in der Erich Ribbeck Bundestrainer war.

Bereits während der ersten Präsidentschaft von Donald Trump ergaben die Analysen zum großen Erstaunen der Wahlforscher, dass er von sehr vielen Migranten gewählt wurde. Als ich 2019 in New York lebte, unterhielt ich mich darüber mit meinem Nachbarn Farzad, der zehn Jahre zuvor aus dem Nahen Osten eingewandert war: »Wie konntest du nur Trump wählen, Farzad?«, fragte ich ihn irritiert. »Trump ist gegen Immigranten. Und du bist auch einer.« »Ja. Aber ich bin ja jetzt hier«, meinte er. »Okay, aber dir ist schon klar, dass dich in Zukunft nicht mal mehr deine Verwandten aus dem Iran besuchen dürfen?« »Und wenn schon. Die mochte ich eh nie …«

Bei Trumps Wiederwahl im November 2024 war es noch paradoxer. Kaum ein Präsidentschaftskandidat hat sich härter gegenüber Zuwanderern geäußert als Trump, und dennoch fuhr er besonders bei den Latinos sensationelle Wahlergebnisse ein. Auch in den muslimisch dominierten Wahlkreisen hat er dazugewonnen, genauso wie bei den Afroamerikanern.

Wie ist es zu erklären, dass Donald Trump gerade von den Leuten gewählt wird, die ja angeblich das Ziel seiner Hetze sind?

Die unbequeme Wahrheit liegt auch an der desaströsen Migrationspolitik seiner demokratischen Vorgänger. In den vergangenen Jahren führte eine naiv-romantische »Open Border«-Politik zu katastrophalen Verhältnissen in vielen amerikanischen Städten. Die negativen Folgen illegaler Einwanderung gingen besonders auf Kosten jener Gruppen, die sich auf legalem Weg nach oben arbeiten wollten. Hart arbeitende Hispanics interessieren sich nicht für die unterschiedlichen Pronomen von Regenbogendemokraten, sie wollen sichere Verhältnisse an der mexikanischen Grenze. Afroamerikaner und Puerto Ricaner aus demokratisch regierten Großstädten wie Detroit oder San Francisco wählten Trump, weil sie sahen, dass ihre Viertel während Bidens Amtszeit immer weiter den Bach runtergingen.

Viele schwarze US-Amerikaner können das Großmaul Trump vielleicht nicht leiden, aber sie fühlten sich im Wahlkampf 2024 durch seinen harten Kurs offenbar mehr angesprochen als von Kamala Harris, die wohl dachte, ihre dunkle Hautfarbe mache sie automatisch beliebt bei der schwarzen Wählerschaft.

Auch bei Einwanderern ist Trump beliebt, möglicherweise, weil er ihnen alles abverlangt und sie weniger als hilflose Opfer der Umstände begreift, wie das viele Demokraten gerne tun.

Eine ähnliche Tendenz ist in Deutschland zu beobachten. Schon länger ist das Phänomen bekannt, dass gerade gut integrierte Migranten die deutsche Migrationspolitik kritisieren, einige sogar AfD wählen.[208]

2024 sagte der FDP-Politiker Bijan Djir-Sarai, der als Kind nach Deutschland kam: »Die Männer, vor denen ich mit elf Jahren aus dem Iran geflohen bin, stehen heute an der Kasse bei Rewe.«[209]

Auch die Kirchen befürworten traditionell die weitgehend ungeregelte Migration nach Europa. 2021 machte Papst Franziskus bei einem Besuch auf der Insel Lesbos klar, dass er Abschottung für einen »Schiffbruch der Zivilisation« halten würde. Deswegen lehnte er auch jegliche Grenzsicherungsanlagen kategorisch ab. Was ein wenig ironisch daherkommt, wenn man sich die sieben Meter hohen Mauern ansieht, mit denen der Vatikan umgeben ist.[210]

Überhaupt ist es auffallend, dass sich besonders diejenigen um eine ungesteuerte Zuwanderung bemühen, die am wenigsten mit den daraus folgenden Konsequenzen zu leben haben. Wer in einem wohlhabenden Viertel in Hamburg, München oder Berlin lebt, den kümmert es nicht so sehr, wenn die Kriminalitätsraten in den sozialen Brennpunkten ansteigen. Und wenn der Migrationsanteil in der Grundschule nach oben geht, dann meldet man den kleinen Lukas-Maximilian eben in der schicken Privatschule an.

Inzwischen hat sich eine regelrechte Armutsindustrie von NGOs, Wohlfahrtsverbänden und Institutionen gebildet, die von den vielfältigen Problemen rund um das Thema Zuwanderung profitiert. Viele davon mit einem bereits erwähnten links-marxistischen Hintergrund.

Marxisten – so scheint es – brauchen Opfergruppen, um ihre Ideologie aufrechtzuerhalten. Bei Karl Marx bestanden die Opfer aus dem Proletariat, das seiner Auffassung nach durch die herrschende Klasse ausgebeutet wurde. Bei den heutigen Neo-Marxisten haben diese Aufgabe die Flüchtlinge übernommen. Sie instrumentalisieren die Zuwanderer. Und nicht zuletzt sind die vielen NGOs, die rund um das Thema Migration entstanden sind, auch ein lukratives Geschäftsmodell.

All das ist auf so vielen Ebenen zynisch und inhuman. Man holt Millionen Menschen in dieses Land nicht primär aus Mitmenschlichkeit, sondern man benutzt sie als globale Imagekampagne. »Seht her, wie gut und edel wir doch sind. Gerade wir Deutschen mit unserer unrühmlichen Geschichte …«

Und sobald sie dann im Land verteilt sind, in den vielen neu gebauten Container-Unterkünften, stellt man sie mit Bürgergeld ruhig, denn sie haben ja ihre Schuldigkeit getan.

Neulich auf einer Veranstaltung erzählte mir der Bürgermeister einer südbadischen Kleinstadt, wie ihm 2016 die Bundesregierung quasi über Nacht 500 Flüchtlinge vor die Tür gestellt hat. »Zwei Tage vorher erhielt ich einen Anruf aus Berlin. Auf meine verzweifelte Frage, wie man sich das denn vorstelle, ohne jegliche Vorbereitungszeit, ohne verfügbaren Wohnraum, kam die lapidare Antwort: Das ist euer Problem. Lasst euch was einfallen.«

Bei einer solchen Politik verlieren alle. Nicht nur, dass in großen Teilen der deutschen Bevölkerung der Unmut über die Migration wächst, auch viele Flüchtlinge spüren, dass sie im Grunde nur benutzt werden. Ich bin mir sicher: Nicht wenige Migranten lehnen unser System ab, nicht obwohl, sondern gerade *weil* man sie ohne Gegenleistung rundumversorgt. Dadurch gibt man ihnen das Gefühl, sie nicht zu respektieren. Und man respektiert sie ja tatsächlich nicht, wenn man sie zu einem hilflosen Opfer degradiert. Kein Wunder, dass so viele wütend, frustriert oder lethargisch sind. Denn der hohe Grad an staatlicher Fürsorge und Rundumversorgung hat eine Kehrseite: Er hält Menschen in Abhängigkeiten. Und er schwächt ihren Drang, Verantwortung für sich selbst zu übernehmen. Ein Phänomen, das die Psychologie als »erlernte Hilflosigkeit« bezeichnet.

Wie also könnte eine Lösung des Migrationsproblems aussehen? Der erste Schritt bestünde in Ehrlichkeit. Dazu gehört, sich einzugestehen, dass die Debatte über Migration seit Jahrzehnten von Realitätsverweigerung, falschen Anreizen, Augenwischerei und Beschwichtigung geprägt ist. Eine Erkenntnis, die von Teilen der Bevölkerung, von konservativ bis progressiv, leider immer noch beharrlich ignoriert wird.

Schweden zum Beispiel macht es vor. Jahrelang verfolgten die Skandinavier eine ähnliche Open-Border-Politik wie wir, mit ähnlich desaströsen Ergebnissen. Seit jedoch seit 2022 eine neue Regierung im Amt ist, wurde die Migrationspolitik verändert. Die Regierung kürzte Sozialleistungen, etablierte klare Regeln beim Asylrecht und schaffte im Gegenzug Anreize für Zuwanderer, die qualifiziert sind und/oder sich aus eigener Kraft etwas aufbauen wollen. Dadurch sanken innerhalb kürzester Zeit die Flüchtlingszahlen.[211]

Eine der großen Lebenslügen der alten Bundesrepublik lautete, kein Einwanderungsland zu sein. Daran hat sich bis heute wenig geändert. Ein Einwanderungsland sein zu wollen, bedeutet nicht, seine Grenzen zu öffnen und zuzuschauen, was passiert; sondern es bedeutet, Einwanderung im Eigeninteresse zu steuern. Und dazu gehört, klar zu entscheiden, welche Formen von Migration wir möchten und welche nicht. Davon sind wir weit entfernt.

Der berühmteste Satz von Angela Merkel lautete: »Wir schaffen das!« Zehn Jahre später glauben daran nur noch wenige. Viele ziehen inzwischen ihre Konsequenzen. In der Debatte um Asylpolitik, Familiennachzug und Obergrenzen kommt nämlich eines der größten Migrationsprobleme in diesem Land praktisch nie zur Sprache: die massenhafte Abwanderung von hoch qualifizierten Deutschen. Bis zum Jahr 2015 wanderten jedes Jahr zwischen 130 000 und 160 000 Deutsche aus. Nach der Grenzöffnung durch Angela Merkel verdoppelten sich beinahe die Zahlen und liegen derzeit bei 265 000 deutschen Auswanderern pro Jahr.[212]

Es fängt bei den Ärzten an, die lieber in der Schweiz oder in Norwegen operieren. Die guten Ingenieure arbeiten lieber in den USA oder Singapur, mittlerweile auch in China, die guten Informatiker sowieso. Fleißige Handwerker und Pflegekräfte zieht es nach Kanada und Australien oder Neuseeland. Selbst erfolgreiche Gastarbeiter eröffnen mittlerweile lieber in der Türkei ihre Geschäfte als in Deutschland. Ein Viertel der Eingewanderten will Deutschland wieder verlassen, vor allem die höher Gebildeten unter ihnen.[213]

Wir erleben eine Flucht der Klugen und Leistungsbereiten. Sie gehen, weil ihnen dieses Land viel zu wenig Perspektiven bietet. Politisch gesehen stehen sie weder links noch rechts. Sie sind so liberal, dass selbst der FDP schlecht wird.

Seit zehn Jahren hat sich dieses Land sicht- und spürbar verändert durch eine andauernde Migrationswelle, die allen Umfragen zufolge von der Mehrheit der Bevölkerung so nicht gewünscht ist. Wer heute an einem deutschen Hauptbahnhof aussteigt oder sich etwas genauer in den Innenstädten umschaut, weiß, was gemeint ist.

Stabilität und Glaubwürdigkeit einer Demokratie sind nur dann gewährleistet, wenn politische Entscheidungen im Einklang mit der Mehrheit der Bevölkerung erfolgen. Betreibt eine Regierung über Jahre hinweg eine Politik, die die Mehrheit der Bevölkerung so nicht möchte, führt das zu genau den Verwerfungen, die wir mittlerweile haben.

Im Jahr 2015 sagte der damalige Justizminister Heiko Maas: »Wir lassen uns die Art, wie wir leben, nicht kaputt machen.« Doch, genau das tun wir. Inzwischen sichern wir Weihnachtsmärkte mit Betonpollern, etablieren Messerverbotszonen und richten Ausweispflichten in Freibädern ein. In der Öffentlichkeit nehmen immer mehr Juden ihre Kippa ab, um keine »Probleme« zu bekommen, die Berliner Verkehrsbetriebe überlegen aus Sicherheitsgründen, reine Frauenwaggons einzuführen, und aus Angst vor »Autos, die in Menschenmengen fahren« sagen wir unsere Karnevalsumzüge ab.

Im Januar 2025 sagte Katrin Göring-Eckardt in der Sendung *Hart aber fair*, Migration habe mit dem Alltag der

Menschen verdammt wenig zu tun. Wahrscheinlich hat sie sich aber auch nur versprochen und meinte eigentlich, dass Migration mit *ihrem* Alltag verdammt wenig zu tun hat.

Vielleicht ist das ja wirklich ihr Gefühl. Meines ist ein anderes. Kürzlich sah ich im Fernsehen eine Dokumentation über die Loveparade aus dem Jahr 1999. Bei den Bildern der unbeschwert tanzenden Menschenmassen rund um die Siegessäule musste ich mich zusammenreißen, um nicht loszuheulen. Diese unbändige Ausgelassenheit und die Freiheit, die wir damals hatten und die uns selbstverständlich schien, haben wir verloren.

Eingetauscht wurde sie durch die Illusion einer »offenen Gesellschaft«. Offen für Kulturen, die unser liberales, westliches Gesellschaftsmodell verachten, offen für eine völlig unbekannte Zahl von Islamisten, Terroristen und psychisch gestörten Zeitbomben.

Der irrationale Wahn, die ganze Welt retten zu wollen, hat uns einen erheblichen Teil unserer Freiheit gekostet. Eine Freiheit, die wir wohl nie wieder zurückbekommen werden. Und das schmerzt. Es zerreißt mir das Herz. Ich kann daher für unsere zukünftigen Generationen nur hoffen, dass der Verstand wieder zurückkehrt.

Dafür braucht es Mut und Entschlossenheit. Genau davon sehe ich leider viel zu wenig bei den Verantwortlichen, die vor Kurzem an die Macht gekommen sind.

Und wie steht es bei uns selbst …?

TEIL 3

QUO VADIS, DEUTSCHLAND?

Als ich vor rund zwanzig Jahren meinen deutschen Freunden erzählt habe, dass ich jetzt mit einer Österreicherin zusammen bin, haben alle gesagt: »Mit einer Österreicherin? Oh, das ist ja toll!«

Die erste Reaktion von Valeries österreichischen Freunden war: »Mit einem Deutschen? Oh, das tut mir leid!«

Die Österreicher bezeichnen uns Deutsche gerne als »Piefke«, als humorlose Erbsenzähler. Da ist ein bisschen was dran. Bekannte aus Stuttgart haben beschlossen, sich zu trennen, wollen damit aber lieber so lange warten, bis das gemeinsame Netflix-Abo ausläuft. Das ist deutsch. Uns fehlt in vielen Dingen die Leichtigkeit. Wir sind wahrscheinlich die einzige Nation, die selbst im Autokino den Sicherheitsgurt anlässt.

In diesem Buch habe ich sehr viel über den woken Zeitgeist geschrieben, der für mich ähnlich verkrampft und unlocker daherkommt. Vielleicht ist das der Grund, weshalb er gerade in Deutschland auf so fruchtbaren Boden fällt.

Natürlich ist das auch in Österreich ein Thema. Doch man nimmt die Dinge dort nicht ganz so ernst und bei einem »Glaserl Wein« geht sich ohnehin vieles aus. Das ist es, was mir in Wien so gefällt und warum ich vor fünf Jahren beschloss, dorthin auszuwandern. 2026 kann ich sogar um die österreichische Staatsbürgerschaft ansuchen. Man sagte mir, das wäre kein Problem, sofern ich dem Magistratsbeamten Rainhard Fendrichs *I am from Austria* fehlerfrei vorsingen kann.

Noch bin ich aber kein Österreicher, der alles völlig locker nimmt. Manchmal fehlt mir der Optimismus, das wird Ihnen beim Lesen aufgefallen sein. Dieses Buch ist nachdenklicher als meine Kabarettprogramme, und auch mein vorheriges Buch war deutlich positiver und weniger skeptisch.

In *Lichtblick statt Blackout – Warum wir beim Weltverbessern neu denken müssen* habe ich mich kritisch mit der deutschen Energiewende beschäftigt und einen alternativen Umgang mit dem Klimawandel zur Debatte gestellt. Sind unsere klimapolitischen Maßnahmen sinnvoll und umsetzbar? Tun wir aus den richtigen Gründen das Falsche? Lassen wir uns beim Klimaschutz zu viel von Ängsten, Gefühlen und Wunschdenken leiten und zu wenig von Rationalität und Pragmatismus?

Dazu gehörten provokante Thesen gegen den damaligen Zeitgeist. Zugegeben, das Timing der Veröffentlichung war perfekt. *Lichtblick statt Blackout* kam im September 2022 heraus, punktgenau zum Beginn der Heizperiode. Die Energiekosten waren so hoch wie nie zuvor und jeder hatte Angst, den bevorstehenden Winter durch den Wegfall der russischen Gaslieferungen in einer eiskalten Wohnung verbringen zu müssen.

Die Politik rief zum Sparen und zum Verzicht auf und im Netz kursierten massenweise abstruse Energiespartipps. Wussten Sie zum Beispiel, dass ein Deckenventilator viel weniger Strom verbraucht, wenn man vor dem Betrieb die Flügel abschraubt? Es sind überraschenderweise oft die kleinen Dinge, die viel bewirken können.

Die ständigen Blockadeaktionen der Letzten Generation gingen den Bürgern total auf die Nerven. Wobei ich deren

Radikalität in gewisser Weise nachvollziehen konnte. Diese jungen Menschen glauben wirklich, dass das Ende der Welt bevorsteht. Weil wir es ihnen seit ihrer Geburt eingehämmert haben. Und je hysterischer und radikaler deren Aktionen wurden, umso mehr haben wir sie darin bestärkt. Wenn du in Amerika den Zaun von einem Flughafen durchschneidest und dich auf die Rollbahn klebst, musst du danach in den Knast. In Deutschland musstest du danach zu Markus Lanz. Und das ist auch nicht schön.

Im Kern ist Klimaschutz zweifellos ein berechtigtes Anliegen. Ich versuche im Rahmen meiner Möglichkeiten auch, dazu beizutragen. Zum Beispiel fahre ich seit Neuestem ein E-Auto. Dreimal die Woche, denn ich habe mit dem Golfen angefangen. Außerdem kompensiere ich konsequent meine Flugmeilen. Das ist mir sehr wichtig. Wenn ich etwa über das Wochenende zu Freunden nach London fliege, kürze ich meiner Putzfrau den Lohn so weit, dass die sich ihren Mallorca-Urlaub nicht mehr leisten kann. Ich weiß, nicht perfekt, aber eben mein bescheidener Beitrag.

Der Umgang mit der Erderwärmung ist eines der plakativsten Beispiele, wie man ein im Kern wissenschaftliches Thema durch übergroße Emotionalität und Gefühl so irrational aufheizen kann, dass darüber fast keine faktenbezogene, sachliche Debatte mehr möglich ist.

Es ist hochgradig irritierend, was viele durchaus gebildete Menschen zu diesem Thema so von sich geben. Ein befreundeter Gymnasiallehrer fragte mich neulich ernsthaft, wie ich denn die Möglichkeit einschätzen würde, dass Solarparks bald auch nachts genügend Strom liefern könnten. »Klar, wenn man die Anlage unter Flutlicht betreibt, ginge das«, antwortete ich.

Auch viele Politiker verstiegen sich beim Thema Energieversorgung zu immer bizarreren Aussagen: »Das Netz ist der Speicher«, »Grundlast wird es in klassischem Sinne nicht mehr geben«, »die Sonne schickt uns keine Rechnung« – ein wenig fühlte es sich an, als ob eine Gruppe von Leuten, die zu einer Tupperparty wollte, aus Versehen den falschen Eingang genommen hat und plötzlich im Ministerium für Wirtschaft und Klimaschutz gelandet war.

Die gesamte Rhetorik rund um das Klimathema trug fast schon religiöse Züge: Man drohte mit der Apokalypse, arbeitete mit Schuldgefühlen und versprach Erlösung durch Buße und Verzicht: Flugscham, bei geringeren Temperaturen Wäsche waschen, Selbstgeißelung durch veganes Essen und Mülltrennen als moderne Form des Rosenkranzbetens.

Als studierter Physiker hielt ich das schon immer für eine ungute Entwicklung. Lädt man ein wissenschaftliches Thema parareligiös auf, missbraucht man damit die Wissenschaft als Instrument der absoluten Wahrheit. Und das ist antiaufklärerisch.

Denn die Wissenschaft basiert auf der Suche nach dem Zweifel. Religionen dagegen basieren auf dem Zweifelsverzicht. »Was hat Gott eigentlich gemacht, bevor er die Welt erschaffen hat?«, habe ich als Kind unseren Pfarrer gefragt. Er blickte mich lange an und sagte: »Er hat die Hölle vorbereitet für Menschen, die so komplizierte Fragen stellen!«

Als *Lichtblick statt Blackout* auf den Markt kam, hatte ich ernsthafte Bedenken, dass meine satirischen Überspitzungen über die aufgeheizte Klimadebatte zu meiner gesellschaftlichen Exkommunizierung führen könnten. Glücklicherweise blieben die öffentlichen Attacken aus. Und: Das Buch schoss gleich in der ersten Woche auf Platz 2 der *Spiegel*-Bestsellerliste und hielt sich ein Jahr lang unter den »Top Ten«.

In den Medien wurde es positiv besprochen und ich erhielt in der Folge viele Einladungen zu Fachvorträgen und

Symposien. In dieser Zeit nahmen fast tagtäglich Wissenschaftler, Verbandsfunktionäre und Konzernlenker Kontakt zu mir auf; wir sprachen offen, sachlich und angenehm ideologiefrei über die Fehler und Verbesserungsmöglichkeiten der deutschen Energie- und Klimapolitik. Als sich schließlich sogar mehrere Politiker der damaligen Bundesregierung bei mir meldeten und mir bei vielen meiner Kritikpunkte recht gaben, war ich optimistisch. Wir scherzten über die unausgegorenen Aktionen der Klimakleber, waren uns einig darüber, dass der bevorstehende Komplettausstieg aus der Kernenergie in einer Phase unsicherer Energieversorgung aufgrund des Ukrainekrieges ziemlich bescheuert ist, und schüttelten die Köpfe über die Gesetzesvorlage, den Einbau von Gasheizungen verbieten zu wollen.

Hatte ich möglicherweise die Offenheit der Regierung unterschätzt? Sind unsere Politiker vielleicht doch nicht so ignorant, unwissend oder ideologisch verblendet, wie ich dachte? Ich schöpfte Hoffnung. Leider wurde ich nur kurze Zeit später mit der traurigen Realität konfrontiert: Dieselben Politiker, die mir unter vier Augen versicherten, dass die bevorstehenden Gesetzesvorlagen komplett irrational und kontraproduktiv sind, stimmten für den sofortigen Atomausstieg und das Gebäudeenergiegesetz.

Entgegen der Meinung vieler Bürger, Politiker seien oft nicht sehr intelligent, habe ich die Erfahrung gemacht, dass dem nicht so ist. Viele führende Politiker sehen die Situation realistisch und reflektiert. Dass sie trotzdem unkluge und teilweise verheerende Entscheidungen treffen, hat meines Erachtens viel mit Phänomenen wie Gruppendruck, Mitläufertum, Karrierismus oder Feigheit zu tun.

Rückblickend waren es diese frustrierenden Einblicke, die mir einen erheblichen Teil des Vertrauens in unsere politischen Prozesse genommen haben. Und mit jedem neuen

Thema, das ich für dieses Buch recherchierte, fiel es mir schwerer, über die Art und Weise, wie Deutschland regiert wird, nicht zynisch und verbittert zu werden.

In so manchen privaten Gesprächen mit aktuellen und ehemaligen Politikern erfuhr ich sehr viel über interne politische Strukturen. Parteiübergreifend erzählten sie mir, dass unser Parteiensystem so aufgebaut ist, dass es Leute nach oben bringt, die gelernt haben, innerhalb einer kleinen Gruppe von parteipolitischen Strippenziehern zu funktionieren. Keiner, der in einer Partei Karriere machen will, wird sich ernsthaft gegen die Parteilinie stellen, denn unorthodoxe Geister oder echte Problemlöser werden mittels des Listensystems konsequent aussortiert oder sie schaffen es gar nicht erst über die Kommunalebene hinaus. Dadurch findet sich in politischen Spitzenfunktionen fast automatisch eine große Zahl weltfremder Ideologen, anpassungsfähiger Mitläufer oder mutloser Duckmäuser.

Zudem ziehen Parteien Personen an, die in anderen Bereichen, der freien Wirtschaft zum Beispiel, kaum Aussicht haben, in eine vergleichbare Führungsposition zu kommen, da dort Fähigkeiten gefragt sind, die für eine Parteikarriere leider nicht nötig sind.

All diese Fehlanreize führen dazu, dass Parteien so gut wie keine Lernkurve haben oder mit Personen besetzt sind, die nicht in der Lage sind, echte Veränderungen durchzusetzen.

Um diesen bedauernswerten Zustand im Kern anzugehen, bräuchten wir wohl eine grundsätzliche Reform des Wahlsystems, ein Mehrheitswahlrecht vielleicht oder eine direkte Demokratie, die Begrenzung der Mandate auf zwei Legislaturperioden, mehr Bürgerentscheide, die Abschaffung des Listensystems … – es gäbe eine Menge Möglichkeiten, unser politisches System effizienter und demokratischer zu gestalten. Das wird natürlich nicht passieren, da die politischen Protagonisten von dem aktuellen System profitieren und keinerlei Interesse an einer Veränderung haben.

Wie also geht es weiter mit diesem Land? Besteht trotz der verbreiteten Unvernunft und der Fehlentscheidungen, die wir in den vergangenen Jahren getroffen haben, Hoffnung auf Besserung? Ist unsere Gesellschaft ein Auslaufmodell oder schaffen wir es, aus den Fehlern zu lernen, unsere liberalen Werte zu bewahren und uns gleichzeitig an eine immer komplexere Welt anzupassen? Immerhin war eine konstruktive Fehlerkultur seit jeher *das* herausragende Kennzeichen der Aufklärung.

Diese große Stärke der westlichen Kultur, sich selbst kritisch zu hinterfragen, hatte leider auch immer eine Kehrseite. Wer buchstäblich alles infrage stellt, stellt auch seine eigene Existenz infrage. Und das hat eine potenziell selbstzersetzende Wirkung. In den vergangenen Jahren ist unsere Fähigkeit zur Selbstkritik in Selbsthass und Selbstverleugnung umgeschlagen. Wir erleben eine Perversion der Aufklärung.

Wie ich in diesem Buch gezeigt habe, sind diese Tendenzen in der gesamten westlichen Welt zu beobachten. Doch wir Deutschen haben dem Ganzen mit unserem typischen Hang zur Gründlichkeit die Krone aufgesetzt.

Das fing damit an, dass wir bereits seit geraumer Zeit technologische Innovationen und wissenschaftliche Erkenntnisse immer weniger als Chance begreifen, sondern als Bedrohung: Gentechnik, Stammzellenforschung, künstliche Intelligenz – hätte vor 500 000 Jahren so eine Stimmung geherrscht, die Sache mit dem Feuer wäre wohl nie genehmigt worden.

Früher war man in Deutschland stolz darauf, Großes zu erschaffen. Heute sind wir stolz, wenn wir etwas Großes verhindern. Atom- und Kohlekraftwerke, den Transrapid und

Freihandelsabkommen. Die Durchsetzung eines Dieselfahrverbotes wird in diesem Land wie eine zweite Mondlandung gefeiert.

Für mich war der Kipppunkt das Jahr 2011, als Angela Merkel nach Fukushima praktisch über Nacht den vorzeitigen Atomausstieg beschloss. Schon damals habe ich in einem längeren Artikel für *Die Welt* den fast unvermeidlichen Abstieg prognostiziert.[214]

Nicht nur wegen des sich automatisch ergebenden Energieproblems, sondern vor allem deshalb, weil die Bundeskanzlerin ab diesem Zeitpunkt begann, die Identität ihrer Partei aufzulösen, und damit die politische Balance in unserem Land entscheidend veränderte. Stück für Stück fiel das konservative Korrektiv weg. Deutschland wurde von einer rational-konservativen Industriemacht zu einer links-grünen Wohlfühlnation. Seitdem regiert in Deutschland das Gefühl.

2015 wurden die Grenzen geöffnet und alle riefen die »Willkommenskultur« aus. Züge, Busse, Flugzeuge und Seenotrettungsschiffe wurden organisiert aus dem euphorischen Wunsch heraus, die ganze Welt aufnehmen zu wollen.

2016 kamen in einem deutschen Bundesland erstmals die Grünen an die Macht. In Baden-Württemberg erhielten sie sensationelle 30,3 Prozent der Stimmen. Eine Region, die wie keine andere durch den Automobilbau reich und wohlhabend wurde, wählte begeistert eine Partei, die das Auto hasst. Der damalige Daimler-Chef Dieter Zetsche biederte sich sogar kurz danach auf dem Bundesparteitag der Grünen in Münster in einer unterwürfigen Rede bei der gesamten Parteispitze an. Mehr Selbstsabotage geht kaum.

2020 sprang auch Joe Kaeser von Siemens auf die Gute-Laune- und Weltrettungswelle auf. Der Chef eines der größten Industriekonzerne dieses Landes bot der 24-jährigen Klimaaktivistin Luisa Neubauer einen Posten im Aufsichtsrat an.

Ein Jahr später schließlich feierte Deutschland einen Germanisten ohne jeglichen ökonomischen Sachverstand als Bundeswirtschaftsminister und Vizekanzler ab, der ein paar Jahre zuvor in seinem Buch *Patriotismus – Ein linkes Plädoyer* geschrieben hatte: »Vaterlandsliebe fand ich stets zum Kotzen. Ich wusste mit Deutschland noch nie was anzufangen und weiß es bis heute nicht.«

Es ist gespenstisch zu sehen, wie Teile dieses Landes die eigene Demontage geradezu herbeisehnen. Oder durch Untätigkeit und Duckmäusertum fleißig dazu beitragen. Der Sieg der Emotionen über die Vernunft, das gefühlige Salbadern statt rationaler Analyse, all das findet nicht nur in der Politik statt, sondern eben auch in der Wirtschaft, in den Medien und in der Mitte der Gesellschaft. Selbst das liberale Bürgertum hüllt sich in Schweigen und hofft, dass der Sturm der Irrationalität über es hinwegzieht.

Wir Deutschen rühmen uns, aus unserer Geschichte etwas gelernt zu haben. Inzwischen bin ich mir nicht mehr so sicher, dass uns das gelungen ist. Vor achtzig Jahren wollten wir die ganze Welt unterjochen, in jüngster Zeit wollen wir sie mit dem gleichen größenwahnsinnigen Eifer retten. Wenn wir uns etwas in den Kopf gesetzt haben, besitzen wir keine Korrekturfunktion.

Die vielleicht deutscheste aller Eigenschaften ist, keinerlei Verhältnismäßigkeit zu kennen. Egal wie utopisch, ausweglos oder lächerlich das Ziel, der Deutsche zieht es durch. Früher wurden wir dafür gefürchtet. Heute werden wir dafür verlacht.

Neulich stand ich in einer endlosen Schlange am Berliner Flughafen. Das totale Chaos. »Haben diese Klimatypen wieder mal den Betrieb lahmgelegt?«, frage ich einen Mitarbeiter. »Nö …«, sagte der. »Ist der Normalbetrieb hier …«

Inzwischen haben wir eine neue Regierung unter einer vermeintlich konservativen Führung. Die von Merkel geschaffene politische Dysbalance besteht aber nach wie vor. Wenn Sie beim Wahl-O-Mat klassische wirtschaftsliberale Positionen angeben, zeigt die Maschine weniger Übereinstimmung mit CDU oder FDP, vielmehr bescheinigt sie Ihnen eine große Nähe zur AfD. So weit ist es gekommen. Der wirtschaftspolitische Konsens in Deutschland ist inzwischen so nach links gerückt, dass liberale Werte wie Marktwirtschaft, freies Unternehmertum, Steuersenkungen, Bürokratieabbau oder die gezielte Anwerbung von ausländischen Fachkräften als stramm rechts gelten. Ludwig Erhard, der Vater des deutschen Wirtschaftswunders und der sozialen Marktwirtschaft, wäre mit seinen Ideen und Visionen heute eine Persona non grata.

Ich bin in einem linksliberalen Umfeld aufgewachsen. In meiner Kindheit und Jugend spielte Politik zwar nie eine große Rolle, doch es war klar, dass wir SPD wählen. Ich komme aus einer klassischen Arbeiterfamilie. Meine Mutter hat als Näherin am Band im Akkord geschuftet, mein Vater war Schreiner. Die Partei von Willy Brandt setzte sich maßgeblich dafür ein, dass ich als einfaches Handwerkerkind eine höhere Bildung genießen konnte. Die SPD von damals kämpfte für technischen Fortschritt und gegen den Einfluss von Religion. Heute kämpft sie gegen Kernenergie und für mehr Verständnis für den Islam. Es sind verstörende Zeiten.

Stellen Sie sich vor, Sie fahren in einem fensterlosen Zug, der so fantastisch gefedert ist, dass er vollkommen erschütterungsfrei mit 100 Kilometern pro Stunde dahingleitet. Aus Gründen, die keiner kennt, gibt es in diesem Zug keinerlei Möglichkeit herauszufinden, ob Sie sich bewegen oder nicht.

Denn die physikalischen Gesetze sind exakt dieselben. Egal ob man sich in Ruhe befindet oder sich mit gleichförmiger Geschwindigkeit bewegt.

Wer sich also von der Außenwelt abschottet, weiß nicht, ob er vorwärtskommt oder stillsteht. In der Physik bezeichnet man dieses Phänomen als »Relativitätsprinzip«, in der Politik als »Tagesgeschäft«.

Was also bleibt am Schluss zu sagen? Denn ich möchte Ihnen am Ende dieses Buches ja schon auch eine positive Botschaft mit auf den Weg geben. Oder würden Sie lieber zwei negative nehmen?

Tatsächlich ist es angesichts der zahllosen Baustellen und ungelösten Probleme, die sich in unserem Land angehäuft haben, schwer, so etwas wie Zuversicht zu vermitteln. Die Kultur der Aufklärung wirkt wie ein sinkendes Schiff. Wir sollten trotzdem bis zum letzten Augenblick an Bord bleiben. Denn es gibt keine Rettungsboote.

Ich werde an dieser Stelle nicht versuchen, die Situation zu beschönigen oder gar irgendwelche wohlklingenden, unrealistischen Lösungen aufzuzeigen. Stattdessen möchte ich Ihnen ein paar grundlegende Denkanstöße und Impulse geben und an die Tugenden und Werte appellieren, die unsere westliche Kultur groß gemacht haben:

Ehrlichkeit

Jede Veränderung zum Guten beginnt mit einer schonungslosen, ehrlichen Analyse des Ist-Zustandes. Wo also steht dieses Land? Beginnen wir zunächst mit ein paar unangenehmen ökonomischen Fakten: In den vergangenen zwanzig Jahren hat kein Industriestandort weltweit mehr an Attraktivität eingebüßt als Deutschland.[215] Im Jahr 2000 erwirtschafteten wir noch 7 Prozent der weltweiten Wertschöpfung, heute sind es 3 Prozent. Gemessen am kaufkraftbereinigten

Bruttoinlandsprodukt flogen wir 2024 erstmals seit Jahrzehnten aus den Top 20 der reichsten Staaten der Welt.[216]

Praktisch alle G 20-Staaten haben derzeit gute Wachstumsraten zu verzeichnen. Indien wächst mit 6,1 Prozent, China mit 4,5 Prozent, Südkorea mit 2,3 Prozent, die USA mit 1,5 Prozent. Wir sind mit gerade mal 0,2 Prozent das Schlusslicht.[217]

Auch für 2025 prognostiziert die OECD für kein Land der G 20-Staaten ein so niedriges Wachstum wie für Deutschland.[218]

Im Ranking der weltweit besten Universitäten liegt die beste deutsche Uni inzwischen auf Platz 55. Für alle, die sich mit Zahlen nicht so richtig gut auskennen: Das ist ziemlich weit hinten. Während in Indien und China jedes Jahr 700 000 ehrgeizige Ingenieure von den Universitäten abgehen, haben wir im internationalen Vergleich die geringste Quote an MINT-Absolventen.[219]

Lange Zeit waren wir die Apotheke der Welt. Wie am Fließband sicherten sich deutsche Forscher Patente und holten begehrte Nobelpreise. Die wichtigsten Hersteller der besten Medikamente hatten ihren Sitz in Deutschland. Aber irgendwann begann hierzulande erst das große Misstrauen gegenüber der chemischen und pharmazeutischen Industrie und schließlich deren Ausverkauf und Abwanderung. Längst ist China mit einem Marktanteil von 80 Prozent die Medikamentenfabrik der Welt.

Noch vor 13 Jahren war unser Bruttoinlandsprodukt doppelt so groß wie das von Kalifornien. Inzwischen erwirtschaftet allein dieser US-Bundesstaat mehr als Deutschland, vor allem dank der dynamischen Big-Tech-Unternehmen wie Apple, Google oder Facebook. Wir dagegen dümpeln mit einer Netzabdeckung von Burkina Faso herum.[220]

Gefangen in grotesker Überregulierung, einer desolaten

Infrastruktur und einer parteiübergreifenden grünen Paranoia.

Wenn ich Freunden diese Zahlen nenne, erlebe ich regelmäßig, wie sich reflexhaft Kopfschütteln breitmacht. Ironischerweise aber nicht aus Schock über diese Belege des wirtschaftlichen Abstiegs. Stattdessen empören sich viele darüber, weil sie die Glaubwürdigkeit dieser Daten schlichtweg anzweifeln, oder aber sie reagieren fast belustigt, weil sie darin kein größeres Problem sehen. »Wachstum ist eben nicht alles«, heißt es dann oft. »Was willst du uns denn eigentlich damit sagen? Uns geht's doch gut …«

Es ist beunruhigend, wie viele kluge, gebildete Menschen in diesem Land ihre Augen immer noch vor der ökonomischen Realität verschließen. Sie weigern sich, die dramatische wirtschaftliche Situation, in der wir uns befinden, zu sehen und reden sich stattdessen die Lage schön.

Schon seit Jahren halte ich neben meinen Bühnenshows Vorträge bei Unternehmen. Wenn die Veranstaltungen international besetzt sind, schütteln viele ausländische Führungskräfte irritiert den Kopf über uns.

Wir sind zwar nicht mehr Effizienz- und Exportweltmeister, aber dafür haben wir uns weltweit an die Spitze im Verbreiten von schlauen Ratschlägen gesetzt. Den Chinesen raten wir, keine Kohlekraftwerke mehr zu bauen, den Israelis erklären wir, wie sie sich im Nahostkonflikt zu verhalten haben, den Ungarn und den Polen, dass sie gefälligst Flüchtlinge aufnehmen sollen, den Briten, dass der Brexit idiotisch war, und den Amerikanern erklären wir buchstäblich alles: wie Demokratie funktioniert, welches Staatsoberhaupt sie besser hätten wählen müssen und wie sie mit Putin umgehen sollten.

Wir sind von einem Land voller kluger Ingenieure und kühner Erfinder zu einem Volk von selbstgerechten Moralaposteln geworden. Von einer Wissens-Gesellschaft zu einer Besserwisser-Gesellschaft.

Inzwischen bröckelt die Fassade und unsere Selbstgerechtigkeit bekommt immer mehr Risse. Nicht zuletzt durch die Person Donald Trump. Der amerikanische Präsident führt uns mit seiner radikalen »America first«-Politik unerbittlich vor Augen, wo wir wirklich stehen.

Wie wir ihn politisch und menschlich bewerten, ob wir ihn mögen oder nicht, spielt dabei überhaupt keine Rolle. Trump setzt Fakten, die wir nicht mehr ignorieren können. Im Tagesrhythmus reorganisiert er den Staat, ordnet seine Interessen neu, fokussiert sich auf Zukunftsthemen und setzt den Rest der Welt mit seiner Aggressivität und Unnachgiebigkeit unter Druck.

Das alles ist brutal und beängstigend. Und doch beinhaltet das für Europa und insbesondere für Deutschland die einmalige Chance, ehrlich mit sich zu sein, zahlreiche Illusionen und Lebenslügen hinter sich zu lassen, verkrustete Strukturen zu überwinden und sich wieder auf das Wesentliche zu konzentrieren. Ob uns das gelingen wird, vermag ich nicht zu sagen. Was wir dabei auf jeden Fall benötigen, ist:

Mut

Die Erfolgsgeschichte von Deutschland ist in der Tat außergewöhnlich. Nach dem Zweiten Weltkrieg sind wir mit Adenauer, Schmidt und Kohl oben angekommen auf der noblen Dachterrasse der Welt; bewundert, respektiert und integriert in ein globalisiertes System. Nur irgendwann haben wir aufgehört mit fast allem, was uns stark und erfolgreich gemacht hat.

Eine statistische Auswertung aller deutschsprachigen Bücher über die vergangenen achtzig Jahre zeigt, wie sich die Verwendung von bestimmten Begriffen in der Literatur verändert hat. Worte wie »Fortschritt«, »Verbesserung« und »Zukunft« kommen in den Texten immer weniger vor, Begriffe wie »Bedrohung«, »Risiko« oder »Vorsicht« werden dagegen immer häufiger verwendet. All das deutet darauf hin, dass wir uns von einer Kultur des Mutes und der Experimentierfreude zu einer Mentalität der Risikovermeidung und des Sicherheitsdenkens entwickelt haben. Und diese Ängstlichkeit hat nahezu alle Lebensbereiche unserer Gesellschaft durchdrungen.

Im Rahmen meiner Vorträge haben mir in den vergangenen Jahren viele CEOs und Vorstände unter vier Augen erzählt, was ihrer Meinung nach in ihrer Branche – oder in unserer Gesellschaft – schiefläuft, woran es krankt und was sich ändern müsste. Meist ging es dabei um kontraproduktive Gesetze, unsinnige Verordnungen oder absurde Regularien.

Sobald diese Leute aber hinter das Rednerpult traten, war ich immer wieder überrascht, wie zahm, vorsichtig und harmoniesüchtig sie formulierten. Die Angst, in die Kontroverse zu gehen, einen Missstand deutlich auszusprechen, sich mit einem klaren, harten Wort aus dem Fenster zu lehnen und sich persönlich angreifbar zu machen, ist meiner Erfahrung nach in diesem Land bis in die höchsten Führungsebenen viel zu stark ausgeprägt.

Intern beklagt und belächelt man die vielen politischen Traumtänzer, aber sobald der Bundestagsabgeordnete des Wahlkreises in der ersten Reihe sitzt, macht man feige den Bückling.

Praktisch nie habe ich bei einer solchen Veranstaltung Worte gehört wie: »Wir sind nicht bereit, diese Entscheidung zu akzeptieren, und werden Konsequenzen ziehen.« Niemals habe ich gehört: »Diese geplante Verordnung ist völlig inakzeptabel und deswegen werden wir sie mit allen Mitteln bekämpfen und dafür sorgen, dass das nicht passieren wird.«

Stattdessen werden mit süßlichen Worten »Gemeinsamkeiten« betont. »Natürlich sei man zuversichtlich, dass man in weiteren Gesprächen eine für alle Seiten gute Lösung finden wird, bla bla bla …«

Die Angst vor offener Konfrontation und dem Benennen von klaren Grenzen ist für mich einer der Hauptgründe, weshalb vieles in diesem Land so katastrophal erodieren konnte.

Es sind eben nicht (nur) »die Politiker dort oben«, die diese Entwicklung zu verantworten haben. Es war der fehlende Mut von unzähligen Führungskräften, die ihre Stimme wider besseres Wissen nicht erhoben haben. Folgsamkeit und Autoritätsgläubigkeit, wohin man blickt. Der Wunsch nach einem wohligen Konsens, der nicht wehtut, war zu groß.

Kein Manager der Autoindustrie widersprach, als vor zehn Jahren von der EU die Diesel-Grenzwerte festgelegt wurden. Kein Einziger erhob seine Stimme und sagte: Wir werden das in diesem Zeitraum nicht schaffen! Wir brauchen eine andere Lösung.

Ich war kurz nach dem Dieselskandal im VW-Konzern zu Gast und erfuhr dort von den frustrierten Ingenieuren, dass die damalige Führungsebene den Druck einfach hasenfüßig nach unten an die Entwicklungsabteilung weitergegeben hat.

Ich glaube, große Teile des klassischen Bürgertums haben bis zum heutigen Tag nicht begriffen, dass eine Abgrenzung nach rechts nicht automatisch bedeutet, sich links oder grün anzunähern. Oder man ist schlichtweg zu mutlos, eine eigenständige Position zu beziehen, und knickt vor diesen

Strömungen ein, weil man deren massiven Widerstand nicht aushält.

Wenn uns an einer spürbaren Besserung liegt, müssen wir uns von allen ideologischen Richtungen distanzieren und selbstbewusst die Werte der Aufklärung vertreten: weg vom Kollektivismus, hin zum Individualismus. Weg von einem übergriffigen, bevormundenden Staat, hin zu Eigenverantwortung und Selbstbestimmung.

Wir alle müssen mutiger werden und unsere Stimme erheben, wenn uns etwas nicht passt. Und damit meine ich wirklich alle. Das fängt beim Elternabend an und endet im Bundestag bei Abstimmungen über die Zukunft unseres Landes.

In jüngster Zeit hat diese verklemmte, übervorsichtige Stimmung eine Gegenreaktion ausgelöst. Wer sich heutzutage traut, auf der Bühne politisch unkorrekte Themen anzusprechen, dem fliegen die Herzen zu und er spielt oftmals vor vollen Häusern. Nach Jahren der braven Zurückhaltung haben anscheinend immer mehr Zuschauer genug von politischer Korrektheit und stromlinienförmiger Angepasstheit.

Der von RAF-Terroristen ermordete Manager Alfred Herrhausen brachte es auf den Punkt: »Wir müssen das, was wir denken, sagen. Wir müssen das, was wir sagen, tun. Und wir müssen das, was wir tun, auch sein.«[221]

Leistungsbereitschaft

2024 schrieb der britische *Economist* einen vernichtenden Artikel über die Regentschaft von Angela Merkel und machte sie vorrangig für die Stagnation in unserem Land verantwortlich: »16 Jahre des Durchwurschtelns ohne Reformen haben Deutschland einmal mehr zum wirtschaftlich kranken Mann Europas gemacht.«[222]

Ich denke, das ist nicht die ganze Wahrheit. Denn wir alle haben dazu beigetragen und selbstgefällig den Erfolg der vergangenen Jahrzehnte verwaltet, sind träge und selbstzufrieden geworden. Ähnlich wie Lottogewinner haben wir das Geld mit vollen Händen für irgendwelche Fantasieprojekte zum Fenster hinausgeworfen. Für Wartung und Instandhaltung des Landes waren so kaum Mittel übrig. Ein paar Jahre lang haben wir nichts davon bemerkt. Oder wir wollten es nicht bemerken.

Doch vor einiger Zeit hat der Deutschland-Aufzug, mit dem wir jahrzehntelang nach oben gefahren sind, die Gegenrichtung eingeschlagen. Erst langsam, dann schneller, und nun saust er funkensprühend nach unten. Die Infrastruktur bröselt, die Energiepreise gehen durch die Decke, die Schlüsselindustrien taumeln oder wandern ab. Und in dem ganzen Chaos grinst irgendein Regierungsmitglied frech in die Kamera und lobt sich für seine nicht existierenden »Erfolge«. Ob wir ihm glauben oder nicht, ist ihm egal. Denn er wird den Aufprall auf jeden Fall gut überstehen. Wenn die nächste Wahl verloren geht, ist für ihn sowieso schon ein Platz in Brüssel vorgewärmt.

Historisch gesehen befindet sich Deutschland in der Spätphase eines goldenen Zeitalters, das um 1950 mit dem Wirtschaftswunder begann und nun langsam und schleichend im Abstieg begriffen ist. Das ist keine unübliche Entwicklung. Schon immer sind Hochkulturen nach einer Phase des Wohlstandes wieder abgestiegen. Manchmal aufgrund unabwendbarer äußerer Ereignisse, nicht selten selbst verschuldet.

Das Römische Reich zum Beispiel war mächtig, gebildet und besaß eine florierende Wirtschaft. Aber es gab dort leider auch kein Tempolimit und es wurde praktisch kein Geld in genderneutrale Toiletten gesteckt. Von einem modernen Heizungsgesetz gar nicht erst zu sprechen. Das konnte ja nicht gut gehen.

Auch der deutsche Abstieg ist in hohem Maße selbst verschuldet. Er hat nichts mit dem Ukrainekrieg, dem Klimawandel, niedrigen Geburtenraten oder dem Fachkräftemangel zu tun. Wie bereits erwähnt, schaffen es derzeit eine Menge anderer Industrieländer durchaus, stabile Wachstumsraten zu erzielen.

Als ich 2019 im Rahmen meines USA-Aufenthalts einen Vortrag im Silicon Valley hielt, ist mir ein Gespräch mit einem Amerikaner besonders im Gedächtnis geblieben. Sinngemäß sagte er über uns Deutsche: »Ihr seid alle so zufrieden und habt keine Ambitionen mehr, es besser haben zu wollen. Eigenverantwortung ist bei euch nicht nötig, denn eure Politik kümmert sich sowieso um alles, und wo etwas nicht passt, schüttet ihr das Problem mit Geld zu.«

Laut einer Studie des Beratungsunternehmens Ernst & Young liebäugeln 24 Prozent der Studenten in unserem Land mit einem Job im öffentlichen Dienst. Bei den Studentinnen liegt der Anteil sogar bei 30 Prozent. Mit Gleitzeit, Kündigungsschutz und 13. Monatsgehalt.[223]

In der freien Wirtschaft herrscht eine ähnliche Mentalität. In keinem größeren Industrieland sind die durchschnittlich geleisteten Arbeitsstunden pro Jahr so niedrig wie bei uns.[224]

Während große Teile der Welt mit Zähigkeit, Fleiß und Risikobereitschaft nach oben wollen, arbeiten wir an unserer Work-Life-Balance und lehnen die aussichtsreiche Stelle in München ab, weil wir ja in Frankfurt im Tennisklub sind.

Und wenn irgendwo Eigeninitiative aufblitzt, gibt es eine Menge Leute, die alles dafür tun, um sie wieder im Keim zu ersticken. Die Unternehmensberatung IW Consult hat Wirtschaftsförderer befragt: 37 Prozent aller geplanten Gewerbeflächen werden inzwischen von Bürgerinitiativen verhindert. Feuersalamander sticht Gewerbepark.

All das zeigt: Es sind eben nicht nur ein paar ökologische Hardliner oder eine Handvoll sturer Bürokraten, die in unserem Land vielversprechende Entwicklungen und engagierte Projekte verzögern oder verhindern. Die sind nur die Spitze einer satten Wohlstandsgesellschaft. Viele von uns sind träge und bequem geworden.

Wenn wir den internationalen Anschluss nicht gänzlich verlieren wollen, benötigen wir wieder deutlich mehr Leistungsbereitschaft und Wagemut. Durch unsere eigene Trägheit und eine geradezu pathologische Übervorsicht sind über die vergangenen Jahrzehnte viel zu viele Dinge liegen geblieben. Allein der Anteil der maroden Brücken geht in die Tausende. Spannbeton lässt sich nicht sanieren, weil die Chloride aus Tausalz oder Meeresluft den Stahl im Innern ruinieren. Da in den zurückliegenden Jahren viel zu wenig saniert und neu gebaut wurde, müssten ganze Jahresetats des Bundes allein in die Straßen und Brücken fließen.[225]

Auch in der Energiepolitik haben wir mit der Zerstörung von voll funktionsfähigen Kernkraftwerken Tatsachen geschaffen, die nur schwer umkehrbar sind. Allein das wird uns auf lange Zeit vor riesige Probleme stellen. Parallel dazu verschlingt der akribisch durchgeführte Umbau zur Klimaneutralität Unsummen. Maßnahmen, die praktisch keine Wertschöpfung erzielen, aber gigantische Mittel binden, die andernfalls in bessere Wettbewerbsfähigkeit und Innovation fließen könnten. Auch in diesem Punkt müssen wir umdenken und einen anderen, pragmatischeren Weg einschlagen.

Dazu brauchen wir ein grundsätzlich neues Denken. Ein Denken, das etwas erfordert, was wir als mündige Bürger immer mehr verloren haben:

Eigenverantwortung

Mit zwölf Jahren war ich mit meinen Eltern zum ersten Mal in Italien am Meer. Dort kam ich auf die Idee, tagsüber Flaschen zu sammeln, kleine Zettelchen zu schreiben und diese in die Flaschen hineinzustecken. Am darauffolgenden Morgen konnte ich es kaum abwarten, an den Strand zu laufen und meine Flaschenpost wie frisch angespült auszulegen. Dann wartete ich auf die ersten Badegäste. Und wenn ein Gast eine meiner Flaschen entdeckte, habe ich mich an ihn herangeschlichen, weil ich diesen Überraschungsmoment so aufregend fand. Denn auf meinen Zetteln stand immer derselbe Text: »Ich stehe direkt hinter dir …!«

Die Idee der Aufklärung ist die des Individualismus, der Selbstbestimmung und der Eigenverantwortung. Diese Werte sind die geistige Grundlage unserer europäischen Kultur. Im Laufe der Zeit haben wir immer mehr verlernt, diese Werte auch zu leben. Sie wurden zu hohlen Begriffen, die wir auf einen Zettel geschrieben und als Flaschenpost achtlos ins Meer geworfen haben. Doch in Wahrheit stehen sie immer noch direkt hinter uns. Wir müssen sie nur aufheben, uns umdrehen und sie wieder mit Leben füllen.

Ich weiß, das klingt einfacher, als es ist. Denn in den vergangenen Jahren haben wir nur allzu gerne einen Großteil unserer Selbstbestimmtheit und Eigenverantwortung abgegeben.

In immer stärkerem Maße haben wir von der Politik gefordert, dass sie uns bitte vor den Zumutungen und den Risiken des täglichen Lebens bewahren soll. Wir beklatschten Mietpreisbremsen, ein kostenloses Studium, Kündigungsschutz und Ernährungsampeln. Gutgläubig haben wir genickt, wenn man uns vorgaukelte, dass die Renten sicher sind, dass »wir das schaffen« oder uns die Energiewende monatlich nur eine Kugel Eis kosten wird. Die Politik sollte regeln, welche Autos wir fahren dürfen, welcher Strom produziert wird, wie viele Frauen in Vorständen sitzen müssen, dass ein Mann auch eine Frau sein kann, mit welchen Methoden Lebensmittel hergestellt werden und in welchen Tüten wir sie vom Supermarkt nach Hause tragen. Es gibt fast keinen Bereich in unserem Leben, in dem wir der Politik keine maßgebliche Entscheidungsbefugnis zugestanden haben. So haben wir freiwillig und ohne Not immer mehr Kontrolle und Verantwortung über unseren Alltag abgegeben und der Politik Funktionen und Einflussbereiche übertragen, die wir nun kaum mehr zurückbekommen.

Aber genau das müssen wir. Laut der Verfassung sind Politiker nämlich nichts weiter als unsere Angestellten, das vergessen wir oft. Es sind keine Fürsten oder Lehnsherren, die uns in ihrer unermesslichen Gnade irgendwelche Rechte zugestehen, es ist genau umgekehrt. Wir, das Volk, und nicht irgendein Kasper in Berlin oder Brüssel, sind der Souverän dieses Landes.

Noch vor gar nicht so langer Zeit war das allgemein akzeptiert und respektiert. Gustav Heinemann, Bundespräsident von 1969 bis 1974, hat gesagt: »Die Grundlage der Demokratie ist nicht die Herrschaftsgewalt eines obrigkeitlichen Staates. Nicht der Bürger steht im Gehorsamsverhältnis der Regierung, sondern die Regierung ist dem Bürger im Rahmen der Gesetze verantwortlich für ihr Handeln.«

Heute, so scheint es, ist das weitgehend in Vergessenheit geraten. Und daran sind eben nicht (nur) die Politiker schuld. Sondern wir alle.

Seit jeher verorten wir unsere Parteien nach Kategorien wie »links« oder »rechts« oder »grün«. Aber nicht danach, ob sie sich einmischen oder nicht. Dass unser Land mit deutlich weniger Politik deutlich besser laufen könnte, ohne die vielen Eingriffe, Verordnungen und Regularien, wird von vielen als undenkbar abgetan. Kein Wunder, denn Dinge wie Eigenverantwortung und Freiheit haben bei uns keine große Tradition. Der liberale Grundgedanke war bei uns schon immer eine Randerscheinung. Liberal – das sind porschefahrende Juristensöhnchen oder Zahnarztgattinnen in Gucci-Kostümchen. Asozial, rücksichtslos und egoistisch. Dass es ein Gesellschaftsmodell ist, das auf den Werten der Aufklärung gründet, weil es auf Selbstbestimmung und Unabhängigkeit beruht, hat man in diesem Land nie so richtig verstanden. Freiheit ist uns Deutschen nicht so wichtig. Hauptsache, der Müll ist ordentlich getrennt. Deswegen ist es vermutlich auch kein Zufall, dass sich der Begriff »Dosenpfand« auf »Vaterland« reimt. Das kommt sogar in der Nationalhymne vor: »... ist des Glückes Unterpfaaand!«

Seit ich denken kann, überfrachten wir die Politik mit so unglaublich hohen Erwartungen, dass sie im Grunde genommen nur scheitern kann. Und wenn sie es tut, sind wir enttäuscht und wenden uns einer anderen Partei zu, die uns wieder irgendwelche absurden Rundum-sorglos-Pakete verspricht. Die wahre Ursache für diese Krise liegt nicht an Frau Merkel, Herrn Habeck, Herrn Scholz oder Herrn Merz. Sie liegt an der jahrzehntelangen Weigerung von uns allen, Verantwortung für die eigene Lebensgestaltung übernehmen zu wollen.

Wir Deutschen sind stolz auf unsere Demokratie, aber der Geist der Freiheit ist uns suspekt. In Wahrheit jedoch bedeutet die bloße Tatsache, dass der Wille des Volkes in einer freien Wahl zum Ausdruck kommt, nicht sehr viel. Demokratie bedeutet, dass zehn Füchse und ein Hase darüber abstimmen können, was es zum Abendessen gibt. Freiheit dagegen bedeutet, dass der Hase mit einer Schrotflinte die Wahl anfechten kann.

Das entscheidende Element unserer abendländischen Kultur ist also nicht unbedingt die Mitbestimmung, sondern die Selbstbestimmung. Die Idee, dass jeder Mensch ein individuelles Wesen darstellt, das sich vollkommen frei entfalten darf.

Vor einigen Jahren war ich zu einer öffentlichen Veranstaltung in der Schweiz eingeladen. Vor mir sprach ein Schweizer Bundespolitiker, der vom Publikum im Saal frenetisch beklatscht wurde. Erstaunt fragte ich ihn, warum die Politiker hier so beliebt seien? Bei dem Mann handelte es sich um den Vater des 2016 eröffneten Gotthardtunnels. Der Tunnel wurde vor dem geplanten Termin zu exakt den kalkulierten Kosten fertiggestellt. In Deutschland klingt das wie Science-Fiction.

»Die Schweizer gehen weniger aggressiv mit uns Politikern um als ihr Deutschen, weil sie uns gar nicht so viel Macht geben, um von uns enttäuscht werden zu können«, antwortete er mir mit einem verschmitzten Lächeln.

Wahrscheinlich interessieren sich die Schweizer auch deswegen nicht sonderlich dafür, wie bei ihnen die Wahlen ausgehen. Anders als bei uns hat aufgrund der direkten Demokratie der Bürger bei vielen Entscheidungen das letzte Wort. »Wenn Wahlen so dermaßen den gesamten öffentlichen Raum füllen wie bei euch Deutschen«, sagte er mir, »dann ist das ein Anzeichen, dass die Politik zu mächtig ist gegenüber dem Volk.«

Gerade *weil* in der Schweiz die Bürger mehr Entscheidungsbefugnisse haben, ist dort das Vertrauen in demokratische Prozesse deutlich höher als bei uns. Auch ist nachgewiesen, dass in Ländern mit direkter Demokratie das politische Allgemeinwissen höher ist. So wissen zum Beispiel zwei Drittel der Schweizer mehr über ihr Rentensystem als deutsche Sozialpolitiker über das unsrige.

Natürlich werden wir Deutschland nicht in eine direkte Demokratie umwandeln. Aber deutlich mehr Mit- und Selbstbestimmung würde unserem Land guttun. Diese Selbstbestimmung müssen wir als Bürger einfordern. Wir müssen raus aus unserer selbst verschuldeten Unmündigkeit.

In unserer vollkaskoversicherten Lebensplanung haben wir nämlich vergessen, was die Grundvoraussetzungen für Wohlstand, für Fortschritt und letztendlich für Freiheit sind: Leistungsbereitschaft, Wagemut, Eigenverantwortung und Selbstbestimmung. Oder wie es Immanuel Kant formulierte: »Habe Mut, dich deines eigenen Verstandes zu bedienen.« Auch dann, wenn du keinen hast.

Die große Stärke der abendländischen Kultur lag schon immer im Diskurs, dem Ertragen unterschiedlicher Meinungen und der Fähigkeit, Gegensätze miteinander zu vereinen. Durch die Einflüsse von Renaissance, Reformation, Humanismus und Aufklärung haben wir es geschafft, gleichzeitig traditionsbewusst, aber auch veränderungsfähig zu sein. Oder wie es der frühere Bundespräsident Roman Herzog auf den Punkt brachte: Laptop und Lederhose.

Unsere Kultur vereinigt beides. Sie schwelgt in Nostalgie und strebt nach Modernität. Nicht nur als Gesellschaft, sondern auch als Individuum. Als Ingenieure arbeiten wir an der unbeschränkten Speicherdichte von Mikrochips, als politische Bürger sorgen wir uns um den steigenden Strombedarf und stimmen für die Ökosteuer. Die Fähigkeit des Westens, Unvereinbares zu vereinen, ist bemerkenswert und nahezu einzigartig in der Welt. Unsere Kultur lebt von dem Akzeptieren der eigenen Unvollkommenheit und von der Einsicht, dass keiner die absolute Wahrheit gepachtet hat.

Genau dadurch haben wir es so weit gebracht. Unsere Fähigkeit, Emotionalität und Rationalität miteinander zu verbinden und etwas Wertvolles daraus zu machen, ist beispiellos. Diese Balance haben wir verloren. Der Zeitgeist mit seinen naiven Glaubenssätzen, seinen gefühligen Dogmen und seinem unerträglichen Relativismus ist eine schlechte Antwort auf die Herausforderungen unserer Zeit. Wir brauchen daher einen neuen Ansatz und eine Rückbesinnung auf das, was uns groß gemacht hat.

Wenn wir darauf warten, dass die zahlreichen antiaufklärerischen Strömungen aufgrund ihrer eigenen Widersprüchlichkeiten ein Ende finden, werden wir vergebens warten. Denn diese Leute sind ja gerade so stark, weil sie von der inneren Logik ihrer eigenen Widersprüchlichkeiten vollkommen überzeugt sind.

Diese Bewegungen wollen keinen Konsens. Sie wollen nicht diskutieren oder einen Kompromiss finden. Es sind ideologische Fundamentalisten. Ihr Ziel ist nicht, Gräben zuzuschütten, sondern zu spalten und sich selbst in Positionen zu bringen, in denen sie Macht über andere ausüben können. Es geht ihnen nicht um Deeskalation, sondern um Eskalation.

Bleiben Sie daher nicht passiv und ducken Sie sich nicht weg, wenn Leute Dinge behaupten oder Maßnahmen fordern, die Sie ablehnen. Erheben Sie Ihr Wort. Auch wenn man Ihnen heftig widerspricht oder sogar versucht, Sie in eine dubiose Ecke zu stellen. Menschen, die das tun, hoffen nur darauf, dass Sie sich dadurch einschüchtern lassen. Tun Sie ihnen nicht den Gefallen. Legen Sie sich eine Shitstorm-Resilienz zu und bleiben Sie Ihren Prinzipien treu. Denn das Leben belohnt die Mutigen. »Quatsch«, sagte meine Frau nach ihrem letzten Friseurbesuch. Okay, Ausnahmen bestätigen die Regel.

Kämpfen Sie für das, was Sie für richtig halten, widerstehen Sie, lassen Sie die anderen nicht gewinnen.

Und nicht zuletzt: Haben Sie trotz allem Irrsinn Spaß. Denn das Leben ist so kurz. Tun Sie öfter etwas Unangepasstes, etwas Verrücktes. Lassen Sie den Freak aus sich heraus. Was soll schon groß passieren? Schenken Sie einem Gewerkschafter einen FDP-Kugelschreiber. Putzen Sie Ihre Zähne morgens mit Elmex und abends mit Aronal. Brechen Sie die Regeln und pinkeln Sie beim nächsten Schwimmbadbesuch einfach mal ins Becken. Und wenn Sie wirklich mutig sind – auch vom Fünfer!

Denn wenn wir Menschen niemals etwas Bescheuertes getan hätten, wäre auch nichts Vernünftiges entstanden.

DANKSAGUNG

Jedes Buch ist Teamwork. Eine Menge Menschen sind an einem solchen Projekt beteiligt. Mit Verstand, Kreativität und mit all ihren Emotionen.

Mein absolut wichtigster Motivator und Ratgeber ist meine Frau Valerie. »Bella gerant alii, tu felix Austria nube«, lautete der Slogan der Habsburger. »Andere mögen Kriege führen, du, glückliches Österreich, heirate.« Ein Satz, den ich zu 100 Prozent unterschreiben kann.

In Deutschland gelte ich inzwischen als eine Art Steuerflüchtling. Trotzdem bin ich dort regelmäßig mit meinem Programm »Vince of Change« auf Tour. Seit fast 25 Jahren kümmert sich meine Managerin Susanne Herbert mit ihren Mitarbeiterinnen um alles Organisatorische. Vielen Dank, Susanne, Cornelia, Fee, Sabine und Sarah!

Mit Barbara Laugwitz, der Verlegerin vom dtv, verbindet mich ebenfalls eine langjährige Freundschaft, die tolle Buchprojekte zur Folge hatte. Danke, Barbara, dass du über die vielen Jahre meine Buchideen immer offen aufgenommen hast. Weiterhin möchte ich Moritz Schuller, Isabella Pfaff, Nikil Mukerji und Michael Gries danken, die das Buch mit vielen klugen Vorschlägen und kritischen Anmerkungen besser gemacht haben.

Ich möchte den vielen, vielen Zuschauern meiner Shows danken. Auch wenn ich in »Vince of Change« die deutsche Mentalität ziemlich durch den Kakao ziehe, sind die allermeisten Vorstellungen ausverkauft und die Leute können glücklicherweise herzhaft darüber lachen. Sooo unlocker und humorlos sind wir Deutschen also gar nicht …

Am Anfang des Buches habe ich sehr viel über die Achtziger und Neunziger geschrieben. Ich hoffe, dass sich viele Leser meiner Generation in den Beschreibungen wiederfinden und an diese wirklich coole Zeit mit Freude zurückdenken. Und wenn es mir damit gelingt, auch den Jüngeren einen guten Eindruck über diese Zeit zu vermitteln, umso besser!

Dafür ein ganz großes Dankeschön an dich, lieber Rainer Stenzenberger. Du hast mich mit deinen berührenden Geschichten über die Boomer-Zeit inspiriert, intensiver darüber zu schreiben. Danke, dass ich ein paar deiner Eindrücke und Gedanken übernehmen und adaptieren durfte.

QUELLENANGABEN

1 https://www.focus.de/panorama/kommentar-von-ulrich-reitz-weisse-menschen-unerwuenscht-im-museum-wenn-die-nur-wuessten-was-sie-tun_id_203789464.html

2 https://www.zeit.de/gesellschaft/2023-11/deutschland-universitaeten-antisemitismus-israel-hamas

3 https://www.ifd-allensbach.de/fileadmin/kurzberichte_dokumentationen/FAZ_Juni2021_Meinungsfreiheit.pdf

4 https://exxpress.at/dfb-star-kroos-bleibt-in-spanien-deutschland-offenbar-zu-unsicher-fuer-seine-familie/

5 https://www.nzz.ch/feuilleton/60-minutes-meinungsfreiheit-vs-hassrede-deutschland-im-fokus-ld.1872005

6 https://www.welt.de/debatte/plus255891078/Haftstrafe-fuer-Faeser-Meme-Ein-Urteil-wie-aus-einer-Diktatur.html

7 https://www.heute.at/s/gesunde-frau-53-lebt-freiwillig-im-rollstuhl-100243855

8 https://www.nationalreview.com/2021/09/the-folly-of-woke-math/

9 https://www.youtube.com/watch?v=IEbWnXIexNk

10 https://de.wikipedia.org/wiki/Sola_scriptura

11 https://www.faz.net/aktuell/feuilleton/forschung-und-lehre/islamische-theologie-die-zweiheit-von-glaube-und-forschung-1873302.html

12 Luís M. A. Bettencourt, Dirk Helbing et al., »Growth, Innovation, Scaling, and the Pace of Life in Cities«, in: *Proceedings of the National Academy of Sciences,* 104(17):7301–6, 2007, doi.org/10.1073/pnas.0610172104

13 Bertrand Russell, »Zehn Gebote eines Liberalen«, in: *Aufklärung und Kritik. Zeitschrift für freies Denken und humanistische Philosophie*, Heft 2, 1994, S. 136 (hrsg. von *Gesellschaft für kritische Philosophie*)

14 www.destatis.de/DE/Themen/Gesellschaft-Umwelt/Bevoelkerung/Sterbefaelle-Lebenserwartung/sterbetafel.html

15 Rolf Dobelli, *Die Kunst des guten Lebens*, München 2017, S. 288

16 https://www.spektrum.de/news/studie-kaum-noch-fortschritt-in-der-forschung/2095782
17 Jean-Jacques Rousseau, *Abhandlung über den Ursprung und die Grundlagen der Ungleichheit unter den Menschen*, Ditzingen 1998
18 Adam M. Mastroianni, Daniel T. Gilbert, »The illusion of moral decline«, in: *Nature,* 618, 782–789 (2023), https://doi.org/10.1038/s41586-023-06137-x
19 https://ourworldindata.org/grapher/gdp-per-capita-in-the-uk-since-1270
20 https://www.washingtonpost.com/news/made-by-history/wp/2018/04/06/aristotle-father-of-scientific-racism/
21 https://www.finestresullarte.info/de/nachrichten/frankreich-kontroverse-um-die-entfernung-einer-voltaire-statue-von-der-rue-de-seine-in-paris
22 https://www.youtube.com/watch?v=XNOlYDjbUqo
23 https://unherd.com/2021/09/judith-butlers-toxic-nonsense/
24 Judith Butler, *Das Unbehagen der Geschlechter*, Frankfurt am Main 1991, S. 167
25 Kurt Andersen, *Fantasyland.* 500 *Jahre Realitätsverlust*, München 2018, S. 485
26 Alan D. Sokal, »Transgressing the Boundaries: Towards a Transformative Hermeneutics of Quantum Gravity«, in: *Social Text* #46/47, 1996, S. 217–252
27 Gad Saad, *The Parasitic Mind. How Infectious Ideas are Killing Common Sense*, Washington D. C. 2021, S. 75
28 www.litwiss-online.uni-kiel.de/thematische-vorlesungen/philosophie-und-poesie-der-postmoderne/postmoderne-vs-romantische-ironie/
29 https://quillette.com/2019/09/28/the-case-for-black-optimism/
30 https://www.stern.de/kultur/ravensburger-nimmt-umstrittene--winnetou--titel-aus-programm-32653576.html
31 https://www.ncai.org/
32 https://themindcollection.com/st-george-in-retirement-syndrome/
33 https://www.theatlantic.com/magazine/archive/2015/09/the-coddling-of-the-american-mind/399356/
34 Esther Bockwyt, *Woke. Psychologie eines Kulturkampfs*, Frankfurt am Main 2024, S. 148
35 https://apnews.com/article/trump-dei-schools-dear-colleague-6cca8440afa62689991d373cc4903a4c
36 https://www.focus.de/politik/ausland/usa/kulturkampf-in-

amerika-us-behoerden-verbieten-mehr-als-200-woerter-lgbtq-personen-und-schwarze-im-fokus_id_260757168.html
37 https://www.fh-potsdam.de/studium-weiterbildung/weiterbildung/weiterbildungsangebote/social-justice-und-diversity-training
38 https://www.uni-hamburg.de/gleichstellung/aktuelles/2024-06-06-safer-spaces-workshop.html
39 Matthias Revers, Richard Traunmüller, »Is Free Speech in Danger on University Campus? Some Preliminary Evidence from a Most Likely Case«, in: *Köln Z Soziol,* 72, 471–497 (2020), https://doi.org/10.1007/s11577-020-00713-z
40 https://www.netzwerk-wissenschaftsfreiheit.de/
41 https://www.derpragmaticus.com/r/agendawissenschaft
42 https://www.forschung-und-lehre.de/zeitfragen/wissenschaftler-meiden-umstrittene-themen-4192
43 https://www.theeuropean.de/gesellschaft-kultur/2000-libertaere-in-den-usa-treffen-sich-unter-dem-motto-are-we-entering-a-brave-new-world-rainer-zitelmann-1
44 https://www.nzz.ch/feuilleton/wenn-dus-nicht-schaffst-versuchs-wieder-ld.1359674
45 www.youtube.com/watch?v=xUezfuy8Qpc
46 https://seidwalkwordpresscom.wordpress.com/2020/11/07/denkanstoesse-enzensberger/
47 Julia Misersky, Asifa Majid, Tineke M. Snijders, »Grammatical Gender in German Influences How Role-Nouns Are Interpreted: Evidence from ERPs«, in: *Discourse Processes,* 56(8):1–12, 2018 DOI:10.1080/0163853X.2018.1541382
48 Maarten De Backer, Ludovic De Cuypere, »The interpretation of masculine personal nouns in German and Dutch: A comparative experimental study«, in: *Language Science*, 34(3), 2012, DOI:10.1016/j.langsci.2011.10.001
49 Anita Körner et al., »Gender Representations Elicited by the Gender Star Form«, in: *Journal of Language and Social Psychology*, Vol. 41, Issue 5, 2022
50 https://www.thetimes.com/article/white-privilege-lessons-for-lecturers-mbzw3w2dk
51 https://www.theatlantic.com/ideas/archive/2018/10/large-majorities-dislike-political-correctness/572581/
52 Paula L. Costa et al., »Microaggressions: Mega problems or micro issues? A meta-analysis«, in: *Journal of Community Psychology,* 51(3), 2022, DOI:10.1002/jcop.22885

53 https://www.zeit.de/auto/2012-09/verkehrserziehung-schulweg
54 Dilip V. Jeste, Andrew J. Oswald, »Individual and Societal Wisdom: Explaining the Paradox of Human Aging and High Well-Being«, in: *Psychiatry Interpersonal & Biological Processes*, 77(4), 2014, DOI:10.1521/psyc_2014_77_3_1
55 David E. Levari et al., »Prevalence-induced concept change in human judgment«, in: *Science*, Vol. 360, Issue 6396, 2018
56 https://www.aerzteblatt.de/nachrichten/124350/Mehr-psychische-Erkrankungen-bei-Kindern-und-Jugendlichen
57 https://www.news4teachers.de/2016/02/internationaler-vergleich-nirgends-sonst-gehen-kinder-so-ungern-zur-schule-wie-in-deutschland/
58 https://www.unicef.de/informieren/einsatz-fuer-kinderrechte/datenbank-kindliches-wohlbefinden
59 Yumi Endo, Zita Meijer, »Autobiographical memory of success and failure experiences«, in: *Progress in Asian Social Psychology*, Vol. 4., Seoul 2004, S. 67–84
60 www.faz.net/aktuell/politik/inland/krise-der-geisteswissenschaften-lieber-work-life-balance-als-schwere-texte-110207659.html
61 Chris Segrin et al., »The association between overparenting, parent-child communication, and entitlement and adaptive traits in adult children«, in: *Journal of Applied Family Studies*, 61(2), 237–252, 2012, doi.org/10.1111/j.1741-3729.2011.00689.x
62 https://www.nzz.ch/wirtschaft/ruediger-maas-zur-gen-z-arbeitgeber-biedern-sich-den-jungen-menschen-an-ld.1824881
63 Nicole B. Perry et al., »Childhood Self-Regulation as a Mechanism Through Which Early Overcontrolling Parenting Is Associated With Adjustment in Preadolescence«, in: *Developmental Psychology*, 54(8), 1542-1554, 2018, doi.org/10.1037/dev0000536
64 Niki Yuen Fen Bruysters, Pamela D. Pilkington, »Overprotective parenting experiences and early maladaptive schemas in adolescence and adulthood: A systematic review and meta-analysis«, in: *Clinical Psychology & Psychotherapy*, Vol. 30, Issue 1, 2023, doi.org/10.1002/cpp.2776
65 Rüdiger Maas, *Generation lebensunfähig*, München 2021, S. 85
66 George Du Toit et al., »Randomized Trial of Peanut Consumption in Infants at Risk for Peanut Allergy«, in: *N Engl J Med*, Vol. 372, No 9, 2015, DOI: 10.1056/NEJMoa1414850
67 Yang Wang, Benjamin F. Jones, Dashun Wang, »Early-career

setback and future career impact«, in: *Nat Commun,* 10, 4331 (2019), https://doi.org/10.1038/s41467-019-12189-3
68 Timothy D. Wilson et al., »Just think: The challenges of the disengaged mind«, in: *Science,* Vol. 345, Issue 6192, pp 75–77, 2014, DOI: 10.1126/science.1250830
69 Ben Shaw et al., *Children's Independent Mobility: an international comparison and recommendations for action*, Policy Studies Institute, 2015
70 https://kinsta.com/de/blog/facebook-statistiken/
71 https://ourworldindata.org/rise-of-social-media
72 Jonathan Haidt, *Generation Angst*, Hamburg 2024, S. 78
73 https://www.stimme.de/hohenlohe/nachrichten/wenn-man-im-internet-und-am-smartphone-raum-und-zeit-verliert-art-4268964
74 https://www.axios.com/2017/12/15/sean-parker-facebook-was-designed-to-exploit-human-vulnerability-1513306782
75 https://www.bls.gov/news.release/pdf/atus.pdf
76 Jonathan Haidt, *Generation Angst*, Hamburg 2024
77 David Lester, »The effect of war on suicide rates. A study of France from 1826 to 1913«, in: *European Archives of Psychiatry and Clinical Neuscience,* 242(4):248–9, 1993
78 Maas, *Generation lebensunfähig,* S. 181
79 https://www.welt.de/regionales/muenchen/article109999951/Mit-Mama-zur-ersten-Vorlesung-in-die-Uni.html
80 Maas, *Generation lebensunfähig,* S. 139
81 Haidt, *Generation Angst*, S. 73
82 James M. Tanner, *Fetus into Man. Physical Growth from Conception to Maturity*, Cambridge, MA, 1990
83 Haidt, *Generation Angst*, S. 125
84 Amy I. Nathanson et al., »The Relation Between Television Exposure and Theory of Mind Among Preschoolers«, in: *Journal of Comunication,* 2013, doi.org/10.1111/jcom.12062
85 https://www.dobelli.com/de/essays/news-lunch/
86 Richard W. Byrne, Andrew Whiten (Hrsg.), *Machiavellian intelligence: Social expertise and the evolution of intellect in monkeys, apes, and humans*, Oxford 1988
87 Antonio R. Damasio, *Descartes' Irrtum – Fühlen, Denken und das menschliche Gehirn*, München 2004
88 https://www.philomag.de/lexikon/stoizismus
89 Jonathan Haidt, *The Righteous Mind*, New York 2013, S. 35
90 Janine Willis, Alexander Todorov, »First Impressions. Making Up Your Mind After a 100-Ms Exposure to a Face«, in: *Psycholo-*

gical Science, 17(7):592–8, 2006, DOI:10.1111/j.1467-9280.2006.01750.x
91 Timothy C. Brock, Joe L. Balloun, »Behavioral receptivity to dissonant information«, in: *Journal of Personality and Social Psychology*, 6(4, Pt.1), 413–428, 1967, https://doi.org/10.1037/h0021225
92 Drew Westen et al., »Neural Bases of Motivated Reasoning: An fMRI Study of Emotional Constraints on Partisan Political Judgment in the 2004 U. S. Presidential Election«, in: *Journal of Cognitive Neuroscience*, Vol. 18, Issue 11, 2006, doi.org/10.1162/jocn.2006.18.11.1947
93 https://www.theatlantic.com/politics/archive/2019/03/us-counties-vary-their-degree-partisan-prejudice/583072/
94 Peter K. Hatemi, Rose McDermott, »Give Me Attitudes«, in: *Annual Review of Political Science*, Vol. 19, 2016, doi.org/10.1146/annurev-polisci-103113-034929
95 Mark Joslyn, Donald P. Haider-Markel, »Who Knows Best? Education, Partisanship, and Contested Facts«, in: *Politics & Policy*, 42(6), 2014, DOI:10.1111/polp.12098
96 Richard F. West, Russell J. Meserve, Keith E. Stanovich, »Cognitive sophistication does not attenuate the bias blind spot«, in: *APA PsychNet*, 2012, doi.org/10.1037/a0028857
97 Steven Sloman, Philip Fernbach, *The Knowledge Illusion: Why We Never Think Alone*, New York 2017
98 William von Hippel, *The Social Leap: The New Evolutionary Science of Who We Are, Where We Come From, and What Makes Us Happy*, New York 2018
99 https://quillette.com/2021/04/03/persuasion-and-the-prestige-paradox-are-high-status-people-more-likely-to-lie/
100 Christopher Winship, Sherwin Rosen, »Organizations and Institutions: Sociological and Economic Approaches to the Analysis of Social Structure«, in: *American Journal of Sociology*, Vol. 94, No. 1, 1988, https://www.jstor.org/stable/i329085
101 Michael Kosfeld et al., »Oxytocin increases trust in humans«, in: *Nature*, 435 (2005), S. 673–676
102 Ebd.
103 Aiden P. Gregg, Nikhila Mahadevan, Constantine Sedikides, »Taking the High Ground: The Impact of Social Status on the Derogation of Ideological Opponents«, in: *Social Cognition*, Vol. 36, Issue 1, 2018, doi.org/10.1521/soco.2018.36.1.43

104 https://www.stiftung-mercator.de/content/uploads/2023/07/TUD_MIDEM_Polarisationsstudie_DEU_RZ.pdf
105 Philipp Hübl, *Moralspektakel*, München 2024, S. 18
106 https://medium.com/incerto/the-most-intolerant-wins-the-dictatorship-of-the-small-minority-3f1f83ce4e15
107 Damon Centola et al., »Experimental evidence for tipping points in social convention«, in: *Science*, Vol. 360, No 6393, 2018, DOI: 10.1126/science.aas8827
108 Gloria Steinem, *The Truth Will Set You Free, But First It Will Piss You Off!: Thoughts on Life, Love, and Rebellion*, New York 2019
109 https://www.welt.de/politik/deutschland/plus253338572/Gruppenvergewaltigungen-in-NRW-Die-Vornamen-der-Tatverdaechtigen.html
110 Hans Rosling, *Factfulness. Wie wir lernen, die Welt so zu sehen, wie sie wirklich ist*, Berlin 2018
111 https://www.aei.org/carpe-diem/more-on-my-efforts-to-advance-diversity-equity-and-inclusion/
112 https://www.universityworldnews.com/post.php?story=20250125123601438
113 https://www.faz.net/aktuell/karriere-hochschule/deutsche-forschungsgemeinschaft-springt-auf-den-diversity-zug-auf-18461609.html
114 https://www.dfg.de/de/grundlagen-themen/grundlagen-und-prinzipien-der-foerderung/chancengleichheit/gleichstellungsstandards
115 https://taz.de/Sexdiversity-Forschung-in-Luebeck/!6005964/
116 Ulrike Ackermann, *Die neue Schweigespirale*, Freiburg 2022, S. 138
117 https://academic-freedom-index.net/research/Academic_Freedom_Index_Update_2025.pdf
118 Richard Delgado, Jean Stefancic, *Critical Race Theory: An Introduction*, New York 2012
119 https://michaelshermer.substack.com/p/pseudo-skepticism
120 https://nypost.com/2015/07/16/brett-farve-makes-the-espys-uncomfortable-for-everyone/
121 https://www.welt.de/sport/olympia/article254357674/Imane-Khelif-Brisante-Gutachten-aufgetaucht.html
122 www.sueddeutsche.de/sport/fechten-transgender-eklat-in-den-usa-li.3231777
123 https://www.nzz.ch/feuilleton/ayaan-hirsi-ali-erklaert-was-sie-am-transgender-aktivismus-stoert-ld.1687795

124 https://www.faz.net/aktuell/politik/ausland/gerichtsurteil-in-grossbritannien-nur-biologische-geschlechter-werden-anerkannt-110423036.html
125 https://www.welt.de/politik/deutschland/plus255085432/Sexuelle-Gewalt-Mehrere-Uebergriffe-von-Trans-Frauen-auf-weibliche-Haeftlinge-in-Gefaengnissen.html
126 https://www.zensus2022.de/DE/Home/_inhalt.html
127 https://www.emma.de/artikel/viele-geschlechter-das-ist-unfug-339689
128 https://www.nytimes.com/2024/10/23/science/puberty-blockers-olson-kennedy.html
129 https://web.archive.org/web/20221106005419/https://www.regenbogenportal.de/leichte-sprache
130 https://www.thetimes.com/uk/society/article/trans-groups-under-fire-for-huge-rise-in-child-referrals-2ttm8cofr
131 Douglas Murray, *Wahnsinn der Massen*, München 2020, S. 279
132 https://www.sn.at/politik/weltpolitik/obama-plaediert-fuer-eine-welt-in-der-frauen-regieren-80755060
133 Oeindrila Dube, S. P. Harish, »Queens«, in: *Journal of Political Economy*, Vol. 128, No 7, 2020, doi.org/10.1086/707011
134 https://www.rnd.de/wirtschaft/fuehrungspositionen-in-deutschland-mehr-christians-als-frauen-in-dax-vorstaenden-KUODBUYBMVAHFI6URIH4VHGDAM.html
135 Rodrigo Rosa, Sara Clavero, »Gender equality in higher education and research«, in: *Journal of Gender Studies*, Vol. 31, Issue 1, 2022, doi.org/10.1080/09589236.2022.2007446
136 Mark Lutter, Martin Schröder, *Who Becomes a Tenured Professor, and Why?*, MPIfG Discussion Paper 14/19
137 https://pure.mpg.de/rest/items/item_2077208/component/file_2077206/content
138 Alessandro Strumia, »Gender issues in fundamental physics: A bibliometric analysis«, in: *Quantitative Science Studies*, Vol. 2, Issue 1, doi.org/10.1162/qss_a_00114
139 Flaminio Squazzoni et al., »No evidence of any systematic bias against manuscripts by women in the peer review process of 145 scholarly journals«, in: *SocArXiv Papers*, March 2020, DOI:10.31235/osf.io/gh4rv
140 Martin Schröder, *Wann sind Frauen wirklich zufrieden?*, München 2023
141 Michael Schaerer et al., »On the trajectory of discrimination: A meta-analysis and forecasting survey capturing 44 years of field

experiments on gender and hiring decisions«, in: *Organizational Behavior and Human Decision Processes*, Vol. 179, 2023, https://doi.org/10.1016/j.obhdp.2023.104280
142 https://www.nzz.ch/report-und-debatte/geschlechtergraben-trotz-gleichberechtigung-was-spaltet-die-generation-z-ld.1853110
143 Sonya M. Kahlenberg, Richard W. Wrangham, »Sex differences in chimpanzees' use of sticks as play objects resemble those of children«, in: *Current Biology*, Vol. 20, Issue 24, 2010, DOI: 10.1016/j.cub.2010.11.024
144 Simon Baron-Cohen, *The Essential Difference. Men, women and the extreme male brain*, London 2003
145 https://www.psychologytoday.com/us/blog/sax-on-sex/202405/ai-finds-astonishing-malefemale-differences-in-human-brain
146 Gijsbert Stoet, David C. Geary, »The Gender-Equality Paradox in Science, Technology, Engineering, and Mathematics Education«, in: *Psychological Science*, Vol. 29, Issue 4, 2018, https://doi.org/10.1177/0956797617741719
147 Vanessa C. Burbano et al., »The Gender Gap in Meaningful Work«, in: *Management Science*, Vol. 70, No 10, 2023, https://doi.org/10.1287/mnsc.2022.01807
148 https://www.faz.net/aktuell/wirtschaft/die-frauenquote-verfehlt-ihr-ziel-17099099.html
149 https://newsroom.accenture.de/de/subjects/schweiz/getting-to-equal-studie-gleichstellung-am-arbeitsplatz-wird-unterschiedlich-wahrgenommen
150 https://www.nytimes.com/2018/02/28/opinion/corporate-america-activism.html
151 https://www.wirtschaftswort-des-jahres.de/wirtschaftswort-des-jahres-2021/
152 https://www.faz.net/aktuell/karriere-hochschule/soziologie-geringe-diversitaet-bei-der-feuerwehr-15977480.html
153 https://moin-filmfoerderung.de/diversity
154 https://www.nzz.ch/feuilleton/die-oscar-academy-verpflichtet-hollywood-zu-diversity-quoten-ld.1575984
155 https://www.handelsblatt.com/karriere/vielfalt-wir-gewinnen-pitches-gegen-pwc-und-andere-diversity-beratung-von-tijen-onaran-findet-investor/28848702.html
156 https://implicit.harvard.edu/implicit/
157 https://www.spiegel.de/wissenschaft/mensch/vorurteils-forschung-test-offenbart-geheime-gedanken-a-502193.html

158 Patrick S. Forscher et al., »A meta-analysis of procedures to change implicit measures«, in: APA *PsycNet*, Sept. 2019, 117(3): 522–559, DOI: 10.1037/pspa0000160
159 Elizabeth Levy Paluck et al., »Prejudice Reduction: Progress and Challenges«, in: *Annual Review of Psychology*, Vol. 72, 2021, https://doi.org/10.1146/annurev-psych-071620-030619
160 Frank Dobbin, Alexandra Kalev, »Why Doesn't Diversity Training Work?«, in: *Anthropology now*, Vol. 10, No 2, 2018, https://doi.org/10.1080/19428200.2018.1493182
161 https://www.nytimes.com/2020/07/16/arts/music/blind-auditions-orchestras-race.html
162 https://www.nytimes.com/2018/04/04/us/harvard-asian-admission.html
163 https://www.harvard.edu/admissionscase/2023/06/29/supreme-court-decision/
164 Eric Kaufmann, *Shall the Religious Inherit the Earth? Demography and Politics in the Twenty-First Century*, London 2010, S. 527
165 www.nzz.ch/nachrichten/schweiz/klimapolitik_verteilt_das_weltvermoegen_neu_1.8373 227.html
166 https://www.theeuropean.de/gesellschaft-kultur/rainer-zitelmann-ob-tatort-oder-derrick-der-moerder-ist-immer-der-unternehmer
167 https://www.heritage.org/index/
168 https://ourworldindata.org/a-history-of-global-living-conditions
169 Jean Ensminger, Joseph Henrich (Hrsg.), *Experimenting with Social Norms: Fairness and Punishment in Cross-Cultural Perspective*, Russell Sage Foundation, 2014
170 https://www.familienunternehmer.eu/fileadmin/familienunternehmer/positionen/bildungspolitik/2024_Schulbuchstudie/240228_FamU_JungU_Schulbuchstudie_WEB_DS.pdf
171 https://threadreaderapp.com/thread/1483479231384506368.html#google_vignette
172 Dennis Sewell, »The Second Time as Farce: The crimes of communism, retro-Bolshevism and the centenary of the 1917 Russian Revolution«, in: *New Culture Forum*, 201
173 https://www.researchgate.net/publication/228380360_The_Social_and_Political_Views_of_American_Professors
174 Jean-Philippe Bouchaud, Marc Mézard, »Wealth condensation in a simple model of economy«, in: *Physica A*, Vol. 282, Issues 3–4, 15 July 2000, 536-545, doi.org/10.1016/S0378-4371(00)00205-3

175 https://openknowledge.worldbank.org/entities/publication/0d3b bcf6-f980-5c0b-9cbe-8badf778f9ef

176 http://evavivalt.com/wp-content/uploads/Vivalt-et-al.-ORUS-employment.pdf

177 https://www.ifo.de/DocDL/sd-2020-04-knabe-schoeb-thum-etal-mindestlohn-2020-04-15.pdf

178 Nikil Mukerji, Christoph Schumacher, »Is the Minimum Wage Ethically Justifiable? An Order-Ethical Answer«, in: *An Ethical Framework for the Social Market Economy*, Basel 2016, doi.org/10.1007/978-3-319-33151-5_16

179 https://www.thepioneer.de/originals/others/articles/jobcenter-exzessiv-der-buerokraten

180 https://www.ifo.de/publikationen/2024/monographie-autorenschaft/entgangene-wirtschaftsleistung-durch-buerokratie

181 Datenreport 2018. Ein Sozialbericht für die Bundesrepublik Deutschland, WZB 2018, S. 407

182 https://www.worldvaluessurvey.org/wvs.jsp

183 https://books.google.com/ngrams/graph?content=racism&year_start=1800&year_end=2019&corpus=en-2019&smoothing=3

184 https://www.weforum.org/stories/2018/06/lgbti-rights-around-the-world-in-2018/ und https://www.pewresearch.org/global/2013/06/04/the-global-divide-on-homosexuality/

185 https://www.theatlantic.com/international/archive/2013/12/13-countries-where-atheism-punishable-death/355961/

186 www.infratest-dimap.de/fileadmin/user_upload/dt1511_bericht.pdf

187 Pippa Norris, Ronald Inglehart, *Cultural Backlash: Trump, Brexit, and Authoritarian Populism*, Cambridge 2019

188 https://www.tagesspiegel.de/politik/jetzige-praxis-nicht-zulassig-ex-verfassungsrichter-halt-zuruckweisungen-an-grenzen-fur-geboten-12333023.html

189 Udo Di Fabio, »Migrationskrise als föderales Verfassungsproblem«, in: *Zeitschrift für Staats- und Europawissenschaften* (ZSE), Vol. 13, No 4, 2015, 517–541

190 https://de.statista.com/statistik/daten/studie/39045/umfrage/sozialbudget-in-deutschland-seit-1970/

191 https://statistik.arbeitsagentur.de/DE/Navigation/Statistiken/Interaktive-Statistiken/Migration-Zuwanderung-Flucht/Migration-Zuwanderung-Flucht-Nav.html

192 https://www.welt.de/politik/deutschland/plus254540326/

Sozialleistungen-So-viele-Buergergeld-Bezieher-haben-Migrationshintergrund.html
193 https://www.bka.de/DE/AktuelleInformationen/Statistiken Lagebilder/PolizeilicheKriminalstatistik/PKS2024/Polizeiliche_Kriminalstatistik_2024/Polizeiliche_Kriminalstatistik_2024_node.html
194 https://www.youtube.com/watch?v=1ZVKbg_4u-0
195 https://www.faz.net/aktuell/feuilleton/cem-oezdemir-was-wir-migranten-geben-wollen-und-was-wir-fordern-muessen-110010386.html
196 https://www.spiegel.de/politik/deutschland/kevin-kuehnert-ueber-homophobie-geht-ungern-hand-in-hand-mit-seinem-partner-a-d19a536b-af4b-496f-ac6d-457fd373db3e
197 https://www.t-online.de/nachrichten/deutschland/innenpolitik/id_100504316/kevin-kuehnert-queer-beauftragter-wirft-spd-generalsekretaer-rassismus-vor.html
198 Bundesamt für Verfassungsschutz: Lagebericht Antisemitismus 2020/2021, S. 79, 2022, https://www.verfassungsschutz.de/SharedDocs/publikationen/DE/allgemein/2022-04-lagebild-antisemitismus.pdf
199 https://global100.adl.org/map
200 https://www.kas.de/de/einzeltitel/-/content/israelis-and-palestinians-are-lukewarm-and-far-apart-on-the-major-components-of-the-geneva-document.
201 https://www.derstandard.at/story/3000000199658/mehrheit-der-palaestinenser-sieht-hamas-positiv
202 https://www.juedische-allgemeine.de/politik/studie-fur-die-meisten-muslimischen-schuler-ist-der-koran-wichtiger-als-deutsche-gesetze/
203 https://www.washingtonpost.com/news/worldviews/wp/2016/06/13/here-are-the-10-countries-where-homosexuality-may-be-punished-by-death-2/
204 Jones Arkoh Paintsil et al., »Gender differences in the acceptance of wife-beating: evidence from 30 countries in Sub-Saharan Africa«, in: BMC *Women's Health*, 2023, DOI: 10.1186/s12905-023-02611-w
205 https://www.thebeliever.net/an-interview-with-judith-butler/
206 https://www.juedische-allgemeine.de/politik/deutschland-gabpalaestinensern-in-zwei-jahren-913-mio-euro/ und www.tagesschau.de/ausland/asien/unrwa-mitarbeiter-gaza-100.html

207 https://www.economist.com/christmas-specials/2009/12/17/a-ponzi-scheme-that-works
208 https://www.focus.de/panorama/unterstuetzung-fuer-rechtsaussenpartei-migranten-sind-frustriert-ueber-asylpolitik-und-bekennen-wir-waehlen-afd_id_259604328.html
209 https://www.linkedin.com/feed/update/urn:li:activity:7269713636275716096/
210 https://www.faz.net/aktuell/politik/ausland/papst-franziskus-und-sein-einsatz-fuer-fluechtlinge-und-migration-17673802.html
211 https://www.welt.de/debatte/kommentare/plus244149011/Schweden-Warum-die-Migrationsministerin-die-Asyl-Einwanderung-stark-eindaemmt.html
212 https://de.statista.com/statistik/daten/studie/76972/umfrage/zahl-der-auswanderer-aus-deutschland/
213 www.spiegel.de/wirtschaft/soziales/fachkraeftemangel-viele-migranten-wollen-deutschland-vielleicht-wieder-verlassen-a-fd131d3e-d44a-4641-956a-11973ea86b0a
214 https://www.welt.de/debatte/kommentare/article13910506/Die-Hirnabschaltung-der-Deutschen-nach-Fukushima.html
215 https://www.zew.de/das-zew/aktuelles/deutschland-ist-der-grosse-verlierer-im-standortwettbewerb
216 https://www.manager-magazin.de/finanzen/reichste-laender-der-welt-deutschland-fliegt-aus-den-top-20-ranking-nach-kaufkraft-a-0b7cd2f5-1af2-4957-a754-fe74a3f852fb
217 https://www.iwkoeln.de/presse/pressemitteilungen/michael-groemling-fast-alle-wachsen-deutschland-nicht.html
218 https://www.oecd.org/en/data/indicators/real-gdp-forecast.html
219 Michael Leszczensky, Robert Helmrich, Rainer Frietsch, *Bildung und Qualifikation als Grundlage der technologischen Leistungsfähigkeit Deutschlands*, HIS Hochschul-Informations-System, 2009
220 https://www.faz.net/pro/digitalwirtschaft/transformation/mangelnde-digitalfaehigkeiten-und-flexibilitaet-ziehen-deutschland-nach-unten-110135152.html
221 Alfred Herrhausen, *Denken, Ordnen, Gestalten. Reden und Aufsätze*, München 2004, S. 270
222 https://www.economist.com/europe/2024/10/24/angela-who-merkels-legacy-looks-increasingly-terrible
223 https://www.ey.com/de_de/newsroom/2024/09/ey-studierendenstudie-2024-branchen

224 https://ourworldindata.org/grapher/annual-working-hours-per-worker

225 www.ibau.de/akademie/wissenswertes/4000-marode-bruecken-doch-saniert-wird-immer-noch-nicht/#:~:text=Bundesweit%20sind%204.000%20Brücken%20in,tausend%20Brücken%20mit%20Spannbeton%20gebaut.